中国法制史考证续编

第六册

杨一凡 主编

隋代法制考

倪正茂 著

社会科学文献出版社

SOCIAL SCIENCES ACADEMIC PRESS (CHINA)

图书在版编目（CIP）数据

隋代法制考／倪正茂著. －北京：社会科学文献出版
社，2009.8
　（中国法制史考证续编；第六册）
　ISBN 978－7－5097－0821－7

　Ⅰ. 隋… Ⅱ. 倪… Ⅲ. 法制史－研究－中国－隋代
Ⅳ. D929.41

　中国版本图书馆 CIP 数据核字（2009）第 104933 号

前　言

东汉（公元前25～前220年）末年，天下大乱。军阀混战，此伏彼起，生灵涂炭，百业凋零，社会遭到了严重的破坏。此后360年间，历经魏晋南北朝的长期分裂，封建割据引起绵延不断的征战掠夺，生产力的发展受到极大破坏，人民得不到休养生息，社会秩序十分混乱。因此，重建统一的国家，结束社会动乱，成了人心所向，大势所趋。顺应这一历史要求，北周末的勋臣杨坚在公元581年夺袭了帝位，建立了隋朝。

杨坚之建立隋朝，可说是中国历史上最和平的政变之一。杨坚的帝位是从北周宇文氏手中夺得的。公元578年，周武帝病死，其子继位为周宣帝。周宣帝荒淫无耻，极端残暴，任意屠杀宗室和大臣，以杀人取乐；颁布《刑经圣制》的苛刑酷法，滥用严峻的刑罚，枉杀无辜，不仅使得大下百姓人人惊恐，而且朝士宫女个个自危。"刑政苛酷，群心崩骇。"① 北周政权到了摇摇欲坠的危崖边缘。公元580年，周宣帝病死，其子继位为周静帝。他年方8岁，连生活都不能自理，当然无法收拾周末的残局。这就为杨坚夺袭帝位创造了客观条件。杨坚的父亲杨忠，本

---

① 《隋书》卷一《高祖纪上》，中华书局，1982，第3页。

为北周元勋，又属士族高门，拥有私兵 3000 余名。杨坚的女儿是周宣帝的正后，因此杨坚早在周宣帝当政时，便是地位煊赫的"上柱国、大司马"。大象（周静帝继位年号）初，更"迁大后丞、右司武，俄转大前疑。每巡守，恒委居守"，[①] 实际上掌握了一切权力。周宣帝一死，内史上大夫郑译、御正大夫刘昉等便"以高祖皇后之父，众望所归，遂矫诏引高祖入总朝政，都督内外诸军事"。[②] 接着，杨坚便先后诛杀了赵王招、越王盛、陈王纯、代王达、滕王逌，夺袭了帝位，称隋文帝，公元 581 年改元"开皇"。

这样的和平政变，往往带来两个问题：第一，由于不是经过一定时间的战争，不能把前朝臣属中死硬的敌对分子充分消灭或慑伏。[③] 第二，由于政变多半由野心家、阴谋家所鼓动、促成，他们在政变成功后获得了高位要职，同时也就在本朝统治集团中埋下了许多"定时炸弹"。所以隋文帝在历代帝王中显得特别的"性猜忌"，[④]"天性沉猜"，[⑤] 不能不表现为对统治集团内部"无宽仁之度，有刻薄之资"。[⑥] 这些情况，必然对隋代的法制，从立法到司法，都带来某些影响。

公元 587 年，隋文帝下令立国江陵并对周称臣的梁帝萧琮入朝，萧琮不得不率臣下 200 余人赴长安拜见。其时梁国大臣萧岩胁迫文武官员及 10 余万民众投降偏安江南的陈朝。于是隋文帝宣布废掉梁国。接着，于公元 589 年派大军 51.8 万人直捣陈都

---

① 《隋书》卷一《高祖纪上》，中华书局，1982，第 2 页。

② 《隋书》卷一《高祖纪上》，中华书局，1982，第 3 页。

③ 参见《隋书》卷二《高祖纪下》："史臣曰：高祖龙德在田，奇表见异，晦明藏用，故知我者希。始以外戚之尊，受托孤之任，与能之议，未为当时所许，是以周室旧臣，咸怀愤惋。"

④ 《隋书》卷二五《刑法志》，中华书局，1982，第 713 页。

⑤ 《隋书》卷二《高祖纪下》，中华书局，1982，第 54 页。

⑥ 《隋书》卷二《高祖纪下》，中华书局，1982，第 55 页。

建康，荒淫昏暴的陈后主宣告投降。公元590年，隋兵在大将杨素的指挥下，仅用数月即平定陈国全部旧境，从此实现了南北统一。南北统一的局面要维持下去并逐渐巩固，就要求进一步加强和巩固中央集权制的封建政权，要求以法制来保障这一政权。

由于实现了南北统一，隋文帝得以推行他在经济上的一些改革措施。加之战事停止，农民就有可能比较安定地从事农业生产，从而带来了社会经济的繁荣。

隋文帝在经济方面采取的措施主要有以下几个方面。

第一，均田。北齐均田法，普通民众一夫受露田80亩，一妇40亩，奴婢受田数与良人同。丁牛（壮牛）每头受田60亩，每户不得超过4头牛。又每丁受永业田20亩，种桑、榆、枣或麻。周武帝遵行齐制，隋文帝亦遵行齐制。农民按人口受田，虽然实际执行中有很多问题，如"狭乡"每丁20亩，老幼所得更少，贫富不均（富人已占土地不加变动，奴婢受田等于主人受田）等，但农民多少得到一些土地，无疑会促进农业的发展。

第二，租调徭役方面。南北朝课役法轻重不一，以齐为较轻。齐制，男子18岁以上、65岁以下为丁，16岁以上、17岁以下为中男，66岁以上为老，15岁以下为小。丁男18岁受田课租、调，20岁充兵，60岁免力役，66岁退田免租、调。夫妇二人合称一床，每岁课垦租（供朝廷）2石，义租（给郡）5斗；调绢1匹，绵8两。隋沿袭了齐制。但公元583年，隋文帝改成丁年龄为21岁，受田仍是18岁，减兵役负担3年；又改每岁30日役为20日，减调绢1匹（4丈）为2丈。公元590年，令百姓年至50岁，可纳庸充兵役，即免役人按日纳绢数尺（唐制每日3尺，当是隋制的沿袭），在当时算是一种宽政。这些是有利于农业发展的。

第三，户口方面。公元585年，隋文帝令州县官检查户口，自堂兄弟以下亲属必须分立户籍，从而使士族庇民户作私属的情况有所纠正，检查得新附164万余口。高颎又奏行"输籍法"，令州县官每年依朝廷规定样式检查户口一次，使地方官无法作弊。隋文帝开皇初年，有户360余万，灭陈得户50万，后来逐渐增加到870万户。户口增加，朝廷收入也随之增加。公元592年，度支官奏称府库都藏满，不能再藏，只好堆积在廊庑下。于是隋文帝别立左藏院来收藏绢匹，并下诏："既富而教，方知廉耻，宁积于人，无藏府库。河北、河东今年田租，三分减一，兵减半，功调全免。"① 这种富饶景象，曾出现于西汉文、景时期，经700余年，再现于开皇时期。社会经济的这种繁荣景象，对隋代的法制建设必然也有影响，《大业律》之比《开皇律》更轻，与此不无关系。

法制建设不仅受社会经济基础的制约，而且与社会上层建筑的其他方面也密切相关，特别是与政治制度密切相关。隋文帝为了国家的统一，为了促进和保障经济的繁荣，采取了一系列政治措施。

西晋极端腐朽的政治，导致十六国大乱。大乱的发动者，主要是所谓"五胡"的少数民族。隋文帝从北周鲜卑族统治者手中夺得政权后，恢复了汉族政权。虽然恢复汉族政权是广大民众的长期愿望，隋文帝此举是深孚众望的，但少数民族的上层分子并不甘心失败。同时，汉族地主阶级各个阶层的利益也并不一致。因此，为了巩固国家的统一，有利于经济的发展，隋文帝采取了厉行节俭政治、改革国家制度和法律制度等措施。

---

① 《隋书》卷二四《食货志》，中华书局，1982，第682页。

　　第一，厉行节俭。杨坚从为周静帝辅政开始便提倡节俭生活，积久成为风习。《隋书·食货志》载："帝既躬履俭约，六宫咸服澣濯之衣，乘舆供御有故敝者，随令补用，皆不改作。非享燕之事，所食不过一肉而已。有司尝进干姜，以布袋贮之，帝用为伤费，大加谴责。后进香，复以毡袋，因笞所司，以为后诫焉。"① 隋文帝教训太子杨勇说："我闻天道无亲，唯德是与，历观前代帝王，未有奢华而得长久者。汝当储后，若不上称天心，下合人意，何以承宗庙之重，居兆民之上？吾昔日衣服，各留一物，时复察看，以自警戒。"② 后来，以杨勇奢侈好色而废黜之。秦王杨俊也因生活奢侈、多造宫室，被勒令"归第"加以软禁。左武卫将军刘昇认为杨俊没有其他罪过，仅多造宫室，可以原谅。隋文帝说："法不可违。"大臣杨素又进谏认为处分太重。隋文帝说："我是五儿之父，若如公意，何不别制天子儿律？以周公之为人，尚诛管、蔡，我诚不及周公远矣，安能亏法乎？"③ 始终坚持了对杨俊的严厉处分。至于臣属，他要求极严，对贪官污吏严惩不贷，甚至秘密派人假意给官吏送礼行贿，如果官吏接受贿赂，就立即处以死刑。

　　但是，隋文帝对民众却较为宽平。开皇初年，遇有水旱灾荒，隋文帝总是下令开仓赈济，而在丰收年份则往往下令减租、省调、免役。《隋书·食货志》所载"罢酒坊"、"通盐池"、"宽徭赋"、"输庸停防"、"开仓赈给"等，比比皆是。公元594年，关中饥荒，他派人去视察，见百姓吃的是豆粉拌糠，就拿给群臣看，流泪责备自己无德，命令撤销常膳，停吃酒肉。他还率

① 《隋书》卷二四《食货志》，中华书局，1982，第682页。
② 《隋书》卷四五《杨勇传》，中华书局，1982，第1230页。
③ 《隋书》卷四五《杨俊传》，中华书局，1982，第1240页。

领饥民就食洛阳，令卫士不得驱迫民人，遇见扶老携幼的人群，自己引马让路，好言抚慰。道路难走之处，让左右去扶助挑担的人。史书所载的这些情况还是可信的，这是因为隋文帝深知要巩固自己的统治，非买取人心不可。这与他在制定隋律时比较"宽平"也是相一致的。民众的支持，使隋文帝能够比较放心地集中力量对付"周室旧臣"的反叛，控制统治阶级内部的摩擦。

第二，改革制度。中国封建社会历史上，对各方面制度作出改革最多的，一为秦始皇，一为隋文帝。隋文帝统一南北，综合前代各种制度，沿革损益，改为隋制，成了以后自唐至清各代沿袭之蓝本。

（1）官制的改革。开皇元年（公元581年），隋文帝即废除北周的官制，恢复汉、魏官制。中央为三师、三公与尚书、门下、内史（中书）、秘书、内侍（宦官）五省。尚书省管理政务，置令1人，左右仆射各1人，下设吏部、礼部、兵部、都官（刑部）、度支（民部）、工部6曹，每曹设尚书1人。左仆射判吏、礼、兵三部事，右仆射判民、刑、工三部事。六部尚书分掌全国政务，自隋定型，一直沿用至清。五省以外，有御史、都水（掌水利，开皇三年废）2台，太常（掌礼乐等事）、大理（掌刑法）、国子（掌教育）、将作（掌营造）等11寺，左右卫（掌禁卫兵）12府。又置上柱国至都督11等勋官，特进至朝散大夫7等散官，作为授给功臣的荣誉称号。地方废郡一级地方官，只存州县两级，简化了地方官制，且规定县佐必须用别郡人，地方长官不得自用僚佐，县佐回避本郡，使本地豪强不能把持本地政务，从而有利于中央政府集中行使政权。

（2）礼乐的改革。隋文帝不喜欢儒学，但礼乐有精神上维护皇权的作用，因此，他努力改革北周礼乐制度，仿照北齐礼乐，制定隋的礼乐。开皇元年（公元581年），隋文帝下诏采用北齐冕服祭天祭祖，令礼部尚书牛弘修吉、凶、军、宾、嘉五礼，成书《仪礼》100卷，于开皇五年（公元585年）颁行天下。后又令牛弘等采用南朝梁、陈的"华夏正声"制定雅乐。这些措施，都有助于隋文帝树立自己"正统"的地位和形象。

（3）兵制的改革。隋代以前，实行过专事战争的坊兵制，坊兵完全脱离生产；也实行过兵农结合、不脱离生产的府兵制。隋文帝综观得失，并根据南北统一、战事不多的客观情况，采用兵农合一的府兵制度，分由12卫大将军统率。这一制度的实行，减轻了民众的军费负担，因而很受欢迎。

此外，隋文帝还改革了选举制度，实行科举的考试办法；改革了度量衡制度；等等。

所有这些改革，都涉及法律制度。与此同时，隋文帝、隋炀帝都比较重视行政与刑事及诉讼法制的改革。隋初颁行了《开皇律》与《开皇令》，隋炀帝时又制定了《大业律》与《大业令》。

隋代的法制除"律"、"令"之外，还有"格"、"式"以及具有最高法律效力的由皇帝不时发出的"诏"、"敕"、"制"，构成了蔚为大观的隋代法制体系。虽然隋代立国仅仅38年即告夭亡，但隋代立法对唐代立法影响极大，闻名世界的唐《永徽律》即是依隋律为蓝本修撰而成的。因此，唐律在中国历史上及在世界历史上的巨大影响，也可视为隋律的影响。

可惜的是，隋律文本久已佚失，湮没无闻。由于唐律尤其是《唐律疏议》的完整存在、流播久远以至光焰万丈、熠熠生辉，隋律不仅相形失色，而且长期以来几乎不为人们略事顾盼了，研

究的文字屈指可数且语焉不详。近代著名学者程树德先生撰
《九朝律考》，内有《隋律考》一章，可能是受长期忽视隋律的
影响，其隋律考证相当简单，仅勾检出隋律 30 余条，当然难以
让后学略窥隋律之全貌。

　　有鉴于此，不才在 20 世纪 70 年代末即发愿再操典籍，力求
在隋律的研究上更辟草莱，有所前进。在开始这项工作之际，我
拜访求教了唐律研究权威杨廷福先生和史地学权威谭其骧先生
等，得到了热情的鼓励与具体的指点。探索的结果便是撰成于
1982 年底，出版于 1987 年的《隋律研究》。其中，考出的隋律
约 200 余条（或方面），从"隋律的内容"（包括"隋律规定的
犯罪种类"、"隋律规定的刑罚制度"、"隋律规定的诉讼制度"
等）、"隋律的历史渊源"、"隋律的阶级本质"、"隋《开皇律》
的地位和影响"等方面作了介绍或研究分析。此外，《隋律研
究》还就"隋代的法律思想"作了简要的论述。法律出版社在
出版该书后不久，就曾提出要求在此基础上深入开掘，写一本规
模更大、内容更全的研究著作。1988 年，时任明治大学校长的
日本著名东洋法制史权威岛田正郎教授，还曾因《隋律研究》、
《中华法苑四千年》（我与郑秦、俞荣根、曹培的合著）在东京
上市，而邀请我给东京的全体东洋法制史研究会员作了有关方面
演讲。著名的中国法制史研究权威滋贺秀三教授还为此次演讲及
上述二书的面市，致函我所在的上海社会科学院法学研究所，表
示对中国法律史学者的钦敬之情。这些，都鼓励我全面修订
《隋律研究》。惜自其时至 1998 年底，一直忙于科技法学、法哲
学的研究与撰著，迟迟未能动笔。1999 年夏天，在参加"中国
法律史学会第五届年会"期间，挚友杨一凡教授再次提出，要
求我尽快重修《隋律研究》。经在南京、北京反复商议，决定先

行撰写《隋代法制考》，其内容，则是《隋律研究》一书出版后，我陆陆续续搜览典籍所积累的。

　　之所以确定《隋代法制考》这样一个书名，原因有三：第一，考证是研究的前提，详尽、殷实的考证，当为进一步研究隋代法制创造条件、奠定坚实的基础。第二，《隋律研究》撰成后，笔者在关于隋律的考证方面，又有着若干新的收获，应予补充。第三，既往对"隋代法制"的研究，实际上只是触及其一个方面，即仅囿于"隋律"，而且局限于隋代的"刑律"；而法制的内涵是比较丰富的，要了解一个朝代的法制，仅涉刑律显然失之偏颇。因此，尽可能地从刑律扩展到行政、民事法律，甚至略涉司法实践，对研究隋代法制、隋代政治、隋代兴亡的得失，以至对研究隋代的全部历史，都有重要的意义。这样，本书的考证，就远远超出了刑律的樊篱。我想，对此，读者诸君是会惠予首肯的。

目 录

一　隋律制定考

关于隋律的制定，以往所有的著作包括拙著《隋律研究》在内，都仅涉及《开皇律》的制定，这显然有失偏颇。因为除《开皇律》外，还有《大业律》及《开皇令》、《大业令》；还有"格"、"式"；此外，还应包括皇帝的直接立法，即随时发布的"诏"、"敕"、"制"等。因此，这里的"隋律制定考"拟全面考证所有这些具有法律效力的隋代法制的制定情况。当然，作为其重点，还推《开皇律》制定的考证。

（一）《开皇律》制定考

1. 《开皇律》的制定时间

《开皇律》制定的时间，一为开皇元年（公元 581 年），一为开皇三年（公元 583 年）。按理，既称为《开皇律》，那么，开皇元年先行制定即为底本，开皇三年之"更定新律"[①] 应称为"修订"，即《开皇律》的"制定时间"为开皇元年，"修订时间"为开皇三年。但是，开皇元年与开皇三年的两次修律活动，

---

① 《隋书》卷二五《刑法志》，中华书局，1982，第 710 页。

规模都很大，后者显非对少量条文的修改，且作为唐律蓝本的是后者，因此，我确认《开皇律》的制定时间为先后两次，而不是把后一次的"更定新律"称为"修订"。

关于开皇元年（公元581年）制定刑律的情况，《隋书·刑法志》曰：

> 高祖既受周禅，开皇元年，乃诏尚书左仆射、勃海公高颎，上柱国、沛公郑译，上柱国、清河郡公杨素，大理前少卿、平源县公常明，刑部侍郎、保城县公韩濬，比部侍郎李谔，兼考功侍郎柳雄亮等，更定新律，奏上之。

《开皇律》既经制定，隋文帝下诏颁行，其诏书曰：

> 帝王作法，沿革不同，取道于时，故有损益。夫绞以致毙，斩则殊刑，除恶之体，于斯已极，枭首辗身，义无所取，不益惩肃之理，徒表安忍之怀，鞭之为用，残剥肤体，彻骨侵肌，酷均脔切。虽云远古之式，事乖仁者之刑，枭辗及鞭，并令去也。贵砺带之书，不当徒罚，广轩冕之荫，旁及诸亲。流役六年，改为五载，刑徒五岁，变从三祀。其余以轻代重，化死为生，条目甚多，备在简策。宜颁诸海内，为时轨范，杂格严科，并宜除削。先施法令，欲人无犯之心，国有常刑，诛而不怒之义。措而不作，庶或非远，万方百辟，知吾此怀。①

---

① 《隋书》卷二五《刑法志》，中华书局，1982，第712页。

关于开皇三年"更定新律"的情况，《隋书·刑法志》的记载是：

> ……三年，因览刑部奏，断狱数犹至万条。以为律尚严密，故人多陷罪。又敕苏威、牛弘等，更定新律。除死罪八十一条，流罪一百五十四条，徒杖等千余条，定留唯五百条。凡十二卷。一曰名例，二口卫禁，三曰职制，四曰户婚，五曰厩库，六曰擅兴，七日贼盗，八曰斗讼，九曰诈伪，十曰杂律，十一曰捕亡，十二曰断狱。自是刑网简要，疏而不失。

由此可见，第一，开皇元年制定的《开皇律》，律文多达1735条以上；开皇三年的新《开皇律》则仅500条，分12卷。第二，唐初修律所参照的蓝本，正是这"定留唯五百条，凡十二卷"的条数与体例的"新律"。

2. 开皇律的制定人员

程树德先生的《九朝律考·隋律考》考及《开皇律》的制定人员时，列出上述《隋书·刑法志》提及的7人，还考出有李百药、杨瓒。对此，我有两方面的不同考证：一是参与制定隋《开皇律》的不止高颎、郑译、杨素、常明、韩濬、李谔、柳雄亮7人，而是至少有15人；二是李百药、杨瓒并没有参与制定隋律，程树德先生所云李百药、杨瓒参与修撰《开皇律》，有悖史实。

《隋书·裴政传》云："开皇元年……诏与苏威等修订律令。政采魏晋刑典，下至齐梁，沿革轻重，取其折衷。同撰著者十有余人，凡疑滞不通，皆取决于政。"这告诉我们：同撰《开皇律》的，共有十几个人；裴政在《开皇律》的制定中，起了特别重要的作用。

以下是《隋书》提及与隋《开皇律》修撰有关的人员，但其中有的人并未参与制定《开皇律》。

（1）裴政。字德表，河东闻喜人。父裴之礼，任梁廷尉卿。裴政幼时博闻强记，聪明敏捷，15岁即任邵陵王府法曹参军事，官至给事黄门侍郎，封夷陵侯。后为周人所虏，周文帝授裴政散骑侍郎，受命与卢辩为北周建立制度。后官至北周刑部侍郎、少司宪。裴政因"明习故事"而受诏"参定《周律》"。在北周时，"簿案盈几，剖决如流，用法宽平，无有冤滥，囚徒犯极刑者，乃许其妻子入狱就之，至冬，将行决，皆曰：'裴大夫致我于死，死无所恨。'"因此，裴政在立法修律方面既有理论知识，又有实践经验。周宣帝时，因忤旨被免职。开皇元年复官，加位上仪同三司，受命撰《开皇律》。裴政认为："凡推事有两，一察情，一据证，审其曲直，以定是非。……察情既敌，须以证实。"这是他根据多年的司法实践经验得出的原则，至今值得借鉴。裴政晚年晋位太子左庶子，"好面折人短，而退无后言"，为太子所疏远，黜谪为襄州总管。在襄州任上，"所受秩奉，散给僚吏"，"民有犯罪者，阴悉知之，或竟岁不发，至再三犯，乃至都会时，于众中召出，亲案其事，流徙者甚众。合境惶慑，令行禁止，小民苏息，称为神明。尔后不修图圄，殆无争讼。"注意调查研究，全面掌握案情，及时打击案犯，司法效果是较好的。①

（2）高颎。字昭玄，一名敏，自云渤海蓚人，少年时勤读史

① 《隋书》卷六六《裴政传》，中华书局，1982，第1548～1550页。

书，善于辞令。助隋文帝夺袭帝位，开皇初，官拜尚书左仆射，兼纳言，进封渤海县公，权势显赫，"朝臣莫与为比"。开皇元年，受命更定新律。"颎有文武大略，明达世务。及蒙任寄之后，竭诚尽节，进引贞良，以天下为己任。苏威、杨素、贺若弼等，皆颎所推荐，各尽其用，为一代名臣。自余立功立事者，不可胜数。当朝执政将二十年，朝野推服，物无异议。治致升平，颎之力也。论者以为真宰相。"但开皇末年起，受隋文帝猜忌，加之独孤皇后从中挑拔，遂被免官。隋炀帝即位后，官拜太常，不久因反对炀帝追求声色、兴长城之役，议论"朝廷殊无纲纪"，而被炀帝以"谤讪朝政"的罪名诛杀。"及其被诛，天下莫不伤惜"，"称冤不已"。①

（3）苏威。字无畏，京兆武功人。父苏绰，西魏度支尚书，曾制定征税之法，时人以为过重，他不禁叹息说："今所为者，正如张弓，非平世法也。后之君子，谁能弛乎？"当时苏威年龄很小，却牢记在心。以后，在开皇年间，苏威曾"奏减赋税，务从轻典"，得到文帝的赞同。开皇元年，受命参修《开皇律》。"隋承战争之后，宪章踳驳，上令朝臣厘改旧法，为一代通典。律令格式，多威所定，世以为能。"但是，"所修格令章程，并行于当世，然颇伤苛碎，论者以为非简允之法"。开皇初，官兼纳言、民部尚书。文帝曾因怒要杀一人，苏威见不合法，即进入文帝的卧室谏议赦免。但文帝正在盛怒之中，不但不听，而且要亲自去杀那人。苏威在文帝面前挡住出路，文帝绕开；苏威又迎上去挡驾，气得文帝"拂衣而入"。但过了好一会，苏威的行动还是感动了文帝，于是嘉奖了他，对他说："你能这样，我就没

①　《隋书》卷四一《高颎传》，中华书局，1982，第 1179～1184 页。

有什么可担忧的了。"并让他兼领大理卿、京兆尹与御史大夫三职。后来，苏威官拜刑部尚书，与高颎二人"同心协赞，政刑大小，无不筹之，故革运数年，天下称治。"①

（4）郑译。字正义，荥阳开封人。周武帝时，拜银青光禄大夫，转左侍上士，常在武帝左右侍卫。周宣帝时，官至内史上大夫，封沛国公。与刘昉等竭力赞助杨坚夺袭北周帝位，后封上柱国。开皇初，受诏"参撰律令"。后又受诏参议乐事，撰《乐府声调》八篇。隋文帝曾夸奖他："律令则公定之，音乐则公正之。礼乐律令，公居其三，良足美也。"开皇十一年（公元591年）病死。②

（5）牛弘。字里仁，安定鹑觚人。父牛允，为魏工部尚书。牛弘少时好学博闻，北周时，官至纳言上士，专掌文翰，后又加官员外散骑侍郎，修起居注，对北周的典章制度是很熟悉的。开皇初，迁授散骑侍郎、秘书监，参修律令。开皇三年（公元583年），拜礼部尚书，奉敕修撰《五礼》100卷，行于当世。开皇六年（公元586年），除太常卿。九年（公元589年），奉诏改定雅乐，又作乐府歌词。以后曾任吏部尚书。大业六年（公元610年）卒于江都。唐代魏征等撰《隋书》时评论他说："牛弘笃好坟籍，学优而仕，有淡雅之风，怀旷远之度，采百王之损益，成一代之典章，汉之叔孙，不能尚也。"③

（6）李德林。字公辅，博陵安平人。"年十五，诵五经及古今文集，日数千言。俄而该博坟典，阴阳纬候无不通涉。"时人称赞他"经国大体，是贾生、晁错之俦；雕虫小伎，殆相如、

---

① 《隋书》卷四一《苏威传》，中华书局，1982，第1184～1190页。
② 《隋书》卷三八《郑译传》，中华书局，1982，第1135～1138页。
③ 《隋书》卷四九《牛弘传》，中华书局，1982，第1297～1310页。

子云之辈"，"其文笔，浩浩如长河东注"。历魏、齐、周三世，至隋开皇初，为内史令，受命撰律。"开皇元年，敕令（李德林）与太尉，任国公于翼、高颎等同修律令"。"事讫奏闻，别赐九环金带一腰，骏马一匹，赏损益之多也。格令颁后，苏威每欲改易事条。德林以为格令已颁，义须画一，纵令小有踳驳，非过蠹政害民者，不可数有改张。威（苏威）又奏置五百家乡正，即令理民间辞讼。德林以为本废乡官判事，为其里闾亲戚，剖断不平，今令乡正专治五百家，恐为害更甚。且今时吏部，总选人物，天下不过数百县，于六七百万户内，论简数百县令，犹不能称其才，乃欲于一乡之内，选一人能治五百家者，必恐难得……苏威又言废郡，德林语之曰：'修令时，公何不论废郡为便？今令才出，其可改乎？'"李德林是比较注意律令的画一、稳定，注意公正地执法的。但当时高颎赞同苏威之议，隋文帝也考虑到要简化行政制度，集权中央政府，因此，"尽依威议"，废除了郡级行政机构。开皇十年（公元590年），巡省关东归来的使者虞庆则奏称"五百家乡正，专理辞讼，不便于民。党与爱憎，公行货贿"。这时隋文帝又要下令废除五百家置乡正的制度。李德林奏启道："此事臣本以为不可，然置来始尔，复即停废，政令不一，朝成暮毁，深非帝王设法之义。臣望陛下若于律令辄欲改张，即以军法从事。不然者，纷然未已。"李德林的上述意见无疑是正确的，但隋文帝却勃然大怒，痛骂李德林想把他比做王莽，找个借口将他贬官怀州刺史。当到达怀州时，恰逢大旱，李德林"课民掘井溉田"，但事不得法，空致劳扰，竟无补益，为考司所贬，抑郁不得志，仅一年余，便死去了，时年61岁。①

---

① 《隋书》卷四二《李德林传》，中华书局，1982，第1193～1209页。

（7）李百药。李德林之子，字重规，"七岁能属文"，"号奇童"。开皇初，授太子通事舍人，兼学士。开皇"十九年。袭父爵安平公。仆射杨素、吏部尚书牛弘爱其才，署礼部员外郎。奉诏定五礼、律令、阴阳书"。显然，他不是《开皇律》的修订者。大业年间，屡受炀帝打击。至唐太宗时才受到重用，任散骑常侍、太子左庶子、宗正卿。卒于84岁，著有《齐史》。① 程树德先生在《九朝律考·隋律考》之"开皇定律年及修律诸人"条中，列有李百药之名，但所引《新唐书·李百药传》一节却略去了前文"（开皇）十九年，袭父爵安平公。仆射杨素、吏部尚书……"等字，从而将李百药在开皇十九年（公元599年）"奉诏定……律令"误为修订《开皇律》，不能不说是明显错误。

（8）杨素。字处道，弘农华阴人。少时与牛弘"同志好学、研精不倦，多所通涉"。周武帝时，官至车骑大将军、仪同三司、上开府，封安成县公。竭力赞助杨坚建立隋朝，开皇初，加上柱国，拜御史大夫。开皇元年，参撰《开皇律》。后平陈立大功，官至尚书右仆射，与高颍专掌朝政。仁寿末，助杨广夺取帝位。隋炀帝大业元年（公元605年），居尚书令、太子太师。大业二年（公元606年）卒。② 范文澜说："杨素广营资产，京城和京外大都会，到处有他的邸店、磨坊、田宅，家中有成千的上等妓妾，又有成千的奴仆，住宅华侈，式样模拟皇宫，隋文帝还以为杨素纯孝，信任有加。隋文帝凭个人权术，察察为明，功臣旧人，多因罪小罚重，杀逐略尽，剩下一个最凶狡的杨素，恰恰就是助杨广杀害他的奸人。"③ 后来他的儿子杨玄感于大业末发

---

① 《隋书》卷四二《李德林传》，中华书局，1982，第1209页。
② 《隋书》卷四八《杨素传》，中华书局，1982，第1281～1294页。
③ 范文澜著：《中国通史》第3册，人民出版社，1965，第8页。

动叛乱，导致了隋的灭亡。《隋书·杨素传》之"史臣曰"称
"……子为乱阶，坟土未干，阖门俎戮，丘陇发掘，宗族诛
夷。……多行无礼必自及，其斯之谓欤！"在参修隋律诸人中，
杨素是特别值得注意的。

（9）柳雄亮。字信诚，河东解人。周武帝时，官至内史中大
夫。开皇初，拜尚书考功侍郎，《隋书·刑法志》指明他参与制
定《开皇律》，但《隋书》的《柳雄亮传》却未提到这一点。
后官至太子左庶子。卒年 51 岁。①

（10）王谊。字宜群，河南洛阳人。少时博览群书。周武帝
时，为内史大夫，封杨国公。隋文帝即位后，"亲幸其第，与之
极欢"，进封郢国公，受命参修律令，事见《隋书·赵芬传》。②
后为杨素排挤，被人以"大逆不道"罪告发，隋文帝"赐死于
家"，时年 46 岁。③

（11）元谐。河南洛阳人。北周时大将军，开皇初进位上大
将军，封乐安郡公，"奉诏参修律令"。性格刚愎，好排诋他人，
不取媚左右。后被人告发谋反罪，被诛杀。④

（12）赵芬。字士茂，天水西人。少时颇有辩智，涉猎经史。
周武帝时，拜内史下大夫，转少御正。赵芬熟谙历朝掌故，"每
奉朝廷有所疑议，众不能决者，芬辄为评断，莫不称善。"赞助
杨坚夺袭帝位。"开皇初……拜尚书左仆射，与郢国公王谊修律
令。"后又兼任内史令，约于开皇中故世。⑤

（13）刘焯。字士元，信都昌亭人。青年时，以儒学知名，

---

① 《隋书》卷四一《柳雄亮传》，中华书局，1982，第 1274～1275 页。
② 《隋书》卷四六《赵芬传》："开皇初……拜尚书左仆射，与郢国公王谊修律令。"
③ 《隋书》卷四〇《王谊传》，中华书局，1982，第 1168～1170 页。
④ 《隋书》卷四〇《元谐传》，中华书局，1982，第 1170～1172 页。
⑤ 《隋书》卷四六《赵芬传》，中华书局，1982，第 1251～1252 页。

为州博士。开皇年间，曾与著作郎王劭等同修国史。与苏威、牛弘等"于国子共论古今滞义，前贤所不通者"，"贾、马、王、郑，所传章句，多所是非。""《九章算术》、《周髀》、《七曜历书》十余部，推步日月之经，量度山海之术，莫不核其根本，穷其秘奥"，是个学问渊博的人。"天下名儒后进，质疑受业，不远千里而至者，不可胜数。论者以为数百年已来，博学通儒，无能出其右者。"曾"与诸儒修订礼律"。程树德先生之《九朝律考·隋律考》据《隋书·刘焯传》有"焯又与诸儒修订礼律"云云，认为刘焯是《开皇律》的修订人员。但刘焯修律定礼，事在蜀王杨秀被废为庶人之后，即仁寿二年（公元 602 年）之后，因此，他同《开皇律》的修订无关。①

（14）赵轨。河南洛阳人。少好学，行为检点，以清苦闻名。开皇初，官居齐州别驾。"其东邻有桑，葚落其家，轨遣人悉拾还其主，诫其诸子曰：'吾非以此求名，意者非机杼之物，不愿侵入，汝等宜以为诫。'在州四年，考绩连最。"后被征入京，"父老相送者，各挥涕曰：'别驾在官，水火不与百姓交，是以不敢以壶酒相送。公清若水，请酌一杯水奉钱。'轨受而饮之。"到京师后，受诏与牛弘撰定律令格式，后任原州总管司马，赴任途中，"在道夜行，其左右马逸入田中，暴人禾。轨驻马待明，访禾主酬直而去。"后转任寿州总管长史，任满归乡，62 岁卒于家。②《开皇律》一修于开皇元年（公元 581 年），再定于开皇三年（公元 583 年），而赵轨是在开皇四年（公元 584 年）之后

---

① 《隋书》卷七五《刘焯传》，中华书局，1982，第 1718～1719 页。《刘焯传》载："王以罪废，焯又与诸儒修订礼律……"这里的"王"，指隋文帝长子房陵王杨勇，事在仁寿年间，与隋初修《开皇律》无关。
② 《隋书》卷七三《赵轨传》，中华书局，1982，第 1678 页。

（前四年在齐州任上）"受诏与奇景公牛弘撰定律令格式"的，因此，赵轨也没有参与修撰《开皇律》，这是可以肯定的。程树德先生引《北史·赵轨传》"诏与牛弘撰定律令格式"，不引《隋书·赵轨传》而引《北史》，这已是不妥；引文又不注意前文后语，粗疏地"考"定赵轨为《开皇律》修订人员，是难以苟同的。

（15）于翼。《隋书》无于翼本传。其生平事迹，散见于《于仲文传》、《于玺传》等中。周时为上柱国、幽州总管、任国公。开皇初封太尉，受命修律，见《隋书·李德林传》："开皇元年，敕令与太尉任国公于翼、高颎等同修律令。"不久曾因坐事下狱，旋又释放。开皇二年（公元 582 年）即卒。这样，于翼最多不过参加第一次《开皇律》的修撰，而没有参加第二次《开皇律》的制定。

（16）李谔。字士恢，赵郡人。好学能文。开皇初为比部、考功二曹侍郎，后迁治书侍御史，受诏参修《开皇律》。李谔见公卿死亡后，其子孙嫁卖亡者的爱妾侍婢成为当时的风俗，曾上书反对，认为这样做"实损风化"。隋文帝"览而嘉之"，下令"五品以上妻妾不得改醮"。开皇四年（公元 584 年）卒于通州刺史任上。①

此外还有源师。《隋书·源师传》载："高祖受禅，除魏州长史，入为尚书考功侍郎，仍摄吏部。朝章国宪，多所参定。"所谓"朝章国宪，多所参定"，既可能包括参与修订《开皇律》，也可能并未参与，因此，只能录以备考，存而不论。

据《隋书·刑法志》载，还有常明、韩濬也参加了《开皇

---

① 《隋书》卷六六《李谔传》，中华书局，1982，第 1543～1546 页。

律》的修撰。但此二人，除《隋书·何妥传》提及一句"常明破律"外，既无本传可查，又无他传提及，只好暂付厥如。

程树德先生的《九朝律考·隋律考》在认定杨瓒参与《开皇律》的修撰时，引《隋书·滕穆王瓒传》所云"寻拜大宗伯，典修礼律"为证。但查《隋书·滕穆王瓒传》，有关文字为："未几，帝（周宣帝）崩，高祖（隋文帝）入禁中，将总朝政，令废太子勇召之，欲有计议。瓒素与高祖不协，闻召不从，曰：'作隋国公恐不能保，何乃更为灭族事耶？'高祖作相，迁大将军。寻拜大宗伯，典修礼律。进位上柱国、邵国公。瓒见高祖执政，群情未一，恐为家祸，阴有图高祖之计，高祖每优容之。及受禅，立为滕王。"可见杨瓒为大宗伯、"典修礼律"，是在杨坚登上隋文帝帝位之前，"典修"的是北周律而不是隋律，与修《开皇律》是两回事。且杨瓒被立为滕王后不久，即出为雍州牧；其妻宇文氏与隋文帝的独孤皇后有隙，祸及杨瓒本人；开皇十一年（公元591年）杨瓒随从隋文帝游栗园时被鸩杀。①这些情况也从侧面说明，杨瓒是不大可能被委以撰修隋律的重任的。

综上所考，《开皇律》的制定人员为高颎、郑译、杨素、常明、韩濬、李谔、柳雄亮、斐政、苏威、牛弘、李德林、王谊、元谐、赵芬、于翼等人；李百药、刘焯、赵轨、杨瓒没有参与其事；源师是否参与待考。

考毕参与《开皇律》的修订人员后，有一个与修订人员相关的问题十分有必要在这里提出来略加讨论。

在《隋唐制度渊源略论稿》中，陈寅恪先生提出了隋唐制

---

① 《隋书》卷四〇《滕穆王瓒传》载："开皇十一年，从幸栗园，暴薨……人皆言其遇鸩以毙。"

度源出有三，"三曰（西）魏、周"，而"（西）魏、周之源远不如其他二源之重要"的观点："隋唐之制度虽极广博纷复，然究析其因素，不出三源：一曰（北）魏、（北）齐，二曰梁、陈，三曰（西）魏、周。所谓（北）魏、（北）齐之源者，凡江左承袭汉、魏、西晋之礼乐刑政典章文物，自东晋至南齐其间所发展变迁，而为北魏孝文帝及其子孙摹仿采用，传至北齐成一大结集者是也。……所谓梁陈之源者，凡梁代继承创作陈氏因袭无改之制度，迄杨隋统一中国吸收采用，而传之于李唐者……所谓（西）魏、周之源者，凡西魏、北周之创作有异于山东及江左之旧制，或阴为六镇鲜卑六镇之野俗，或远承魏、（西）晋之遗风，若就地域言之，乃关陇区内保存之旧时汉族文化，以适应鲜卑六镇势力之环境，而产生之混合品。所有旧史中关陇之新创设及依托周官诸制度皆属此类，其影响及于隋唐制度者，实较微末。故在三源之中，此（西）魏、周之源远不如其他二源之重要。"但是，在论及隋唐"礼仪"制度的渊源而提到苏威时，陈寅恪先生却得出了与他的上述观点几乎相反的结论。陈先生引《隋书·苏威传》所载隋文帝对杨素、苏威的比较评析曰："上（高祖）因谓朝臣曰：杨素才辩无双，至若斟酌古今，助我宣化，非威之匹也。"用以说明苏威在隋代制度创设中的重要地位。又引同传所具体指明的苏威在厘定隋律中的重要作用："隋承战争之后，宪章踳驳，上令朝臣厘改旧法，为一代通典，律令格式，多（苏）威所定，世以为能。"又进而引《周书·苏绰传》说明苏绰、苏威的父子关系以及武功人苏绰在北周制度创设中的巨大作用，并结论曰："故考隋唐制度渊源者应置武功苏氏父子之事业于三源内之第三源，即（西）魏、周源中，其事显明，自不待论。"简言之，这"自不待论"的"显明"之

"事"是：苏绰、苏威父子相继为北周、隋初的制度包括法律制度的创设作出了极大的贡献，"律令格式多（苏）威所定，世以为能，所修格令章程并行于当世"，而"考隋唐制度渊源者应置武功苏氏父子之事业于三源内之第三源，即（西）魏、周源中"。既然如此，又怎能不与前述的第三源"其影响及于隋唐制度者，实较微末"相矛盾呢？而"三源之中，此（西）魏、周之源不为其他二源之重要"又怎能不是苍白无力呢？虽然陈先生在述及苏绰时曾指出："（苏）绰本关中世家，必习于本土掌故，其能对宇文泰之问，决非偶然。适值泰以少数鲜卑化之六镇民族窜割关陇一隅之地，而欲与雄据山东之高欢及旧承江左之肖氏争霸，非别树一帜，以关中地域为本位，融冶胡汉为一体，以自别于洛阳、建业或江陵文化势力之外，别无以坚其群众自信之心理。此绰可以依托关中之地域，以继述成周为号召，窃取六国阴谋之旧文缘饰塞表鲜卑之故制，非驴非马，取给一时，虽能辅成宇文化之霸业，而其创制终为后王所摒弃，或仅名存而实亡……"且不论这段文字本身是否确切之论，必须指明的是：苏氏父子创制的周、隋制度是否科学合理适用于时是一回事，他们在周、隋制度创设中的作用是另一回事，二者是不应混淆的。把这两件不同的事搁在一起来说明隋代制度与周代制度无涉，实在是太勉强了。

据陈寅恪先生自己的考证，"武功苏氏父子之事业"即苏绰、苏威之事业应置于三源内之第三源，即（西）魏、周源中，且"其事显明，自不待论"，既然如此，而苏威又是《开皇律》主修人员之一，与前说"在三源之中，此（西）魏、周之源远不如其他二源之重要"云云，岂非自相矛盾？下文还将涉笔杨廷福先生对陈寅恪先生的"三源论"的商榷，以及我对陈先生关于陈律"因北齐不袭北周"论的商榷意见，这里仅结合《开皇律》的修律人员苏威，先事略议这一问题，以引起读者的注意。

3.《开皇律》的颁行时间

杨坚是在公元581年2月即皇帝位，称隋文帝的。"开皇元年二月甲子，上自相府常服入宫，备礼即皇帝位于临光殿。"[①]是月，"易周氏官仪，依汉、魏之旧"并任命了吏部、礼部、民部、典部、工部、度支尚书等大批高级官吏，"旌旗车服礼乐，一如其旧"。[②]"诏尚书左仆射高颎"等人"更定新律"，可能即在该月。经过八个月的准备，《开皇律》终于制定，开皇元年（公元581年）"冬十月……戊子，行新律"。[③]因此，颁行《开皇律》的时间，是开皇元年（公元581年）十月。

颁行《开皇律》不久，隋文帝"又以律令初行，人未知禁，故犯法者众。又下吏承苛政之后，务锻炼以致人罪"，于是诏令四方，"敦理辞讼"，规定"有枉屈县不理者，令以次经郡及州，至省仍不理，乃诣阙申诉。有所未惬，听挝登闻鼓，有司录状奏之。"[④]如前所考，开皇元年制定的《开皇律》，律文多达1735条以上。"律尚严密，故人多陷罪"，开皇三年隋文帝"又敕苏威、牛弘等，更定新律"。但无论是《高祖纪》，还是《刑法志》，或者是苏威、牛弘等人的本传，都没有提到新修之《开皇律》的具体颁行时间，因此，我们仅能考定新修之《开皇律》颁行于开皇三年（公元583年）。

---

① 《隋书》卷一《高祖纪上》，中华书局，1982，第13页。
② 《隋书》卷一《高祖纪上》，中华书局，1982，第13页。
③ 《隋书》卷一《高祖纪上》，中华书局，1982，第13~14页。
④ 《隋书》卷二五《刑法志》，中华书局，1982，第712页。

（二）《开皇律》影响考

《开皇律》的影响相当重大，但长期以来，被人们忽视了，因此有必要在这里略事考证说明。

隋朝寿命极为短促，总共只存在了 38 年；《开皇律》的律文在宋代以后又已佚失。因此，历史上很少有人研究《开皇律》。这是《开皇律》的地位和影响逐渐地被忽略了的原因之一。与此同时，出现了一些抑隋扬唐（律）的议论，从而进一步造成了扬唐抑隋的思维定式以至影响及今。如元泰定四年（1327 年），江西儒学提举柳赟作《唐律疏议序》，内称："故唐律十二篇，非唐始有是律也。自魏文侯以李悝为师，造《法经》六篇。至汉肖和定加三篇，总谓九章律，而律之根荄已见。曹魏作新律十八篇。晋贾充增损汉魏，为二十篇。北齐后周或并苞其类，或因革其名，所谓十二篇云者，裁正于唐。"按柳赟的意见，"十二篇云者"乃"裁正于唐"，而非"裁正于隋"。值得注意的是，秦、汉、魏、晋、齐、周都提到了，唯独不提隋。清雍正年间，刑部尚书励廷仪作《新刊故唐律疏议序》，虽然提到了隋，却说："……由汉魏迄隋，因革相承，代有成书，然俱不一足为后世法律之章程也。"清雍正时的张廷玉也说："历代之律，皆以汉九章为宗，至唐始集其成。"① 总之，编分十二的定型化封建法律，是《唐律》，而不是《开皇律》。这些看法，是完全不符合历史事实的。

诚然，《唐律》在中国封建社会法律发展史上有极其重要的

---

① 《明史》卷九三《刑法一》，中华书局，1974 年，第 2279 页。

地位，且对亚洲各国发生了深远的影响。但是，《唐律》却是源于《开皇律》，以《开皇律》为蓝本抄撰而成的。

《旧唐书·刑法志》云："高祖……受禅，诏纳言刘文静与当朝通识之士，因《开皇律》而损益之……寻又敕尚书左仆射裴寂，尚书右仆射肖蹀……撰定律令，大略以开皇为准。于时诸事始定，边方尚梗，救时之弊，有所未暇，惟正五十三条格，入于新律，余无所改。"又，《唐六典注》云："皇朝武德中，命裴寂、殷开山等定律令，其篇目一准开皇之旧，刑名之制，又亦略同。"《唐会要》："武德七年律令成，大略以开皇为准格，五十三年入于新律，其他无所改正。"《旧唐书》成书于后晋，《唐六典》为唐人所撰，《唐会要》修于宋代，均早于元、明、清，当然更为可信，都十分明白地否定了"十二篇云者，裁正于唐"、"至唐始集其成"的谬见。

具体对比一下《开皇律》与《唐律》，更可证明这一点。

首先，《唐律》与《开皇律》一样，都是 12 篇，而且，不仅篇名相同，连排列顺序也完全相同，即：一、名例；二、卫禁；三、职制；四、户婚；五、厩库；六、擅兴；七、贼盗；八、斗讼；九、诈伪；十、杂律；十一、捕亡；十二、断狱。

关于这些篇名的沿革，《唐律疏议》作了具体的说明，其中提到：

关于《名例律》："……宋、齐、梁及后魏，因而不改。爰至北齐，并'刑名'、'法例'为'名例'，后周复为'刑名'。隋因北齐，更为'名例'。唐因于隋，相承不改。"

关于《卫禁律》："疏议曰：《卫禁律》者，秦汉及魏未有此篇。晋太宰贾充等，酌汉魏之律，随事增损，创制此篇，名为《宫卫律》。自宋泊于后周，此名并无所改。至于北齐，将'关禁'附之，更名《禁卫律》。隋开皇改为《卫禁律》。"

　　关于《职制律》："疏议曰：《职制律》者，起自于晋，名为《违制律》。爰至高齐，此名不改。隋开皇改为《职制律》。"

　　关于《户婚律》："疏议曰：《户婚律》，汉相肖何承秦六篇律，后加厩、兴、户三篇，为九章之律。迄至后周，皆名《户律》。北齐以婚事附之，名为《婚户律》。隋开皇以户在婚前，改为《户婚律》。"

　　关于《厩库律》："疏议曰：《厩库律》者，汉制九章，创加《厩律》。魏以厩事散入诸篇，晋以牧事合之，名为《厩牧律》。自宋及梁，复名《厩律》。后魏太和中，名为《牧产律》；至正始年，复名《厩牧律》。历北齐、后周，更无改作。隋开皇以库事附之，更名《厩库律》。"

　　关于《擅兴律》："疏议曰：《擅兴律》者，汉相肖何创为《兴律》。魏以擅事附之，名为《擅兴律》。晋复去'擅'为'兴'。又于高齐，改为《兴擅律》。隋开皇，改为《擅兴律》。"

　　关于《贼盗律》："疏议曰：《贼盗律》者……自秦汉逮至后魏，皆名《贼律》、《盗律》。北齐合为《贼盗律》。后周为《劫盗律》，后有《贼叛律》。隋开皇合为《盗贼律》，至今不改。"

　　关于《斗讼律》："疏议曰……从秦、汉至晋，未有此篇。至后魏太和初年，分《系讯律》为《斗律》。至北齐，以讼事附之，名为《斗讼律》。后周为《斗竞律》，隋开皇依齐'斗讼'名，至今不改。"

　　关于《诈伪律》："疏议曰：《诈伪律》者，魏分《贼律》为之。历代相因，迄今不改。"

　　关于《杂律》："疏议曰：李悝首制《法经》，而有《杂法》之目，递相祖习，多历年所，然至后周，更名《杂犯律》。隋又去‘犯’，还为《杂律》。”

关于《捕亡律》：“疏议曰……北齐名《捕断律》，后周名《逃捕律》，隋复名《捕亡律》。”

关于《断狱律》：“疏议曰：《断狱律》之名，起自于魏……至北齐，与捕律相合，更名《捕断律》。至后周，复名《断狱律》。”

以上除《断狱律》的沿革仅上溯至北周外，其余11篇都上溯至隋《开皇律》。其中《名例律》、《贼盗律》、《斗讼律》、《诈伪律》更直接说明“唐因于隋，相承不改”、“迄今不改”。

其次，《唐律》和《开皇律》一样，均有“十恶”之条，且排列顺序也完全相同。北齐始列“重罪十条”，隋初创制“十恶之条”，《唐律》之“十恶”条，纯系抄录《开皇律》而来。

其他如从刑名均分“笞”、“杖”、“徒”、“流”、“死”五种；其中“笞刑”均分“十”至“五十”五等，“徒刑”均分“一年”至“三年”五等，“死刑”均分“绞”、“斩”二等；“刑名”、“十恶”之后均为“八议”等等，都可看出《唐律》与《开皇律》的关系。

综上所述，可见“十二篇云者”不是“裁正于唐”，而是“裁正于隋”；《开皇律》即是《唐律》照搬的蓝本，所以清人励廷仪所记“由汉魏迄隋……俱不足为后世法律之章程”，是无视客观事实的轻言，根本站不住脚；而张廷玉所说古代法律“至唐始集其成”云云，也是悖于史实的。

《开皇律》既为《唐律》之本，以后《唐律》又为宋、明、清所沿用，直至中国封建社会解体，所以，完全可以说，隋《开皇律》是中国古代法制史上的里程碑。自《开皇律》开始，为封建制法律定型化时期。因为在隋之前的各朝，其法律是处在不断地吸收、修改过程中，直到隋朝之前的北周，还被人批评为把法律改得"削足适履，左支右绌"、"今古杂揉，礼律凌乱"、①"比于齐法，烦而不要"；②而从《开皇律》开始，以后就基本上不脱其型范了。

《开皇律》不仅是中国古代法制史上的里程碑，而且从实质上说，其影响远被东亚各国，在世界古代法制史上，也应占一光辉的地位。

日本有史可查的法律，如文武天皇大宝元年（公元700年）所撰《大宝律令》，有律6卷，共分12篇，其名目与排列次序均与《开皇律》、《唐律》相同。朝鲜《高丽史》云："高丽一代之制，大抵皆仿于唐，至于刑法，亦采《唐律》，参酌时宜而用之。"《历朝宪章类志·刑律志》谓，越南李太尊明道元年（1042年）所颁行的《刑书》，以及陈太尊建中六年（1230年）所颁行的《国朝刑律》，"其条贯纤悉，不可复详。当初校定律格，想亦遵用唐宋之制……"《历朝宪章类志·刑律志》又谓，黎氏王朝初年（1401年）颁行的《鸿德刑律》，更直接被点明"参用隋唐，断治有画一之条，有上下之准，历代遵行，用为成宪"。这些法制史实都说明了《开皇律》及其通过《唐律》在东亚所发生的影响是相当大的。《开皇律》在世界法制发展史上的光辉地位是毋庸争议的。

《开皇律》比较完整地反映了封建统治阶级的意志，比较系统地总结了封建统治阶级运用法律手段进行统治的经验和教训，因此它对《唐律》并通过《唐律》对尔后的国内外法律发生了巨大的影响，为自己在中外法制史上争得了应有的一席地位。

---

① 程树德著：《九朝律考》卷六《周律考》，中华书局，1963，第411页。
② 《隋书》卷二五《刑法志》，中华书局，1982，第709页。

《开皇律》竭力维护以皇权为核心的中央集权制度，维护地主阶级对农民的经济剥削和地主阶级的政治统治，对农民实行专政，保护地主阶级的种种特权，维护以封建等级制和父权家长制为中心的封建社会秩序等，比较完整地反映了地主阶级的意志。这是由于《开皇律》比较系统地总结了历代封建统治阶级运用法律武器进行政治统治的经验和教训。它主要表现在《开皇律》有较先进的编纂体例，所规定的刑罚比较轻，融刑法、民法、诉讼法于一炉等方面，也表现在隋代比较注意司法建设等方面。

《开皇律》的编纂体例，采用总则在前，分则在后的形式，条理清晰，逻辑性强，"刑网简要，疏而不失"。

李悝制《法经》6 篇，以为"王者之政莫急于盗贼"，因此将《盗法》、《贼法》列于 6 篇之首。盗贼需要逮捕、囚禁，所以《囚法》、《捕法》列于其后。《杂法》是对其他犯罪如越狱、赌博等的惩罚办法。最后是《具法》，是关于刑罚的加重和减轻的法律，相当于后世的刑法总则。这种编纂体例，粗具法律形式的规模，但条理不清、逻辑联系不严密。汉《九章律》加《户律》、《兴律》、《厩律》3 篇，后来又加《傍章律》18 篇，《越宫律》27 篇，《朝律》6 篇，使法律内容更加完备了。但汉律仍将《具律》列于第 6 篇。至魏律，才将《具律》调放在首篇："魏因汉律为一十八篇，改汉《具律》为刑名第一。"① 《魏律序》还指出："旧律因秦《法经》，就增三篇，而《具律》不移，因在第六。罪条例既不在始，又不在终，非篇章之义。故集罪例以为刑名，冠于律首。"② 但魏律 18 篇之分，繁而不当。至

---

① （唐）长孙无忌等撰：《唐律疏议》卷一《名例律》，中华书局，1983，第 2 页。
② 《晋书》卷三〇《刑法志》，中华书局，1974，第 924 页。

北齐，才首次将篇目合并为 12 篇，且"并刑名例、法例为名例"。①《北齐律》将《捕亡律》与《断狱律》合为《捕断律》，且置于第 9 篇，相当于将今之诉讼程序法与民、刑法混在一起，也属"既不在始，又不在终，非篇章之义"。至隋制定《开皇律》，吸取了历代编撰律令的经验，坚持了《北齐律》分篇 12，总则在前、分则在后的优点，同时将《捕断律》一析为二，放在最后。这样，从《开皇律》编纂的总体上看，就是：总则在前，分则在后；实体法在前，程序法在后。此外，如将《北齐律》的《婚户律》改为《户婚律》，这是因为"隋开皇以户在婚前，改为户婚律"；②将《北齐律》中的《违制律》改为《职制律》并从第 5 篇移至第 3 篇，放在《卫禁律》之后，这是因为将保卫皇权与保卫政权连在一起，保卫皇权在先，保卫政权在后；将《厩牧律》改为《厩库律》，扩大了范围，从第 11 篇移至第 5 篇，和第 6 篇《擅兴律》放在一起，置于第 7 篇《盗贼律》之前，明确了保卫封建国家财物在前，保卫地主阶级私人财物在后的排列次序；等等。这些改动，都使《开皇律》的篇章结构更合封建制法律发展之逻辑，也更合封建地主阶级之"理"了。

我国封建制法律之具体条目，《法经》不详。商鞅相秦，改法为律，科条陡增，"法繁于秋荼，而网密于凝脂"。③汉初，刘邦说老百姓"苦秦法久矣"，当他初入关中时曾宣布："与父老约法三章耳：杀人者死，伤人及盗抵罪，余悉除去秦法。"④但

① （唐）长孙无忌等撰：《唐律疏议》卷一《名例律》，中华书局，1983，第 2 页。
② （唐）长孙无忌等撰：《唐律疏议》卷一《名例律》，中华书局，1983，第 231 页。
③ （汉）桓宽撰：《盐铁论》卷一〇《刑德第五十五》。见《盐铁论·译注》，冶金工业出版社，1972，第 442 页。
④ 《史记》卷八《高祖本纪》，中华书局，1999，第 362 页。

是，曾几何时，汉律条目就无限膨胀起来："律令凡三百五十九章，大辟四百九条，千八百八十二事，死罪决事比万三千四百七十二事。文书盈于几阁，典者不能遍睹。"① 至晋律，大为简化，"蠲其苛秽，存其清约"，② 改订成 20 篇，620 条。但至北齐，又增至 949 条。而北周更增加到 1537 条，"篇目科条皆倍于齐律"。③ 隋代周而起，大刀阔斧，"除死罪八十一条，流罪一百五十四条，徒杖等千余条，定留唯五百条。凡十二卷"。④ 正如《隋书·刑法志》所说的那样，"自是刑网简要，疏而不失"，为唐、宋、明、清所沿用。

《开皇律》所规定的刑罚比前此历代法律为轻，体现了一定的进步性，这也是不能忽视的。

例如死刑，从春秋之世的杀、烹、肆、醢、镮、枭首，发展到秦时加上了弃市、腰斩、磔、戮、阬、绞，据说商鞅变法时还"有凿颠、抽胁、镬亨之刑"。⑤ 但《开皇律》蠲除历代苛刑酷法，定死刑唯绞、斩两种；而且，将族刑从历代法律规定的夷三族或夷五族，改为"唯大逆、谋反叛者，父子兄弟皆斩，家口没官"，⑥ 即夷二族，且限于犯"大逆，谋反叛"之罪的界限以内。

又如流刑，《北齐律》规定的流刑"谓论犯可死，原情可降，鞭笞之各一百，投于边裔，以为兵卒。未有道里之差"。⑦《北周律》规定的流刑，从二千五百里至四千五百里不等，均加

① 《汉书》卷二三《刑法志》，中华书局，1962，第 1101 页。
② 程树德著：《九朝律考》卷三《晋律序》，中华书局，1963，第 231 页。
③ 程树德著：《九朝律考》卷六《后周律考序》，中华书局，1963，第 411 页。
④ 《隋书》卷二五《刑法志》，中华书局，1982，第 712 页。
⑤ 《汉书》卷二三《刑法志》，中华书局，1962，第 1096 页。
⑥ 《隋书》卷二五《刑法志》，中华书局，1982，第 711 页。
⑦ 《隋书》卷二五《刑法志》，中华书局，1982，第 705 页。

鞭笞。至《开皇律》改为一千里至二千里，大大地减轻了。值得注意的是，《唐律》以"用法务在宽减"①相标榜，以"凡削烦去蠹，变重为轻者，不可胜纪"自诩，而且为今之研究《唐律》者所一致肯定为"确实是较为简约宽平"，但其规定的流刑却是从二千里至三千里的三等，比《开皇律》规定的流刑一千里至二千里要重得多了。

又如徒刑，历代有作刑、耐刑、年刑、居作、输将、鬼薪、城旦舂、白粲、司寇作、完刑等等之称，至北齐仍称"刑罪"、"耐罪"。隋《开皇律》采取《北周律》的"徒刑"的名称，将北齐、北周的徒刑刑期1～5年，改为1～3年，且不再附加鞭、笞或杖。所谓"流役六年，改为五载，刑徒五岁，变从三祀"、"其流徒之罪皆减从轻"，②是确实被记载于律文上的。

又如除去鞭刑，指斥"鞭之为用，残剥肤体，彻骨侵肌，酷均脔切"；③拷讯犯人时禁止使用大棒、束杖、车辐、鞵底、压踝、杖桄；常刑讯囚，拷杖不得超过二百，杖有大小定式，行杖不得易人；囚犯之枷杖有规定的式样和重量等等。

《开皇律》融刑法、民法、诉讼法于一炉，几乎无所不包。这同隋代地方一级司法、行政集于地方长官一身，民事违法也处以刑罚的封建法律传统等是相密切联系的。隋之前的各个朝代也将刑事、民事、诉讼程序纳入同一法律调节之中，但都不如隋之简要得体。而《开皇律》的这一特点又为后世的封建法律所继承。

除《开皇律》文本身之外，隋初还比较注意司法行政的建

---

① 《贞观政要》卷八，上海古籍出版社，1978，第238页。
② 《隋书》卷二五《刑法志》，中华书局，1982，第711页。
③ 《隋书》卷二五《刑法志》，中华书局，1982，第711页。

设。《开皇律》颁行后，开皇三年（公元583年），即"置律博士弟子员。断决大狱，皆先牒明法，定其罪状，然后依断"。①在大理寺置律博士八人，置律生（博士弟子）于州县，学习律令，规定判决重大案件，都必须先写明有关律文，按律判决。开皇六年，又敕令各州长史以下到行参军一级的官吏都要学习律文，并在指定的日期集中到京城，进行考试。

所有这些，都对《唐律》并通过《唐律》对中外后世的法律发生了影响。《开皇律》在中国以至世界法制史上的影响是决不可抹煞，决不可轻视的。

（三）开皇、仁寿法令制定考

律外行令，古已有之。秦汉及魏，即行以令辅律。最迟在秦二世时即有"令"的专门法律形式出现，可考诸《史记》："于是二世乃遵用赵高，申法令。"② 汉时，令分甲、乙、丙篇，可见法令日繁。魏修律18篇，又定州郡令45篇，尚书官令、军中令合180余篇。"晋初，贾充、杜预，删而定之。有律，有令，有故事。"③ 其时，令已成为一大法典，共达2306条，98643字。但制成分门别类的法典而又比较条理清晰合理者，当推隋代。同时，令作为一种法律样式，情形较律要复杂得多，因为在专门的《开皇令》颁行的同时，掌有最高立法大权的皇帝杨坚，还随时以"诏"、"敕"、"制"等方式发出同具法律效力的法令，有时单称"诏"、"敕"、"制"，有时则连称"诏令"、"敕令"及

---

① 《隋书》卷二五《刑法志》，中华书局，1982，第712页。
② 《史记》卷六《秦始皇本纪》中华书局，1999，第268页。
③ 《隋书》卷三三《经籍志二》，中华书局，1982，第974页。参同上，第967页。

"制命"等。此外还有"禁"即禁令的发布，以及大臣奏议而得到皇上的首肯诩赞从而也成为通行天下的法令的。因此，关于开皇令的制定考证，就不得不从以下几个方面分别进行。

1. 《开皇令》制定考

《开皇令》的制定时间与参与制定的人员，当与《开皇律》同，这可见诸以下数端记载：

> 开皇元年，敕令（李德林）与太尉任国公于翼、高颎等同修律令。①

> 及高祖受禅……（元谐）进位上大将军、封安乐郡公、邑千户。奉诏参修律令。②

> 开皇初，（赵芬）置东京官，拜尚书右仆射，与郢国公王谊修律令。③

> 开皇元年，（裴政）转率更令，加位上仪同三司。诏与苏威等修订律令。④

> 高祖受禅……（赵轨）既至京师，诏与奇景公牛弘撰定律令格式。⑤

---

① 《隋书》卷四二《李德林传》，中华书局，1982，第1200页。
② 《隋书》卷四〇《元谐传》，中华书局，1982，第1171页。
③ 《隋书》卷四六《赵芬传》，中华书局，1982，第1251页。
④ 《隋书》卷六六《裴政传》，中华书局，1982，第1549页。
⑤ 《隋书》卷七三《赵轨传》，中华书局，1982，第1678页。

隋承战争之后，宪章蹐驳，上令朝臣厘改旧法。为一代通典。律令格式，多咸所定，世以为能。①

……帝又以律令初行，人未知禁，故犯法者众。……乃诏申敕四方，敦理辞讼。②

上引7例，有几处值得注意：第一，都在开皇元年（公元581年）；第二，都是"律令"并提；第三，所涉人员，恰与前述《开皇律》的制定人员重复。由此可见《开皇令》的制定时间与参与制定的人员，与《开皇律》大致相同。而且，颁行时间也相同，即开皇元年（公元581年）颁行了《开皇令》。

除上述李德林、于翼、高颎、元谐、赵芬、王谊、裴政、苏威、赵轨、牛弘外，还有房晖远也参加了开皇年间法令的修撰，事见《隋书·房晖远传》："及高祖受禅，迁太常博士。……寻奉诏预修令式。"这里仅说"修令式"，未说及"律"。也无其他资料可资说明房晖远参与修"律"。所以前文考及《开皇律》修撰人员时，未列房晖远在内。

《开皇令》的颁行时间为开皇元年（公元581年），还可证诸以下史实：

高祖……受禅……颁新令，制人五家为保，保有长。……男女……十八已上为丁。③

---

① 《隋书》卷四一《苏威传》，中华书局，1982，第1186页。
② 《隋书》卷二五《刑法志》，中华书局，1982，第712页。
③ 《隋书》卷二四《食货志》，中华书局，1982，第680页。

开皇三年正月，帝入新宫。初令军人以二十一成丁。①

这里说的是开皇元年（公元581年）"颁新令"，而开皇三年（公元583年）改"新令"中"十八为丁"为"二十一为丁"。此外如：

隋初因周制，定令亦以孟冬下亥蜡百神，腊宗庙，祭社稷。②

开皇初，高祖思定典礼。……其丧纪，上自王公，下逮庶人，著令皆为定制，无相差越。③

开皇元年，内史令李德林奏，周、魏舆辇乖制，请皆废毁。……于后著令，制五格。④

高祖既受命，定令，宫悬四面各二虡，通十二傅钟，为二十虡。虡各一人。⑤

始开皇初定令，置《七部乐》……⑥

---

① 《隋书》卷二四《食货志》，中华书局，1982，第681页。
② 《隋书》卷七《礼仪志二》，中华书局，1982，第148页。
③ 《隋书》卷八《礼仪志三》，中华书局，1982，第156页。
④ 《隋书》卷一〇《礼仪志五》，中华书局，1982，第200页。
⑤ 《隋书》卷一四《音乐志中》，中华书局，1982，第343页。
⑥ 《隋书》卷一五《音乐志下》，中华书局，1982，第376页。

2. 开皇年间诏令发布考

开皇年间（公元581～600年），隋文帝除于开皇初年集中颁行《开皇令》外，还陆续随机发布颁行了大量的诏令。按时间顺序排列，有关的主要诏令考出如下。

（1）开皇元年（公元581年）关于申诉及挝登闻鼓的诏令：

（开皇元年）帝又以律令初行，人未知禁，故犯法者众。又下吏承苛政之后，务锻炼以致人罪。乃诏申敕四方，敦理辞讼。有枉屈县不理者，令以次经郡及州，至省仍不理，乃诣阙申诉。有所未惬，听挝登闻鼓，有司录状奏之。①

（2）开皇元年（公元581年）关于举国劝学行礼的诏令：

高祖受禅。（柳）昂疾愈，加上开府，拜潞州刺史。昂见天下无事，可以劝学行礼，因上表……上览而善之，因下诏……自是天下州县皆置博士习礼焉。②

（3）开皇元年（公元581年）关于献书有赏的诏令：

开皇初，（牛弘）迁授散骑常侍、秘书监。弘以典籍遗逸，上表请开献书之路……上纳之，于是下诏，献书一卷，赉缣一匹。一二年间，篇籍稍备。③

---

① 《隋书》卷二五《刑法志》，中华书局，1982，第712页。
② 《隋书》卷四七《柳机传》，中华书局，1982，第1277～1278页。
③ 《隋书》卷四九《牛弘传》，中华书局，1982，第1297～1300页。

（4）开皇元年（公元 581 年）关于听任百姓出家，仍令计口出钱，营造经像的诏令：

> 开皇元年，高祖普诏天下，任听出家，仍令计口出钱，营造经像。而京师及并州、相州、洛州等诸大都邑之处，并官写一切经，置于寺内，而又别写，置于秘阁。天下之人，从风而靡，竞相景慕，民间佛经，多于六经数十百倍。①

（5）开皇二年（公元 582 年）关于举贤良的诏令：

> 二年春正月……甲戌，诏举贤良。②

（6）开皇三年（公元 583 年）关于举国劝学行礼的诏令：

> （三年）夏四月……丙戌，诏令天下劝学行礼。③

（7）开皇三年（公元 583 年）关于奖赏仁义诚节及铨擢文武之才的诏令：

> （三年）秋七月……壬戌，诏曰："行仁蹈义，名教所先，厉俗敦风，宜见褒奖。往者，山东、河表，经此妖乱，孤城远守，多不自全。济阴太守杜猷身陷贼徒，命悬寇手。郡省事范壹玖倾产营护，免其戮辱。眷言诚节，实有可嘉，

---

① 《隋书》卷三五《经籍志四》，中华书局，1982，第 1099 页。
② 《隋书》卷一《高祖纪上》，中华书局，1982，第 16 页。
③ 《隋书》卷一《高祖纪上》，中华书局，1982，第 19 页。

宜超恒赏，用明沮劝。……"①

三年……冬十一月己酉，发使巡省风俗．因下诏曰："朕君临区宇，深思治术。欲使生人从化，以德代刑，求草莱之善，旌闾里之行。民间情伪，咸欲备闻。已诏使人，所在赈恤，扬镳分路，将遍四海，必令为朕耳目。如有文武才用，未为时知，宜以礼发遣，朕将铨擢。其有志节高妙，超等绝伦，亦仰使人就加旌异，令一行一善奖劝于人。……"②

（8）开皇三年（公元583年）关于停造辂车等的诏令：

开皇三年闰十二月，并诏停造，而尽用旧物。至九年平陈，又得舆辇。旧著令者，以付有司，所不载者，并皆毁弃。③

值得注意的是，这是以后颁诏令破前颁《开皇令》的举措，可见帝王权力至高无尚之一斑。

（9）开皇三年至五年（公元583～585年）关于厉行新钱制的诏令：

高祖既受周禅，以天下钱货轻重不等。乃更铸新钱。……先时钱既新出，百姓或私有熔铸。三年四月，诏四

---

① 《隋书》卷一《高祖纪上》，中华书局，1982，第19～20页。
② 《隋书》卷一《高祖纪上》，中华书局，1982，第20页。
③ 《隋书》卷一〇《礼仪志五》，中华书局，1982，第203页。

面诸关，各付百钱为样。从关外来，勘样相似，然后得过。样不相同者，即坏以为铜，入官。……四年，诏仍依旧不禁者，县令夺半年禄。然百姓习用既久，尚犹不绝。五年正月，诏又严其制。自是钱货为一，所在流布，百姓便之。①

（10）开皇四年（公元584年）关于颁行新历的诏令：

（开皇）四年二月（道士张宾等）撰成（新历）奏上。高祖下诏曰："……宜颁天下，依法施用。"②

（11）开皇四年（公元584年）关于革新腊制的诏令：

开皇四年十一月，诏曰："古称腊者，接也。取新故交接。前周岁首，今之仲冬，建冬之月，称蜡可也。后周用夏后之时，行姬氏之蜡。考诸先代，于义有违。其十月行蜡者停，可以十二月为腊。"于是始革前制。③

（12）开皇五年（公元585年）因律生辅恩舞文陷人罹罪案④而发布关于停废律生诸曹决事必须具写律文的诏令：

五年……帝……下诏曰："人命之重，悬在律文，刊定科条，俾令易晓。分官命职，恒选循吏，小大之狱，理无疑

---

① 《隋书》卷二四《食货志》，中华书局，1982，第691~692页。
② 《隋书》卷一七《律历志中》，中华书局，1982，第421页。
③ 《隋书》卷七《礼仪志二》，中华书局，1982，第149页。
④ 事见《隋书》卷二五《刑法志》："（开皇）五年，侍官慕容天远纠都督田元，冒请义仓，事实而始平县律生辅恩，舞文陷天远，遂更反坐。帝闻之，乃下诏……"

舛。而因袭往代，别置律官，报判之人，推其为首。杀生之柄，常委小人，刑罚所以未清，威祸所以妄作。为政之失，莫大于斯。其大理律博士、尚书刑部曹明法、州县律生，并可停废。"白是诸曹决事，皆令具写律文断之。[①]

（13）开皇六年（公元586年）关于废除孥戮相坐之法及死囚不得驰驿行决的诏令：

> （开皇）六年……又诏免尉迥、王谦、司马消难三道递人家口之配没者，悉官酬赎，使为编户。因除孥戮相坐之法。又命诸州囚有处死，不得驰驿行决。[②]

（14）开皇九年（公元589年）关于停罢戎旅、军器，除毁人间甲仗及进善、举才的诏令：

> （开皇）九年……夏四月……壬戌，诏曰："往以吴、越之野，群黎涂炭，干戈方用，积习未宁。今率土大同，含生遂性，太平之法，方可流行。……禁卫九重之余，镇守四方之外，戎旅军器，皆宜停罢。代路既夷，群方无事，武力之子，俱可学文，人间甲仗，悉皆除毁。……公卿士庶，非所望也，各启至诚，匡兹不逮。见善必进，有才必举，无或嘿默，退有后言。颁告天下，咸悉此意。"[③]

---

① 《隋书》卷二五《刑法志》，中华书局，1982，第712~713页。
② 《隋书》卷二五《刑法志》，中华书局，1982，第713页。
③ 《隋书》卷二《高祖纪下》，中华书局，1982，第32~33页。

（15）开皇九年（公元 589 年）关于制礼作乐，尽除淫声、杂戏的诏令：

> （开皇九年）十二月甲子，诏曰："朕祗承天命，清荡万方。百王衰敝之后，兆庶浇浮之日，圣人遗训，扫地俱尽，制礼作乐，今也其时。朕情存古乐，深思雅道。郑、卫淫声，鱼龙杂戏，乐府之内，尽以除之。……"仍诏太常牛弘、通直散骑常侍许善心、秘书承姚察、通直郎虞世基等议定作乐。①

（16）开皇九年（公元 589 年）关于定节气的诏令：

> 开皇九年平陈后，高祖遣毛爽及蔡子元、于普明等，以候节气。……令爽等草定其法。爽因稽诸故实，以著于篇，名曰《律谱》。②

（17）开皇十三年（公元 593 年）关于禁绝私撰国史的诏令：

> （开皇十三年）五月癸亥，诏人间有撰集国史、臧否人物者，皆令禁绝。③

（18）开皇十四年（公元 594 年）关于禁造繁声、施用雅乐

---

① 《隋书》卷二《高祖纪下》，中华书局，1982，第 34 页。
② 《隋书》卷一六《律历志上》，中华书局，1982，第 394～395 页。
③ 《隋书》卷二《高祖纪下》，中华书局，1982，第 38 页。

的诏令：

> （开皇）十四年夏四月乙丑，诏曰："在昔圣人，作乐崇德，移风易俗，于斯为大。自晋氏播迁，兵戈不息，雅乐流散，年代已多，四方未一，无由辨正。赖上天鉴临，明神降福，拯兹涂炭，安息苍生，天下大同，归于治理，遗文旧物，皆为国有。比命所司，总令研究，正乐雅声，详考已讫，宜即施用，见行者停。人间音乐流僻日久，弃其旧体，竞造繁声，浮宕不归，遂以成俗。宜加禁绝，务存其本。"[1]

（19）开皇十四年（公元594年）关于授省府州县公廨田的诏令：

> （开皇十四年）六月丁卯，诏省府州县皆给公廨田，不得治生，与人争利。[2]

（20）开皇十六年（公元596年）关于亡官妻妾不得改嫁的诏令：

> （开皇十六年）六月……辛丑，诏九品已上妻，五品已上妾，夫亡不得改嫁。[3]

---

[1] 《隋书》卷二《高祖纪下》，中华书局，1982，第38页。该诏令又见《隋书》卷一五《音乐志下》："十四年三月，乐定"（作乐者牛弘、姚察等奏请施行）"于是并撰歌辞三十首，诏并令施用，见行者皆停之，其人间音乐，流僻日久，弃其旧体者，并加禁绝，务存其本。"

[2] 《隋书》卷二《高祖纪下》，中华书局，1982，第39页。

[3] 《隋书》卷二《高祖纪下》，中华书局，1982，第41页。

（21）开皇十六年（公元 596 年）关于死罪三复决的诏令：

（开皇十六年）秋八月丙戌，诏决死罪者，三奏而后行刑。①

（22）开皇十七年（公元 597 年）关于属官犯罪可于律外决杖的诏令：

（开皇十七年）三月丙辰，诏曰："分职设官，共理时务，班位高下，各有等差。若所在官人不加敬惮，多自宽纵，事难克举。诸有殿失，虽备科条，或据律乃轻，论情则重，不即决罪，无以惩肃。其诸司论属官，若有愆犯，听于律外斟酌决杖。"②

（23）开皇十八年（公元 598 年）关于禁止私造大船的诏令：

（开皇）十八年春正月辛丑，诏曰："吴、越之人，往承敝俗，所在之处，私造大船，因相聚结，致有侵害。其江南诸州，人间有船三丈已上，悉括入官。"③

（24）开皇十八年（公元 598 年）关于严惩厌蛊活动的诏令：

---

① 《隋书》卷二《高祖纪下》，中华书局，1982，第 41 页。
② 《隋书》卷二《高祖纪下》，中华书局，1982，第 41 页。
③ 《隋书》卷二《高祖纪下》，中华书局，1982，第 43 页。

（开皇十八年）五月辛亥，诏畜猫鬼、蛊毒、厌魅、野道之家，投于四裔。[①]

（25）开皇十八年（公元598年）关于科举的诏令：

（开皇十八年）秋七月……丙子，诏京官五品已上，总管、刺史，以志行修谨、清平干济二科举人。[②]

（26）开皇十年至十八年（公元590～598年）关于禁行恶钱的诏令：

（开皇）十年，诏晋王广，听于杨州立五炉铸钱。其后奸狡稍渐磨鑢钱郭，取铜私铸，又杂以锡钱，递相仿效，钱遂轻薄。乃下恶钱之禁。京师及诸州邸肆之上，皆令立榜，置样为准。不中样者，不入于市。十八年……是时钱益滥恶，乃令有司，括天下邸肆见钱，非官铸者，皆毁之，其铜入官。而京师以恶钱贸易，为吏所执，有死者。[③]

（27）开皇二十年（公元600年）关于毁坏佛像以不道、恶逆论处的诏令：

（开皇二十年）十二月……辛巳，诏曰："佛法深妙，

① 《隋书》卷二《高祖纪下》，又见《隋书》卷七九《外戚传》：（独孤陀好左道被人告发）"……及此，诏诛被讼行猫鬼家。"
② 《隋书》卷二《高祖纪下》，中华书局，1982，第43页。
③ 《隋书》卷二四《食货志》，中华书局，1982，第692页。

道教虚融，咸降大兹，济度群品，凡在含识，皆蒙覆护。……敢有毁坏偷盗佛及天尊像、岳镇海渎神形者，以不道论。沙门坏佛像，道士坏天尊者，以恶逆论。①

（28）开皇末年，关于禁绝角抵之戏的诏令：

（开皇末，柳）或见近代以来，都邑百姓每至正月十五日，作角抵之戏，递相夸竞，至于糜费财力，上奏请禁绝之……"（其奏书曰）"敢有犯者，请以故违敕论。"诏可其奏。②

3. 仁寿年间诏令发布考

仁寿年间（公元601～604年），隋文帝继续随机发布、颁行了一些诏令，主要者为：

（29）仁寿元年（公元601年）关于简省国子学、奖励德才优异者的诏令：

（仁寿元年）六月……乙丑，诏曰："儒学之道，训教生人……朕抚临天下，思弘德教，延集学徒，崇建庠序，开进仕之路，仁贤隽之人。而国学胄子，垂将千数，州县诸生，咸亦不少。徒有名录，空度岁时，未有德为代范，才任国用。良由设学之理，多而未精。令宜简省，明加奖励。"于是国子学唯留学生七十人，太学、四门及州县学并废。③

---

① 《隋书》卷二《高祖纪下》，中华书局，1982，第45～46页。
② 《隋书》卷六二《柳彧传》，中华书局，1982，第1483～1484页。
③ 《隋书》卷二《高祖纪下》，中华书局，1982，第46～47页。

（30）仁寿二年（公元602年）关于荐举的诏令：

（仁寿二年）秋七月丙戌，诏内外官各举所知。①

（31）仁寿二年（公元602年）关于修订五礼的诏令：

（仁寿二年）闰月……己丑，诏曰："礼之为用，时义大矣。……故道德仁义，非礼不成，安上治人，莫善于礼。……今四海乂安，五戎勿用，理宜弘风训俗，导德齐礼，缀往圣之旧章，兴先王之茂则。……杨素……苏威……牛弘……薛道衡……许善心……虞世基……王劭，或任居端揆，博达古今，或器推令望，学综经史。委以裁缉，实允佥议。可并修订五礼。"②

（32）仁寿三年（公元603年）关于荐举贤哲的诏令：

（仁寿三年）秋七月丁卯，诏曰："……其令州县搜扬贤哲，皆取明知今古，通识治乱，究政教之本，达礼乐之源。不限多少，不得不举。限以三月，咸令进路。征召将送，必须以礼。"③

（33）仁寿四年（公元604年）关于律令格式依敕修改等的遗诏：

① 《隋书》卷二《高祖纪下》，中华书局，1982，第47页。
② 《隋书》卷二《高祖纪下》，中华书局，1982，第48页。
③ 《隋书》卷二《高祖纪下》，中华书局，1982，第51页。

（仁寿四年）秋七月……丁未，崩于大宝殿，时年六十四。遗诏曰："……国家事大，不可限以常礼。……自古哲王，因人作法，前帝后帝，沿革随时。律令格式，或有不便于事者，宜依前敕修改，务当政要。呜呼，敬之哉！无坠朕命！"①

4. 开皇年间敕令、发布考

（1）开皇元年（581 年）关于除废魏、周辇辂制度的敕令（令文佚失，太子庶子、摄太常少卿裴政的奏疏中提及）：

　　……今皇隋革命，宪章前代，其魏、周辇辂不合制者，已敕有司尽令除废……②

（2）开皇元年（公元 581 年）关于修撰开皇律令的敕令：

　　开皇元年，敕令（李德林）与太尉任国公于翼、高颎等同修律令。③

（3）开皇三年（公元 583 年）关于修改元年所颁《开皇律》的敕令：

　　帝又每季亲录囚徒。常以秋分之前，省阅诸州申奏罪状。三年，因览刑部奏，断狱数犹至万条。以为律尚严密，

---

① 《隋书》卷二《高祖纪下》，中华书局，1982，第 53 页。
② 《隋书》卷一二《礼仪志七》，中华书局，1982，第 254 页。
③ 《隋书》卷四二《李德林传》，中华书局，1982，第 1200 页。

故人多陷罪。又敕苏威、牛弘等，更定新律。[1]

（4）开皇四年（公元584年）关于官属之官之敕令：

（开皇四年）夏四月己亥，敕总管、刺史父母及子年十五已上不得将之官。[2]

（5）开皇六年（公元586年）关于习律的敕令：

（开皇）六年，敕诸州长史已下，行参军已上，并令习律，集京之日，试其通不。[3]

（6）关于拒闻诽谤之罪的敕令：

（长孙平）后数载，转工部尚书，名为称职。时有人告大都督邴绍非毁朝庭为愦愦者，上怒，将斩之。平进谏曰："……邴绍之言，不应闻奏，陛下又复诛之，臣恐百代之后，有亏圣德。"……因敕群臣，诽谤之罪，勿复以闻。[4]

（7）开皇十五年（公元595年）关于盗边粮严刑重罚的敕令：

---

[1] 《隋书》卷二五《刑法志》，中华书局，1982，第712页。
[2] 《隋书》卷一《高祖纪上》，中华书局，1982，第21页。
[3] 《隋书》卷二五《刑法志》，中华书局，1982，第713页。
[4] 《隋书》卷四六《长孙平传》，中华书局，1982，第1255页。未记敕令时间，从前后文推定约在开皇三年后之数载。

（开皇十五年）十二月戊子，敕盗边粮一升已上皆斩，并籍没其家。①

（8）开皇十八年（公元598年）关于公验过客及长官责任的敕令：

（开皇十八年）九月……庚寅，敕舍客无公验者，坐及刺史、县令。②

（附：仁寿年间未见颁行敕令）

5. 开皇年间制命发布考

（1）开皇元年（公元581年）关于冠冕色玄之制命：

（裴政奏曰）"……今请冠及冕，色并用玄，唯应着帻者，任依汉、晋。"制曰："可。"

于是定令，采用东齐之法。……③

（2）开皇六年（公元586年）关于刺史上佐考课的制命：

（开皇六年）二月……丙戌，制刺史上佐每岁暮更入朝，上考课。④

---

① 《隋书》卷二《高祖纪下》，中华书局，1982，第40页。
② 《隋书》卷二《高祖纪下》，中华书局，1982，第43～44页。
③ 《隋书》卷一二《礼仪志七》，中华书局，1982，第253～254页。
④ 《隋书》卷一《高祖纪上》，中华书局，1982，第23页。

（3）开皇七年（公元 587 年）关于举人的制命：

（开皇）七年春正月……乙未，制诸州岁贡三人。[1]

（4）开皇九年（公元 589 年）关于乡、里行政建制的制命：

（开皇九年）二月……丙申，制五百家为乡，正一人；百家为里，长一人。[2]

（5）开皇十年（公元 590 年）关于庸役的制令：

（开皇十年）六月申酉，制人年五十，免役收庸。[3]

（6）开皇十二年（公元 592 年）关于死罪复决的制命：

（开皇十二年）八月甲戌，制天下死罪，诸州不得便决，皆令大理复治。[4]

（7）开皇十二年（公元 592 年）关于宿卫的制命：

（开皇十二年）八月……癸巳，制宿卫者不得辄离所守。[5]

① 《隋书》卷一《高祖纪上》，中华书局，1982，第 25 页。
② 《隋书》卷二《高祖纪下》，中华书局，1982，第 32 页。
③ 《隋书》卷二《高祖纪下》，中华书局，1982，第 35 页。
④ 《隋书》卷二《高祖纪下》，中华书局，1982，第 37 页。
⑤ 《隋书》卷二《高祖纪下》，中华书局，1982，第 37 页。

（8）开皇十三年（公元 593 年）关于坐事去官配流的制命：

　　（开皇十三年）二月……己丑，制坐事去官者，配流一年。①

（9）开皇十三年（公元 593 年）关于谶纬的制命：

　　（开皇十三年）二月……丁酉，制私家不得隐藏纬候图谶。②

（10）开皇十四年（公元 594 年）关于官属之官的制命：

　　（开皇十四年）冬闰十月……乙卯，制外官九品已上，父母及子年十五以上，不得将之官。③

（11）开皇十四年（公元 594 年）关于州县佐史任期的制命：

　　（开皇十四年）十一月壬戌，制州县佐吏，三年一代，不得重任。④

（12）开皇十六年（公元 596 年）关于工商业者不得任官的制命：

① 《隋书》卷二《高祖纪下》，中华书局，1982，第 38 页。
② 《隋书》卷二《高祖纪下》，中华书局，1982，第 38 页。
③ 《隋书》卷二《高祖纪下》，中华书局，1982，第 39 页。
④ 《隋书》卷二《高祖纪下》，中华书局，1982，第 39 页。

（开皇十六年）六月甲午，制工商不得进仕。①

（附：仁寿年间未见制命）

（四）《大业律》制定考

史籍关于《大业律》的制定的资料，遗留极少，仅见以下数端：

炀帝即位，以高祖禁网深刻，又敕修律令，除十恶之条。②

炀帝即位，牛弘引（刘炫）修律令。③

（大业三年）夏四月……甲申，颁律令，大赦天下，关内给复三年。④

又《玉海》卷六十五云："炀帝以开皇律令犹重，大业二年更制《大业律》，牛弘等造。三年四月甲申颁行，凡十八篇，五百条。"《通鉴》卷一八〇："牛弘等造新律成，凡十八篇，谓之《大业律》，甲申始颁行之。"

根据以上所录及其他资料，大致可以考定：

---

① 《隋书》卷二《高祖纪下》，中华书局，1982，第40页。
② 《隋书》卷二五《刑法志》，中华书局，1982，第716页。
③ 《隋书》卷七五《刘炫传》，中华书局，1982，第1712页。
④ 《隋书》卷三《炀帝纪上》，中华书局，1982，第67页。

《大业律》制定的时间是在大业二年（公元 606 年）至大业三年（公元 607 年）夏四月之间。隋炀帝是在仁寿四年（公元 604 年）秋七月隋文帝死后继位的，当年显然来不及修订律令。大业元年，隋炀帝发使巡省八方，在诏书中提出；"布政惟使，宜存宽大。……荐拔淹滞，申达幽枉。……其有蠹政害人，不便于时者，使还之日，具录奏闻。"① 当年秋七月的一份诏书中，还提出"其国子等学，亦宜申明旧制"等。可见大业元年仍处在沿用开皇制度并作修订旧制的准备时期中，至大业二年（公元 606），隋炀帝任命梁毗为刑部尚书，诏令杨素、牛弘等制定舆服。五月的一份诏书中提到"……有司量为条式，称朕意焉"等，可见这一年开始修订《大业律》的可能性最大。《玉海》说"大业二年更制《大业律》"，是可信的。至于颁行的时间，《隋书·炀帝纪》已经清楚载明："大业三年夏四月，甲申，颁律令，大赦天下，关内给复三年。"

《大业律》共 18 卷。《隋书·经籍志》载作"《大业律》十一卷"，是错误的。因为同是《隋书》的《刑法志》记作 18 篇："三年，新律成，为十八篇。诏施行之，谓之《大业律》。"而且一一举出了这 18 篇的篇名："一曰名例，二曰卫宫，三曰违制，四曰请求，五曰户，六曰婚，七曰擅兴，八曰告劾，九曰贼，十曰盗，十一曰斗，十二曰捕亡，十三曰仓库，十四曰厩牧，十五曰关市，十六曰杂，十七曰诈伪，十八曰断狱。"因此，《玉海》与《资治通鉴》采 18 篇之说，是正确的。

值得存疑而又未引起法律史界注意的问题是：

《唐会要》卷三九称，唐高祖命裴寂等撰《武德律》，"大略

---

① 《隋书》卷三《炀帝纪上》，中华书局，1982，第 62～63 页。

以开皇为准"，"除其苛细五十二条"。

《旧唐书·刑法志》称，唐太宗贞观初，又命长孙无忌、房玄龄等"重加制定"，前后费时十余年，"定留五百条，分为十二卷……"，"比隋代旧律，减大辟者五十二条，减流入徒者七十一条"，"凡削烦去蠹，变重为轻者，不可胜数"。

但是，如前所考，隋《开皇律》始撰于开皇元年（公元581年），修订于开皇三年（公元583年）；《隋书·刑法志》谓，"更定之新律"已"除死罪八十一条，流罪一百五十四条，徒杖等千余条，定留唯五百条。凡十二卷"。

《隋书》为唐初魏征所撰，当较可信。那么，"大略以开皇为准"的唐律，如果删去《开皇律》中"大辟者九十二条"，岂不只剩下四百零八条？

又，唐律"比隋代旧律……减流入徒者七十一条"，"变重为轻者，不可胜记"云云，也是值得商榷与进一步考证的。实际上，隋律规定的流刑里数比之唐律，每一等都要少一千里，这在唐代当时可是大大加重了流刑惩罚力度。所以，唐律未必如《旧唐书》等所称比隋律大大地"变重为轻"了。而由此又可见，新、旧唐书所证，未必精确，所谓"减大辟者九十二条"等等，也就很不可靠了。

这一问题，虽然属于唐律考证的范畴，但由于与隋律相关，所以在这里略事涉笔，意在引起隋、唐律研究者的注意。

（五）大业法令制定考

1.《大业令》制定考

关于《大业令》的制定，《隋书》有如下记载：

（大业三年夏四月）甲申，颁律令，大赦天下。关内给复三年。①

（大业三年夏四月）甲午，诏曰……五品已上，宜依令十科举人。有一于此，不必 求备。②

炀帝即位，多所改革。三年定令，品自第一至于第九，唯置正从，而除上下阶。……③

大业初，行新令，五等并除。④

炀帝即位，牛弘引（刘）炫修律令。⑤

此外《通典》卷三十九称："炀帝三年定令品，自第一至第九，唯置正从，而除上下阶；又定朝之班序，以品之高卑为列，品同则以省府为前后，省府同则以局署为前后。"

《大业令》为何迟至大业三年（公元607年）方颁行呢？从《隋书·薛道衡传》看，可能历经一番周折："会议新令，久不能决。道衡谓朝士曰：'向使高颎不死，令决当久行。'"薛道衡说了这番话，结果招来杀身大祸，妻、子均被流徙到且末去。

又，一般令总是修于律之后，既然《大业律》修于大业三

① 《隋书》卷三《炀帝纪上》，中华书局，1982，第67页。
② 《隋书》卷三《炀帝纪上》，中华书局，1982，第67~68页。
③ 《隋书》卷二八《百官志下》，中华书局，1982，第793页。
④ 《隋书》卷三九《豆卢炫传》，中华书局，1982，第1158页。
⑤ 《隋书》卷七五《刘炫传》，中华书局，1982，第1721页。

年（公元 607 年），所以《大业令》修于大业三年（公元 607 年）之前的可能性很小。

关于《大业令》，《隋书·经籍志》作"《大业令》三十卷"，而《新唐书·艺文志》作"十八卷"。何者为正确？因为《隋书》成于唐时，《唐书》成于宋代，从时间来看，《隋书》所记，当较可信，此其一。又因为《大业令》本于《开皇令》，《开皇令》为 30 卷，故《大业令》30 卷之说为是，此其二。其三，还因为《唐会要》卷三九载永徽"令三十卷"，与永徽律同为长孙无忌等所撰，唐承隋制，《大业令》30 卷当无疑。

《大业令》令文内容，从"初新令行，（郭）衍封爵从例除"① 以及《通典》卷之十九所称"炀帝三年定令品，自第一至第九，唯置正从，而除上下阶；又定朝之班序，以品之高卑为列，品同则以省府为前后，省府同则以局署为前后"中，可以略窥一二。

2. 大业年间诏令发布考

隋文帝死于仁寿四年（公元 604 年）。七月其子杨广即袭帝位，称炀帝，至次年春正月方改元为大业元年。"大业年间"为大业元年至大业十三年（公元 605～617 年）。617 年 11 月，立代王杨侑为帝，改元义宁，故义宁元年为 617 年。杨广死于义宁二年，即 618 年。是年，隋王朝灭亡，唐代兴起。因此，隋代的立国时间，经开皇、仁寿、大业、义宁四元，共计 38 年。这里的"大业年间"，上涉仁寿四年及义宁元年、二年。这段时间里除《大业令》外，诏令的制定情况如下。

---

① 《隋书》卷六一《郭衍传》，中华书局，1982，第 1470 页。

（1）仁寿四年（公元 604 年）十一月关于有司制定条格以明宫室之制的诏令：

　　（仁寿四年）十一月……癸丑，诏曰："……夫宫室之制本以便生，上栋下宇，是避风露，高台广厦，岂日适形。……民惟国本，本固邦宁，百姓足，孰与不足！今所营构，务从节俭，无令雕墙峻宇复起于当今，欲使卑宫菲食将贻于后世。有司明为条格，称朕意焉。"①

（2）大业元年（公元 605 年）关于巡省四方、审察政刑得失的诏令：

　　（大业元年）三月……戊申，诏曰："听采舆颂，谋及庶民，故能审政刑之得失。……今将巡历淮海，观省风俗，眷求谠言，徒繁词翰，而乡校之内，阙尔无闻。恒然夕惕，用忘兴寝。其民下有知州县官人政治苛刻，侵害百姓，背公徇私，不便于民者，宜听诣朝堂封奏，庶乎四聪以达，天下无冤。"②

（3）大业元年（公元 605 年）关于恢复国子学的诏令：

　　（大业元年）闰七月……丙子，诏曰："君民建国，教学为先，移风易俗，必自兹始。……其国子等学，亦宜申明

① （唐）杜佑撰：《通典》卷四四，商务印书馆，1933，第 352 页。又见《隋书》卷二八《百官志下》。
② 《隋书》卷三《炀帝纪上》，中华书局，1982，第 63 页。

旧制，教习生徒，具为课试之法，以尽砥砺之道。"①

（4）大业二年（公元606年）关于制定条式旌表先哲的诏令：

（大业二年）五月……乙卯，诏曰："旌表先哲，式存绘祀，所以优礼贤能，显彰遗爱。……其自古已来贤人君子……并宜营立祠宇，以此致祭。坟垄之处，不得侵践。有司量为条式，称朕意焉。"②

（5）大业三年（公元607年）关于选贤举能、十科举人之诏令：

（大业三年）夏四月……甲午，诏曰："天下之重，非独治所安，帝王之功，岂一士之略。自古明君哲后，何尝不选贤与能，收采幽滞。……五品已上，宜依令十科举人。有一于此，不必求备。朕当待以不次，随才升擢。其见任九品已上官者，不在举送之限。③

（6）大业五年（公元609年）关于均田的诏令：

（大业）五年春正月……癸未，诏天下均田。④

① 《隋书》卷三《炀帝纪上》，中华书局，1982，第64~65页。
② 《隋书》卷三《炀帝纪上》，中华书局，1982，第66页。
③ 《隋书》卷三《炀帝纪上》，中华书局，1982，第67~68页。
④ 《隋书》卷三《炀帝纪上》，中华书局，1982，第73页。

（7）大业五年（公元 609 年）关于科举的诏令：

> （大业五年）六月……辛亥，诏诸郡学业该通，人才优
> 洽，膂力骁壮，超绝等伦，在官勤奋，堪理政事，立性正
> 直、不避强御四科举人。①

（8）大业五年（公元 609 年）关于貌阅户口的诏令：

> 于时犹承高祖和平之后，禁网疏阔，户口多漏。或年及
> 成丁，犹诈为小，未至于老，已免租赋。（裴）蕴为刺史，
> 素知其情，因是条奏，皆令貌阅。若一人不实，则官司解
> 职，乡正里长皆远流犯。又许民相告，若纠得一丁者，令被
> 纠之家代输赋税。是岁大业五年也。②

（9）大业八年（公元 612 年）关于勋官不得回授文武职事
的诏令：

> （大业八年）九月……己丑，诏曰："……自今已后，
> 诸授勋官者，并不得回授文武职事，庶遵彼更张，取类于调
> 瑟，求诸名制，不伤于美锦。若吏部辄拟用者，御史即宜
> 纠弹。③

---

① 《隋书》卷三《炀帝纪上》，中华书局，1982，第 73 页。
② 《隋书》卷六七《裴蕴传》，中华书局，1982，第 1575 页。
③ 《隋书》卷三《炀帝纪上》，中华书局，1982，第 83 页。

3. 大业年间敕令发布考

（1）大业三年（公元607年）关于流配犯逃亡捕获即决的敕令：

> （大业）三年春正月癸亥，敕并州逆党已流配而逃亡者，所获之处，即宜斩决。①

（2）大业三年（公元607年）关于巡狩不得践暴禾稼的敕令：

> （大业三年）四月……丙申，车驾北巡狩。……戊戌，敕百司不得践禾稼，其有须开为路者，有司计地所收，即以近仓酬赐，务从优厚。②

（3）大业九年（公元612年）前，关于窃盗皆斩的敕令：

> （大业）三年，新律成。……其五刑之内，降从轻典者，二百余条。……是时百姓久厌严刻，喜于刑宽。后帝乃外征四夷，内穷嗜欲，兵革岁动，赋敛滋繁。有司皆临时迫胁，苟求济事，宪章遐弃，贿赂公行，穷人无告，聚为盗贼。帝乃更立严刑，敕天下窃盗已上，罪无轻重，不待闻奏，皆斩。……九年，又诏为盗者籍没其家。③

---

① 《隋书》卷三《炀帝纪上》，中华书局，1982，第67页。
② 《隋书》卷三《炀帝纪上》，中华书局，1982，第68页。
③ 《隋书》卷二五《刑法志》，中华书局，1982，第716～717页。

（4）大业元年（公元 605 年）关于宫外卫士不得辄离所守的敕令：

> 炀帝即位，（源师）拜大理少卿。帝在显仁宫，敕宫外卫士不得辄离所守。有一主帅，私令卫士出外，帝付大理绳之。①

4. 大业年间制命发布考

（1）大业元年（公元 605 年）关于战亡之家给复十年的制命：

> （大业元年）秋七月丁酉，制战亡之家给复十年。②

（2）大业二年（公元 606 年）关于擢官的制命：

> （大业二年）七月……庚申，制百官不得计考增级，必有德行功能，灼然显著者，擢之。③

（3）大业五年（公元 609 年）关于禁铁器、刀具等的制命：

> （大业五年）正月……己丑，制民间铁叉、搭钩、攒刃之类，皆禁绝之。④

---

① 《隋书》卷六六《源师传》，中华书局，1982，第 1552 页。
② 《隋书》卷三《炀帝纪上》，中华书局，1982，第 64 页。
③ 《隋书》卷二五《刑法志》，中华书局，1982，第 66 页。
④ 《隋书》卷三《炀帝纪上》，中华书局，1982，第 72 页。

（4）大业五年（公元 609 年）关于官荫的制命：

　　（大业五年）二月……庚子，制魏、周官不得为荫。①

（5）大业五年（公元 609 年）关于官属之官的制命：

　　（大业五年）二月……壬戌，制父母听随子之官。②

（6）大业五年（公元 609 年）关于免赋的制令：

　　（大业九年）八月……甲辰，制骁果之家蠲免赋役。③

（7）大业九年（公元 613 年）关于籍没的制命：

　　（大业九年）八月……戊申，制盗贼籍没其家。④

（六）隋代格、式考

　　格、式为隋代重要的法律形式，惜有关史料基本佚失，所能考出者，仅以下数端：

---

① 《隋书》卷三《炀帝纪上》，中华书局，1982，第 72 页。
② 《隋书》卷三《炀帝纪上》，中华书局，1982，第 72 页。
③ 《隋书》卷三《炀帝纪上》，中华书局，1982，第 84～85 页。
④ 《隋书》卷三《炀帝纪上》，中华书局，1982，第 85 页。

隋则律令格式并行。自律以下，世有改作。①

律、令、格、式，多（苏）威所定。②

格、令颁后，苏威每欲改易事条。德林以为格、令已颁，义须画一，纵令小有踳驳，非过蠹政害民者，不可数有改张。③

所修格、令、章程．并行于当世，颇伤烦碎，论者以为非简允之法。④

（大业四年）十月……乙卯，颁新式于天下。⑤

以上数端，仅说明隋代有"格"、"式"的制定与颁行。至于格、式的内容，仅见以下各条史料：

开皇二年，著内官之式，略依《周礼》，省减其数。嫔三员，掌教四德，视正三品。世妇九员……⑥

高祖年间，以刀笔吏类多小人，年久长奸，势使然也。又以风俗陵迟，妇人无节。于是立格，州县佐史三年而代

---

① 《隋书》卷三三《经籍二》，中华书局，1982，第 974 页。
② 《隋书》卷四一《苏威传》，中华书局，1982，第 1186 页。
③ 《隋书》卷四二《李德林传》，中华书局，1982，第 1200 页。
④ 《隋书》卷四一《苏威传》，中华书局，1982，第 1190 页。
⑤ 《隋书》卷三《炀帝纪上》，中华书局，1982，第 72 页。
⑥ 《隋书》卷三六《后妃传》，中华书局，1982，第 1106 页。

之，九品妻无得再醮。①

（大业二年）五月……乙卯诏曰："自古已来贤人君子，有能树声立德、佐世匡时、博利殊功、有益于人者，并宜营立祠宇，以时致祭。坟垄之处，不得侵践。有司量为条式，称朕意焉。"②

此外，还有《隋书·后妃传》提到炀帝时增置女官，其尚宫局的司正，"掌格式推罚"。《隋书·礼仪志七》提到，炀帝时的衮冕之制"用开皇旧式"，也可算是略涉格式的具体内容了。

---

① 《隋书》卷七五《刘炫传》，中华书局，1982，第1712页。
② 《隋书》卷三《炀帝纪上》，中华书局，1982，第66页。

二 隋律渊源考

关于法的渊源问题,古今中外,众说纷纭。

有的认为"阶级社会底物质生活条件是形成法律的渊源。法律随着它们的变动而变动。故阶级社会史中的各个阶级有与之互相适应的各种法律"。① 有的认为"为了使某种规则获得法权规范的意义,就必须有一种表现统治阶级意志的特殊的专有形式。这种专有的形式就叫做法权渊源"。② 有的认为习惯也是法的渊源。③ 还有的认为宗教、法学家的法学理论、道德、礼仪、外国法等也是法的渊源。这样,就形成了对"法的渊源"这个概念理解上的极大分歧,并提出了"法的成立的渊源"、"法的效力渊源"、"法的内容渊源"、"法的历史渊源"、"法的形式渊源"、"法的实质渊源"等概念。

这个混乱不堪的概念理解问题,迄今未得到统一。这可见诸我国《法学词典》(上海辞书出版社 1980 年出版)对"法的渊源"的解释:"法的渊源,指法的各种具体表现形式。如法律、

---

① 〔苏〕杰尼索夫著:《国家与法律理论》下册,中华书局,1951,第 416 页。
② 苏联科学院法学研究所编:《马克思列宁主义关于国家与法权理论教程》,中国人民大学出版社,1955,第 440 页。
③ 参见〔苏〕彼·斯·罗马什金著:《国家与法的理论》,法律出版社,1963;朱采真著:《现代法学通论》,世界书局,1939;〔法〕狄骥著:《宪法论》,商务印书馆,1959。

法令、条例、规程、决议、命令、习惯、判例等。"这个解释本身就有矛盾,例如:"习惯"并不是"法"的"具体表现形式",把"习惯"与"法律、法令"等相提并论,是欠妥当的。《法学词典》又说:"……在罗马……法学家的著作也被视作法的渊源。""在我国封建社会,封建的纲常礼教和习惯在法的渊源中占有重要地位……"这些说法,和把"法的渊源"解释作"法的各种具体表现形式"也不无牴牾。因为"法学家的著作""纲常礼教"之类,毕竟不是"法"的"具体表现形式"。

总之,"法的渊源"这一概念本身,尚待研讨统一。本书旨在考证隋代法制,既不能避开"法的渊源"的概念,又不能先行详尽讨论这一概念,因此,笔者拟择用"历史渊源"与"形式渊源"作为交织使用的考证线索,仅就中国古代法制怎样一步步地发展到隋律以及隋律的蓝本诸问题,略事考证。至于怎样精确运用"形式渊源"、"历史渊源"这些概念,就只好留待以后另作专门研讨了。

如前所述,隋代法制"律、令、格、式并行",所以,下文按"律、令、格、式"法制形式,依次分别作历史渊源的考证。

(一) 隋律历史渊源考

马克思、恩格斯曾说:"不应忘记法也和宗教一样是没有自己的历史的。"[①] 这就是说,法律作为上层建筑由社会经济基础决定,它本身不会独立地发展。但是,法律一经产生,作为一种文化遗产,对尔后的法律的内容和形式都将产生影响。或者全盘

---

① 〔德〕马克思、恩格斯著:《德意志意识形态》,人民出版社,1961,第61页。

照抄，或者大部承袭，或者予以借鉴，从而形成了一部完整的法制发展的历史。

隋朝所处的时期，中国进入封建社会已经有 1000 年左右了。前此之中国社会历经了夏、商、西周、东周（春秋）的奴隶制时代，和东周（战国）、秦、汉、魏、晋、南北朝的封建制时代。奴隶制法律和封建制法律在各个朝代都得到一定的发展，前后相承，沿革增损。到隋代时，已经积累了极为丰富的遗产、极为丰富的经验和教训。这为隋初的立法提供了极其有利的条件，从而使隋律有可能成为定型的封建法律的范本，为唐律所全盘继承，并基本沿用至宋、明、清，历 1400 余年。

先秦典籍记载："禹攻有扈"、① "禹伐共工"、② "禹征有苗"、③ "禹伐曹、魏、有扈，以行其教"。④ 夏禹时期频繁的征战侵伐，促成了我国古代氏族制的瓦解，为奴隶制社会的形成奠定了阶级基础。在夏启代伯益为王、变禅让制度为世袭制度，从而使"世袭王权和世袭贵族的基础奠定下来"⑤ 以后，奴隶制社会终于产生了。奴隶主阶级为了维护对奴隶的剥削和压迫，为了调整奴隶主阶级内部的争斗关系以维护对奴隶的统治，为了调整奴隶阶级内部的关系及其他社会关系以维护奴隶社会的秩序，开始运用法律手段进行政治统治。"夏有乱政，而作禹刑"，⑥ "夏书曰：昏墨贼杀，皋陶之刑也"。⑦ 可见夏时法律、刑罚、法官都

---

① 《庄子》内篇《人间世》第四，上海古籍出版社，1989，第 23 页。
② 《荀子》卷四《议兵》，上海古籍出版社，1989，第 87 页。
③ 《墨子》卷五《非攻下》，上海古籍出版社，1989，第 40 页。
④ 《吕氏春秋》卷一五《召类》，上海古籍出版社，1989，第 116 页。
⑤ 恩格斯：《家庭、私有制和国家的起源》。《马克思恩格斯选集》第 4 卷，人民出版社，1972，第 161 页。
⑥ 《左传》卷一六《昭公六年》。
⑦ 《左传》卷一七《昭公十四年》。

已出现。据《竹书纪年》载，夏时还有了监狱："夏帝芬三十六年作圜土。""圜土"就是监狱。后人还推测说"夏刑三千余条"。① 《扬子法言》亦谓"夏后肉辟三千"。② 虽然真伪莫辨，但起码说明夏代是已经有了比较缜密的奴隶制法律了。

夏代末期，奴隶反抗奴隶主残酷剥削的阶级斗争急剧发展，加之如《韩诗外传》所云夏桀"残贼海内，赋敛无度"，因此，不仅奴隶愤怒呐喊"时日曷丧，予及汝皆亡"，③ 宁愿在斗争中与奴隶主同归于尽，而且"夏后氏德衰诸侯畔之"、"诸侯多畔夏"。④ 终于，夏王朝为商王朝所推翻。代夏而起的商王朝，在改进、完善奴隶制国家政权的同时，也不断强化奴隶主阶级的法律制度。"商有乱政，而有汤刑"。⑤ 商王朝的法律以残酷著称，充分反映了奴隶制法律的野蛮性。对于反抗的奴隶，法律规定"我乃劓殄灭之无遗育，无俾易种于兹新邑"，⑥ 予以斩尽杀绝。商朝法律采取的野蛮刑罚，据甲骨文所记有"劓"（割鼻）、"刖"（砍脚）、"杀"、"辟"、"剢"，还有"宫"（破坏生殖器）、"墨"（脸上刺字）、"炮烙"（火烧）、"醢"（剁成肉酱）、"剖心"，等等。商朝法律的另一特征是比较完备的，从经济制度的维护到婚姻关系的法律保障，从财产继承到审判制度，都有所规定。商王朝从成汤立国到商纣灭亡，传 17 代、31 王，历 600 余年。总的来说，当时的法律制度是适应于生产力发展水平的，因而促使商王朝的经济和文化有所发展。

---

① 《尚书》卷三五《大诰》。
② 《扬子法言》。
③ 《尚书》卷一〇《汤誓》。
④ 《史记》卷二《夏本纪》，中华书局，1999，第86、88页。
⑤ 《左传》卷一六《昭公六年》。
⑥ 《尚书》卷一九《盘庚》。

　　代商而起的是西周。西周采取了封邦建国的政治措施，加强了奴隶主阶级的统治。西周的统治者还创设了体现奴隶主等级名分制度、调整奴隶主阶级内部关系的"礼"。同时，又强化了司法行政机构，专设"司寇"职位管理司法事务，用以对付奴隶主阶级和平民。《礼记·曲礼》谓："礼不下庶人，刑不上大夫。""礼"是奴隶主阶级的特权，但平民和奴隶也不得"违礼"，否则便要入于"刑"。"刑"的主要锋芒对准奴隶，但平民和奴隶主如触犯刑律以至危及奴隶主阶级的整体利益时，也要受刑律的惩罚。西周穆王时，司寇吕侯作《吕刑》，据说共有 3000 条，除《周礼·秋官·司刑》所载之为数各 500 条的"墨罪、劓罪、宫罪、刖罪、杀罪"外，还增加了 500 条，初步形成了奴隶制法律的体系。与商朝比较，西周的诉讼制度有了明显的发展，对诉讼程序作了规定，对审讯方法作了所谓"以五声听狱讼"的形式主义规定，开创了"以八辟丽邦法"的"八议"制，以及以铜（或丝）赎罪的制度等。西周的法制是我国奴隶制法的体系化，但是，这并不能阻止奴隶阶级的反抗斗争，不能阻止封建制生产关系对奴隶制生产关系的替代。西周末年，周平王被迫东迁至洛邑，开始了东周的春秋时期。

　　春秋时期，社会经济和政治激烈变动。由于铁制生产工具的推广应用，生产力得到较快发展，奴隶制的生产关系逐渐成了生产力发展的明显障碍。随着经济关系的变化，社会阶级关系也发生了巨大的变化。奴隶与奴隶主的矛盾加剧，新兴地主阶级应运而生并与奴隶主阶级争夺剥削对象，诸侯与卿大夫争相独立，并开始了兼并战争。这一切，就使得法律制度也随之而变化，出现了以保护封建地主阶级私有制为根本目的的成文法。公元 536 年，郑国子产率先制作刑书。30 余年后，邓析加以修订并刻之于竹简，史称《竹刑》。公元前513年晋国范宣子作刑书，并铸之于刑鼎以公布天下。《竹刑》便于流行。"刑鼎"反映了法律的稳定性特点。此外，据史书记载，楚国有"仆区法"，[①] "荆庄王有茆门之法"，[②] 越国也有成文法。[③] 制定或颁布成文法成了当时法制发展中的一大特点。春秋时期法制发展的另一大特点，是随着早期法家大力宣传法治观点，"刑无等级"、"事断于法"、"一断于法"等思想观点逐渐深入到司法实践中去。成文法的公布和法治观点的宣传，为战国时期封建法制的确立奠定了条件和理论基础。

从公元前476年至公元前221年的战国时期，奴隶制迅速崩溃，封建制全面确立。在各国，统治阶级起用了李悝、西门豹、乐羊（魏国）、申不害（韩国）、荀欣、牛畜（赵国）、吴起（楚国）、邹忌（齐国）、商鞅（秦国）等法家代表人物，纷纷进行变法活动。例如"魏文侯师"李悝集春秋末期以来各国立法之大成，著《法经》6篇，以"王者之政莫急于盗贼"即"王者之政"首先在于保护地主阶级的政治经济利益为指导思想，形成了以刑法为主，兼有民法和诉讼法内容的封建制法律体系："……故其律始于盗贼。盗贼须劾捕，故著网捕二篇。其轻狡、越城、博戏、借假不廉、淫侈、逾制以为杂律一篇，又以具律具其加减。是故所著六篇而已……"[④]《法经》规定对议论国家法令者处以严刑重罚，开创了封建刑法以思想、言论定罪的制

① 参见《左传》卷一六《昭公七年》：楚芋尹无宇曰："吾先君文王作仆区之法，曰：'盗所隐器与盗同罪。'所以封汝也。"
② 参见《韩非子》卷三四《外储说右上》："荆庄王有茆门之法。"
③ 参见《国语》："越王勾践令民壮者无娶老妇，老者无娶壮妇。女子十七不嫁，丈夫二十不娶，其父母有罪。"
④ 《晋书》卷三〇《刑法志》，中华书局，1974，第922页。

度。《法经》对封建法律的发展有重大影响，成了在它之后的封建立法的蓝本："周衰刑重，战国异制，魏文侯师于李悝，集诸国刑典，造《法经》六篇……商鞅传授，改法为律。汉相萧何，更加悝所造户、兴、厩三篇，谓九章之律"。[①] 又如，商鞅相秦，厉行变法，改法为律，"造参夷之诛"，[②] 开族刑、连坐之先。其他各国也先后制定了封建法律，如韩国的《刑符》、齐国的"七法"、赵国的《国律》等。这些立法活动严重打击了奴隶主贵族垄断法律知识的传统，结束了前此的"设法以待刑，临事而议罪"的法律制度，为封建制法律的进一步发展开辟了道路。

　　战国时期，齐、楚、韩、魏、燕、赵、秦七国和其他十几个小国的割据混战，最后以秦灭六国，建立全国统一的中央集权的专制主义秦皇朝而告终。为了确保全国的统一，维护专制主义的中央集权，秦始皇颁行了一系列的法令，改革了中央至地方的司法机构。从湖北云梦县睡虎地秦墓出土的竹简可以知道，秦律较之《法经》已经有了很大的发展。"法繁于秋荼，而网密于凝脂"，[③] 繁密的秦律，内容包括刑法、民法、诉讼法、行政法、经济法、军法等法律部门。秦律规定了系统、概括的刑法原则，如规定了刑事犯罪的责任年龄，以有无犯罪意识为认定犯罪与否的重要因素，区分"故意"与"过失"，规定了教唆、集团犯罪、累犯、预谋从重或加重的原则，未遂犯与自首减刑、诬告反坐，区分主犯与从犯，等等。这些，都为尔后的封建法制建设提供了经验。

---

① （唐）长孙无忌等撰：《唐律疏议》卷一《名例律》，中华书局，1993，第 2 页。

② 《汉书》卷二三《刑法志》，中华书局，1962，第 1096 页。

③ （汉）桓宽撰：《盐铁论》卷一〇《刑德第五十五》。见《盐铁论·译注》，冶金工业出版社，1972，第 442 页。

秦王朝二世而亡。慑于农民起义的威力，汉初的统治者宣布废除秦朝的苛刑酷法，命令丞相萧何"攈摭秦法，取其宜于时者，作律九章"。①《九章律》即在《法经》之盗、贼、囚、捕、杂、具之外，增加户（婚姻、赋税）、兴（擅兴徭役）、厩（畜牧马牛之管理）3篇，将秦律的《厩苑律》、《徭律》及关于家庭、婚姻的法律规定进一步概括成篇。此外，汉高帝还指定叔孙通制定了有关朝仪的《傍章律》18篇；汉武帝命张汤制作有关宫廷警卫的《越宫律》27篇，命张禹作《朝律》6篇；汉朝各代皇帝还颁布了大量的具有最高法律效力的诏令。律、令之外，还有"决事比"、"科"等法律形式。律令繁多，百有余万言。"律令凡三百五十九章，大辟四百九条，千八百八十二字，死罪决事比万三千四百七十二字。文书盈于几阁，典者不能遍睹"。②汉代的法律并不比秦代轻简。但是汉律较之秦律有不少改革。如汉文帝废除肉刑，为由奴隶制的五刑过渡到封建制的五刑（笞、杖、徒、流、死）奠定了基础。又如，开创了"上请"制度（贵族、官僚犯罪，一般司法官吏无权审理，须先奏请皇帝裁断的制度），矜老怜幼的恤刑制度，"亲亲得相首匿"的原则（即法律允许亲属之间首谋藏匿罪犯而不负刑事责任），法不追溯既往的原则，上报与复审的规定，录囚与秋冬行刑的规定，等等。这些也为后来的立法与司法实践提供了经验。

汉末天下大乱，黄巾起义几将东汉王朝推翻。黄巾起义失败后，军阀割据，群雄逐鹿，最终导致曹魏、刘蜀、孙吴三分天下，鼎足而立。公元220年，曹丕废汉献帝，建立魏国。不久又为司马懿发动的政变所推翻。公元265年，司马炎夺取政权，以

---

① 《汉书》卷二三《刑法志》，中华书局，1962，第1096页。
② 《汉书》卷二三《刑法志》，中华书局，1962，第1101页。

晋代魏，并逐一消灭了蜀、吴，统一了全国，史称西晋。西晋统一全国以后，曾出现了一个短暂的和平安定的局面。但由于司马氏统治集团的腐朽和贾后干政，导致长达 16 年之久的"八王之乱"，西晋王朝在各族人民大起义中崩溃。晋元帝司马睿被迫南渡，在长江流域建立了偏安一隅的东晋王朝。东晋以后，南方出现了先后相继的 4 个短命王朝：宋、齐、梁、陈，史称南朝。北方在西晋灭亡后，由鲜卑、匈奴、羯、氐、羌五族先后建立了汉、前赵、后赵、魏、前燕、前秦、后燕、南燕、北燕、后秦、西秦、夏、后凉、南凉、北凉、西凉 16 国，即所谓"五胡十六国"。经过长期混战，鲜卑拓跋氏建立了北魏，统一了北方，后又分裂为东魏、西魏，尔后出现了北齐、北周，史称北朝。直至公元 581 年，隋文帝杨坚夺取北周政权，建立隋朝，重新统一了中国。

从魏、蜀、吴三国争雄到隋文帝灭陈，历时近 4 个世纪的军阀割据、激烈混战，不仅使社会经济遭到严重破坏，而且也破坏了全国统一的法制。诸葛亮为蜀汉造汉科（律），厉行严刑峻罚。曹操则"揽申商之法术"。① 如《曹操集·以高柔为理曹掾令》所云，曹操以"拨乱之政，以刑为先"作国策，魏明帝继而命陈群定《魏律》18 篇；孙吴则律令多依汉制。由于时在剧烈的混战之中，三国的法制都很少建树。晋初制定《新律》20 篇，620 条，律外有令 40 篇共 2306 条，《故事》30 卷，于是"故事"（判例）、律、令并行天下。自西晋以后，因南北分裂，法典形式也产生了南北的一些区别。但是，《晋律》是增订《九章律》而得，远宗《法经》，近本《汉律》，因此，在体系、渊

---

① 《三国志》卷一《魏志·武帝纪》，中华书局，1959，第 55 页。

源方面看，南北法典仍是一致的。南朝宋代沿用《晋律》。晋张斐、杜预两家的旧律成了蔡法度编制《梁律》的依据，《梁律》篇目与《晋律》几无更动，仅增"仓库"而删"诸侯"而已。南齐的《永明律》也是略为增损《晋律》制成的。陈代制定律令，其篇目条纲，无变于梁法。北朝先后有《后魏律》、《北齐律》、《后周律》（《周大律》）面世，虽然其中掺杂了若干鲜卑氏族制的习惯法，但基本上仍以《汉律》为主体。这样，南朝用《晋律》，北朝沿《汉律》，而《晋律》又是因袭《汉律》而来的，所以，南北朝法典并无根本的区别。

杨廷福先生在《唐律初探》指出：

"程树德先生《九朝律考》中对于我国从公元前二世纪到公元七世纪已经亡佚的法典，从浩繁的文献中索隐探赜，作综合翔实的考证，成为研究我国古代社会法制变迁沿革的一部重要著作，功不可没。可是作者立论强调中国法律的南北分派，说：'自晋失驭，海内分裂，江左以清谈相尚，不崇名法。故其时中原律学，衰于南而盛于北。北朝自魏而齐而隋而唐，寻流溯源，自成一系，而南朝则与陈氏之亡而俱斩。'又谓：'今唐、宋以来，相沿之律，均属此系。而寻流溯源，当以元魏之律为北系之律为嚆矢，北魏多承用《汉律》，不尽袭魏、晋之制。'又认为：'自晋而后，律分南北二支，南朝之律，至陈并于隋，而其祀遽斩；北朝则自魏及唐，统系相承，迄于明、清，犹守旧制'。复作律系表，来说明南北两派法律的承受关系。作者受时代的局限，没有从社会制度、生产关系、阶级关系以及在当时社会占统治地位的所有制去探讨它们之间的历史渊源和内在的关系，徒以南北对峙和朝代的兴亡作截然的划分，认为'南朝之律至陈并隋而其祀遽斩'，似可商榷。陈寅恪先生《隋唐制度渊源略论稿·四刑律》虽亦不以程氏之说为然，但认为北魏颇传汉代律学，而北魏、北齐、隋、唐为一系相承的嫡统，还是有商榷的余地的。"①

我完全同意杨廷福先生认为程树德先生、陈寅恪先生关于隋、唐法律历史渊源的观点值得商榷的意见。杨廷福先生接着论述了唐律的历史渊源而几乎不谈隋律问题，我认为，这也是甚为可憾的。这是因为，唐律乃以隋律为蓝本撰制而成。《唐会要·叁玖·定格令门》云：

武德元年六月十一日诏刘文静与当朝通识之士因隋开皇律令而损益之，遂制为五十三条，务从宽简，取便于时。其年十一月四日颁下，仍令尚书左仆射裴寂、吏部尚书殷开山、大理卿郎楚之、司部郎中沈叔安、内史舍人崔善为等更撰定律令，十二月十二日又加内史令萧瑀、礼部尚书李纲、国子博士丁孝乌等同修之，至七年三月二十九日成，诏颁于天下。大略以开皇为准，正五十三条，凡律五百条，格入于新律，他所无改正。

《通鉴》有云："武德元年六月，废隋大业律令。"《唐六典注》称："皇朝武德中，命裴寂、殷开山等定律令，其篇目一准开皇之旧，刑名之制，又亦略同。惟三流皆加一千里，居作三年、二年半、二年皆为一年。又除苛细五十三条。"《唐会要》云："武德七年律令成，大略以开皇为准格，其他无所改正。"程树德先生在《九朝律考·隋律考序》中指出："……是今所传

① 杨廷福著：《唐律初探》，天津人民出版社，1982，第69～70页。

唐律，即隋开皇律旧本，犹南齐永明律令用晋律张、杜旧本也。……疑唐初修律诸人，仅择开皇律之苛峻者，从事修正，其他条项，一无更改。"综上所述，初唐之律几乎是隋《开皇律》的翻版。因此，如何论定隋律的历史渊源，实乃中国古代法制史尤其是隋、唐法制史的一个重大问题。从总体上看，我认为：隋律承袭了北朝法律的传统，兼采北齐、北周以及隋之前封建法制长期发展的极为丰富的经验，为我国封建制法律的定型化，作出了极可宝贵的贡献。隋律是在长期的奴隶制法律和封建制法律的发展过程中孕育起来的。隋律集奴隶制法制建设和封建制法制建设经验之大成，沿革增损，删繁就简，加以系统化、条理化，成就了封建制法制建设史上具有里程碑意义的勋业。

这些看法，与流行的隋律"因北齐不袭北周"的看法，有很大的区别，有必要详加考析。

（二）隋律"多采后齐之制"考析

历来的历史学家、律学家多认为隋律"因北齐而不袭北周"。这使人产生这样的疑问：为什么从北周脱胎而来的隋朝，其法律要越过北周而因依北齐？作为上层建筑的法律制度，是在一定的经济基础上产生并为这个基础服务的，难道隋、周二朝的经济基础有根本的不同吗？

陈寅恪先生是主张隋律"因北齐而不袭北周"说的，他说："隋受周禅，其刑律亦与礼仪、职官等皆不袭周而因齐，盖周律之矫揉造作，经历数十年而天然淘汰尽矣。"[1] 他这样引录《隋

---

[1]　陈寅恪著：《隋唐制度渊源略论稿》，三联书店，1954，第113页。

书·刑法志》作为根据：

> 高祖既受周禅，开皇元年乃诏尚书左仆射高颎等更定新律奏上之，多采后齐之制，而颇有损益。三年又敕苏威、牛弘更定新律，自是刑网简要疏而不失。

但是，以上述引文为根据断言隋律"因北齐而不袭北周"是值得商榷的。

首先，从"多采后齐之制"推不出"因北齐而不袭北周"的结论。"多采"北齐之制，非"全采"北齐之制，更非"不采"北周之制。

其次，正确地引录《隋书·刑法志》的有关文字，应作：

> 高祖既受周禅，开皇元年，乃诏尚书左仆射、勃海公高颎……等，更定新律，奏上之，其刑名有五……而蠲除前代鞭刑及枭首辗裂之法。其流徒之罪皆减从轻。唯大逆谋反叛者，父子兄弟皆斩，家口没官。置十恶之条，多采后齐之制，而颇有损益。……

从上述引文可以看出，"多采后齐之制"一句，接在"又置十恶之条"的后面，而不是如陈寅恪先生所引的那样紧接在"更定新律奏上之"的后面。因此，所云"多采后齐之制"，是指修撰隋律时参照北齐律所规定的"重罪十条"更名而立的"十恶之条"，这就不能仅仅以此作为隋律"因北齐而不袭北周"的可信依据了。

再次，《隋书·刑法志》中"蠲除前代鞭刑及枭首辗裂之法"的"前代",既可指隋朝以前的北魏、北齐,更可指隋朝所直接承袭的北周。而且,北齐死刑四等,重者为"轘",不作"裂"的刑名;北周死刑五等,五为"裂",不用"轘"的刑名。这恰好说明,"前代"者,既指北齐,也指北周。由此可见,修订隋律时,北周律亦曾为蓝本之一,隋律对北周律既有所蠲除,亦有所承袭,正如同隋律对北齐律既有所承袭,亦有所蠲除一样。关于这一点,还可证之于隋律的条数。

《隋书·刑法志》关于隋律条数有以下文字:

> 三年,因览刑部奏,断狱数犹至万条,以为律尚严密,故人多陷罪。又敕苏威、牛弘等更定新律,除死罪八十一条,流罪一百五十四条,徒杖等千余条,定留惟五百条,凡十二卷。自是刑网简要,疏而不失。

这些文字所涉之刑名、具体条数都一清二楚、言之凿凿地说明,开皇三年(公元 583 年)修订开皇元年(公元 581 年)之《开皇律》时,总共删去了 1235 条以上。而我们知道《北齐律》总共只有 949 条。如果开皇元年编制《开皇律》时"因北齐而不袭北周",显然难以令人置信。从《北齐律》的 949 条"因"而"袭"之制定的《开皇律》多达 1735 条以上,条数几乎翻了一倍。这多出的"一倍"从何而来呢?倒是北周律的 1537 条与开皇元年颁行的《开皇律》1700 多条是比较接近的。因此,如果断言其"因北周而不袭北齐"反而似乎比较说得通一些,至少在律文条数这一点上是如此。至于开皇三年(公元 583 年)删削 1200 多条一事,已是《开皇律》本身的演变,可以不与北齐律或北周律联系起来看其因袭问题了。

　　说隋律并非丝毫都"不袭北周"，除上述之外，还可见诸以下几点：

　　其一，《旧唐书·刑法志》载："隋文帝参用周齐旧政，以定律令，除苛惨之法，务在宽平。"这清清楚楚地指出了隋文帝定律令，不但参用了北齐律，而且参用了北周律。

　　其二，《唐律疏议·断狱律》云："断狱律之名起自于魏，魏公李悝囚法，而出此篇。至北齐，与捕亡律相合，更名捕断律。至后周复为断狱律。"隋律以《断狱律》名篇，采用了北周律的篇名，而不用北齐律的篇名。但陈寅恪先生不以为然，他的理由是："由北齐律合后魏律之捕亡与断狱为一，名捕断律，隋律之复析为二，实乃复北魏之旧，非意欲承北周也"，并进而推断"北魏、北齐、隋、唐律为一脉相承之嫡统，而与北周律无涉也"。① 北周律有《断狱律》，隋律承而用之，硬要说与之"无涉"，将隋律与周律截然割裂开来，不能不说是过分偏颇了。

　　其三，从撰修隋律的人员来看，北周律也不能不是隋律的蓝本之一。隋文帝诏令裴政与苏威等修订律令，"同撰著者十有余人，凡疑滞不通，皆取决于政"。② 裴政在北周时曾任刑部下大夫，参与修订周律。其他参修隋律者，大多为周室旧臣，其中也有不少人曾参加北周律、令、条、式的修撰。这些人，可说是一部活的周律。由他们来撰修隋律，而断言"与北周律无涉"、"不袭北周"，是难以令人信服的。

　　关于隋开皇律之"因北齐而不袭北周"，近人中还有程树德先生的一番言论。他认为"开皇定律，源出北齐……"这对后人研究隋律的渊源发生了较大的影响。但此论即从上述已可知是

---

① 陈寅恪著：《隋唐制度渊源略论稿》，三联书店，1954，第113页。
② 《隋书》卷六六《裴政传》，中华书局，1982，第1549页。

站不住脚的。由于还涉及其他的一些问题，我们的商榷意见放在下文（关于隋代的"刑罚方法"部分）叙说。

总而言之，历来所说的隋律"因北齐而不袭北周"，有一定的片面性。

但是，能不能因此而倒过来说隋律"因北周而不袭北齐"呢？显然也不能。

正确的说法应当是：隋律"多采后齐之制"。

"多采后齐之制"的断语，是从《隋书·刑法志》中借用的，前面已经说过，它本来是指隋律的"十恶之条"乃采北齐律的十条重罪而立。但扩而言之，也可以说整个《开皇律》"多采后齐之制"，基本上是源于北齐律而来的。

这可见诸以下几点：

第一，从篇名看。北齐律共 12 篇："一曰名例，二曰卫禁，三曰婚户，四曰擅兴，五曰违制，六曰诈伪，七曰斗讼，八曰贼盗，九曰捕断，十曰毁损，十一曰厩牧，十二曰杂。"①

隋《开皇律》也是 12 篇："一曰名例，二曰卫禁，三曰职制，四曰户婚，五曰厩库，六曰擅兴，七曰贼盗，八曰斗讼，九曰诈伪，十曰杂律，十一曰捕亡，十二曰断狱。"②

齐隋律篇名完全相同的有"名例"、"擅兴"、"斗讼"、"诈伪"、"杂律"五篇。不同的是：《开皇律》有"捕亡"、"断狱"篇，而无"毁损"篇，北齐律则有"毁损"篇，而合"捕亡"、"断狱"为"捕断"篇，此其一；篇名排列顺序不同，此其二。此外，《开皇律》中的"卫禁"、"职制"、"户婚"、"厩库"、"盗贼"等篇，则与北齐律中的有关篇名大同小异。

---

① 《隋书》卷二五《刑法志》，中华书局，1982，第 705 页。
② 《隋书》卷二五《刑法志》，中华书局，1982，第 712 页。

再拿《开皇律》与北周律比较。北周《大律》计有 25 篇，其中"诈伪"、"断狱"、"杂犯"与《开皇律》相同，而"刑名"与"法例"，"婚姻"与"户禁"、"卫宫"与"关律"、"劫盗"与"贼叛"、"逃亡"与"系讯"等，也与《开皇律》的有关篇目大体相当，只不过在北周一析为二，在隋律合二为一罢了。具体内容现在虽然无法详细考查，但推断其大略相同，是不成问题的。

从以上关于北齐律、北周律、隋律篇名的比较可以看出：隋律的确是"多采后齐之制"，同时又非"不袭北周"的。

第二，从刑名来看。北齐律刑名有五，即死、流，刑（耐）、鞭、杖。隋《开皇律》规定的刑名也为五，即死、流、徒、杖、笞。两相比较，共同点为：排列顺序均从重到轻，即从死刑到身体刑；都有"死"、"流"、"杖"的刑名，而"刑"与"徒"的内容是相同的，只是叫法不同罢了。不同点为：① 北齐律规定的死刑，分"轘"，"枭首"、"斩"、"绞"四等，而《开皇律》只有"绞"、"斩"二种，削除了北齐律中的"轘"与"枭首"。②"流刑"，在北齐律中规定得比较笼统，即将处以"流刑"的人犯"鞭笞各一百，髡之，投于边裔，以为兵卒，未有道里之差"，[①] 而在《开皇律》中则规定得比较具体，即"流刑三，有一千里、千五百里、二千里。应配者，一千里居作二年，一千五百里居作二年半，二千里居作三年。应住居作者，三流俱役三年。近流加杖一百，一等加三十。"[②] ③ 徒刑，在北齐律是称"刑"或"耐"，分"五岁、四岁、三岁、二岁、一岁"五等，《开皇律》中则为"一年、一年半、二年、二年

---

① 《隋书》卷二五《刑法志》，中华书局，1982，第 705 页。
② 《隋书》卷二五《刑法志》，中华书局，1982，第 710 页。

半、三年"五等，排列顺序相反，且减轻了刑罚。④《开皇律》改北齐律之"鞭"、"杖"刑为"杖"、"笞"刑，也是为了减轻刑罚。

北周《大律》所定刑名也是 5 种，即"杖、鞭、徒、流、死"。其排列顺序是从身体刑到死刑，从轻到重，这是与齐、隋律的不同点。其刑罚的轻重，大略与北齐律相同，较隋律为重。例如，其死刑有"磬"、"绞"、"斩"、"枭"、"裂" 5 种，而隋律仅"绞"、"斩"两种。此外，北周《大律》规定流刑分为五等，即"流卫服，去皇畿二千五百里"、"流要服，去皇畿三千里"、"流荒服，去皇畿三千五百里"、"流镇服，去皇畿四千里"、"流蕃服，去皇畿四千五百里"，① 与《开皇律》规定流刑分等是相同的。

值得注意的是，中国封建法制自秦开始，即有"徙边"之刑，隋之"流刑"与之相当。汉承秦制，亦有"徙边"之刑。如宋人李昉等撰《太平御览》引《三辅决录》载"马融为南郡太守，坐忤大将军梁冀，竟髡徙朔方"。以后晋律、梁律、后魏律、齐律都有流徙之刑。但是在北周之前的各个朝代，包括北齐在内，流刑（徙边）都不以明文规定远近之分，等级之别，只是从北周开始，才有远近、等级之分。隋律明显地不因北齐而承袭了这一点。

以上关于刑名的分析，也说明了《开皇律》"多采后齐之制"，同时又有承袭北周律的因素。

第三，从"十恶"条看。北齐律有重罪 10 条："一曰反逆，二曰大逆，三曰叛，四曰降，五曰恶逆，六曰不道，七曰不敬，

---

① 《隋书》卷二五《刑法志》，中华书局，1982，第 708 页。

八曰不孝，九曰不义，十曰内乱。"并规定犯此 10 条者"不在
八议论赎之限"。① 隋《开皇律》"多采后齐"十恶"之制"的
"十恶之条"，依次为"谋反"、"谋大逆"、"谋叛"、"恶逆"、
"不道"、"大不敬"、"不孝"、"不睦"、"不义"与"内乱"。
隋律与北齐律之不同仅在于隋律有"不睦"而无"降"罪，北
齐律则相反，大同小异，名副其实地是"多采后齐之制"。然而
北周《大律》中，也规定有"恶逆"、"不孝"、"不义"、"内
乱"等罪，因此当然不能说隋律与北周律丝毫"无涉"。

此外，三朝皆有"八议"、"赎"与"官当"等规定，也可
窥见其法律制度是一脉相承的。

说隋律是"因北齐而不袭后周"，不仅不符合事实，而又容
易造成一种误解，似乎隋律与北周律是不同类型的法律。而采用
"多采后齐之制"的提法，既然不排斥对周律的继承，就肯定了
封建制法律朝朝代代一脉相承的本质，有利于我们对隋律阶级本
质的认识；同时，又因"多采后齐之制"而非"多采北周之
制"，则从另一方面提示了隋律在前朝法律基础上的变化发展，
启发我们去认识隋律的特殊性。

将北齐、北周和隋加以比较，封建制生产关系没有发生变
化，地主阶级独占政治统治地位的情况没有变化，基本的社会矛
盾即农民阶级与地主阶级的矛盾没有变化。这一切从根本上决定
了齐、周、隋三朝的法律在本质上不可能不同。马克思说：
"……生产关系的总和构成社会的经济结构，即有法律的和政治
的上层建筑竖立其上并有一定的社会意识形式与之适应的现实基

---

① 《隋书》卷二五《刑法志》，中华书局，1982，第 706 页。

础。"[①] 北齐、北周与隋三朝的社会"现实基础"基本上是一致的，其法律上层建筑当然不可能不一脉相承。总之，既要看到隋律有"多采后齐之制"的一面，又要看到隋律有承袭北周律的因素，只有这样，才不至于对隋律的历史渊源发生误解。

上考隋律的历史渊源，同样适用于隋代法律中的令、格、式等形式。因此，下文舍同求异，着重从隋令、隋格、隋式的渊源作一点考证。

（三）隋令历史渊源考

令是古代统治阶级发布的文告。《尔雅·释诂》谓"令"为"告也"。《释名》卷六云："令，领也。理领之，使不得相犯也。"《管子·立政》曰："令则行，禁而止……"所以"令"与"律"一样具有国家强制力。又《汉书·杜周传》云："前主所是著为律，后主所是疏为令。"颜师古注："著谓明表也，疏谓分条也。"杜预《律序》曰："律以正罪名，令以存事制。"所以，"令"比律具有较大的灵活性，封建帝王可以根据需要随时颁布诏令，以补充律文之疏漏或不足。

令之历史，可以说比律还早。中国历史上的第一条法律，就是夏启发兵攻打有扈氏时颁布的一条军令：

> 王曰嗟六事之人，予誓告汝，有扈氏威侮五行，怠弃三正，天用剿绝其命，今予惟恭行天之罚……用命赏于祖，弗

---

① 〔德〕马克思著：《〈政治经济学批判〉序言》，《马克思恩格斯选集》第 2 卷，人民出版社，1972 年，第 82 页。

用命戮于社，予则孥戮汝。①

商代也有类似的征战前的誓言。如成汤曰："尔不从誓言，予则孥戮汝。"② 盘庚曰："矧予制乃短长之命"、"听予一人之作猷"、"我乃劓殄灭之无遗育，无俾易种于此新邑。"③ 但商代未有"令"的法律形式的名称。明确地以"令"为名颁布法律的，最早可溯及周初。金文中有"三事令"、"四方令"，是成王要各封国主要官员"谨于职位"的命令；金文中称其时的"司徒"为"司土"，其职责可考为管理农田耕作，金文《戠殷铭》有"令汝作嗣土，官耤嗣田"。但西周的令，大多仍以周王的"诰"、"誓"、"命"的形式发出，可称之为"诰令"、"誓令"、"命令"，这就与隋代之令有"诏令"、"敕令"、"制命"等大致相同。

春秋、战国时期，不仅出现了"律"，而且逐渐出现了大量的辅律而行的"令"。"前主所是著为律，后主所是疏为令。"④ 律、令之明确区分，就是在这一时期。但其时有专门的编为"法"、"律"的刑事法律，而没有编辑成集的法令。

陈顾远先生对令的发展有特别精到的考证。他指出："令之演变，大体可判为三：汉魏之令，多为律之辅，有近于今日之补充条例，似无成文之'令典'也。两晋南朝，令有正则，确合于'设范立制'之义，隋唐并继续之，然自唐后，律既不显，令亦莫彰，宋虽以敕令格式并列，然仍为敕所掩，明虽勉强造

---

① 《尚书》卷七《甘誓》。
② 《尚书》卷一〇《汤誓》。
③ 《尚书》卷一八《盘庚》。
④ 《史记》卷一二二《杜周传》，中华书局，1999，第3153页。

令，然不待明终而即佚亡；及清，更无令之可言矣。"① 在中国的"令"的发展历程中，隋令是有承前启后的重要而突出的地位的。

秦代有令，可见诸《史记》：

> ……二世乃尊用赵高，申法令。②

汉高祖刘邦入咸阳"约法三章"——"杀人者死，伤人及盗抵罪"，作为临时颁行的法律，实则为令。

从汉代开始，有了令的编集。"汉令最繁，令甲以下二百余篇，令甲者对令乙、令丙而言，盖令有先后，故以甲、乙、丙为篇次也。文帝、景帝时皆修正一次，然始于何人，则无可考。"③《史记·杜周传》提及"前主所是著为律，后主所是著为令"，正是始于汉代。班固有云：

> 汉兴之初……大辟，尚有夷三族之令。令曰："当三族者，皆先黥，劓，斩左右止，笞杀之，枭其首，菹其骨肉于市。其诽谤詈诅者，又先断舌。"故谓之具五刑。……至高后元年，乃除三族罪、祅言令。……孝景……三年……著令："年八十以上，八岁以下，及孕者未乳……当鞠系者，颂系之。"……至成帝鸿嘉元年，定令："年未满七岁，贼斗杀人及犯殊死者，上请廷尉以闻，得减死。"合于三赦幼

---

① 陈顾远著：《中国法制史概要》，台湾三民书局，1979，第5版，第67~68页。
② 《史记》卷六《秦始皇本纪》，中华书局，1999，第268页。
③ 陈顾远著：《中国法制史概要》，台湾三民书局，1979，第68页。

弱老眊之人。①

汉令之分甲、乙、丙篇，便利于查阅断案。如：《汉书·江充传》"尽劾没入官"注引如淳："令乙骑乘车马行驰道中，已论者没入车马被具。"《张释之传》"此人犯跸，当罚金"注引如淳："乙令'跸先至而犯者，罚金四两。'"其中，令甲后来曾一度成为法令的通称。据程树德先生《中国法制史》载，"汉令之可考者，有功令、金布令、宫卫令、秩禄令、品令、祠令、礼令、斋令、公令、狱令、箠令、水令、田令、任子令，以及廷尉契令、光禄契令、乐浪契令等。"②

三国时期，曹魏有各种单行法令，如步战令、船战令、军策令、军令、内诫令、官令、褒赏令、选举令、明罚令等，大略可分为州郡令、尚书官令、军中令。州郡令有 45 篇，尚书官令、军中令 180 余篇。刘蜀的法律为诸葛亮与法正等人共撰，称"汉科"即"汉律"，此外也有"令"。陈寿在《进诸葛亮集表》中还附有《法检》、《科令》、《军令》等篇目。

晋代有律有令，律外之令编成专典，这是令发展的里程碑。《晋书》载：

> ……其余未宜除者，若军事、田农、酤酒，未得皆从人心，权设其法，太平当除，故不入律，悉以为令。施行制度，以此设教，违令有罪则入律。……凡律令合二千九百二十六条，十二万六千三百言，六十卷，故事三十卷。③

---

① 《汉书》卷二三《刑法志》，中华书局，1962，第 1104～1106 页。
② 转引自陈顾远《中国法制史概要》，台湾三民书局，1979，第 68～69 页。
③ 《晋书》卷三〇《刑法志》，中华书局，1974，第 927 页。

晋律为"合二十篇，六百二十条，二万六千七百五十七言"，①晋令有 2506 条，98643 言。《隋书·经籍志》有"晋令四十卷"之记载，可能唐时晋令犹存，可惜尔后即不见记载了。

南北朝时，南朝梁武帝命蔡法度、沈约等增损《晋律》、《晋令》等，撰成《梁律》20 篇及《梁令》、《梁科》各 30 卷。《隋书·经籍志》载："梁令三十卷，目一卷。"南朝陈也有《陈令》30 卷、《陈科》30 卷，为范泉等所撰。《隋书·经籍志》也有陈令的记载。北朝的北魏，从太祖开始，9 次编纂法律。如太祖时曾诏"三公郎中王德，定律令，申科禁……吏部尚书崔云伯总而裁之"；②世祖时又诏"司徒崔浩改定律令"；③至魏孝文帝时，鉴于"律令不具，奸吏用法，致有轻重"，于是多次下令修改律令，并亲自执笔定刑，"魏律系孝文亲自下笔，此前古未有之例"。④可是，《隋书·经籍志》仅载"《后魏律》二十卷"，已无令的记载，可见隋时即已亡佚。北魏令，仅据《太平御览》，可知有《太和职员令》21 卷。北齐除律以外，还有"令五十卷，取尚书二十八曹为其篇名，又撰权令二卷，二令并行，大抵采魏晋故事也。"⑤《隋书·经籍志》载有"《北齐令》五十卷，《北齐权令》二卷"，说明隋朝还有齐令流于世间。北周有《大律》25 篇。《隋书·刑法志》详尽述及《大律》篇名，所函之罪种、刑制，无一字提及令；《隋书·经籍志》有"《周律》二十五卷"及"《周大统式》三卷"之记载，而无关于令的记载，也许可以推论北周并无令的立法及编纂。

---

① 《晋书》卷三〇《刑法志》，中华书局，1974，第 927 页。
② 《魏书》卷二《太祖纪》，中华书局，1974，第 33 页。
③ 《魏书》卷《世祖纪》，中华书局，1974，第 79 页。
④ 程树德著：《九朝律考》卷五《后魏律考》，中华书局，1963，第 346、348 页。
⑤ （唐）李林甫等撰：《唐六典》卷六注。

　　杨坚夺袭北周帝位建立隋朝，开皇元年（公元581年）即诏修撰律令，有关制定隋令的情况前文已事略考。

　　隋有《开皇令》30卷，已佚失。颁令情况与令文内容，史料遗留不多。据《通志》载："开皇二年秋甲午，行新令。"这可能就是《唐六典》"刑部郎中令"注所说高颎等撰的30卷《开皇令》：

　　　　隋《开皇令》，高颎等撰，三十卷：一、官品上；二、官品下；三、诸省台职员；四、诸寺职员；五、诸卫职员；六、东宫职员；七、行台诸监职员；八、诸州郡县镇戍职员；九、命妇品员；十、祠令；十一、户令；十二、学令；十三、选举；十四、封爵俸廪；十五、考课；十六、宫卫军防；十七、衣服；十八、卤薄上；十九、卤薄下；二十、仪制；二十一、公式上；二十二、公式下；二十三、田令；二十四、赋役；二十五、仓库厩牧；二十六、关市；二十七、假宁；二十八、狱官；二十九、丧葬；三十、杂令。

　　其中有"八、诸州郡县镇戍职员"之令，而公元583年隋文帝废除郡一级行政机构，只存州县二级，可见颁行30卷《开皇令》事在公元583年废郡之前。

　　又据《隋书·经籍志》载，"隋《开皇令》三十卷，目一卷。"可见《开皇令》的形式和内容是相当齐备的。

　　令文内容，一见于开皇十八年（公元598年）侍御史刘子翊驳斥刘炫"违礼乖令，侮令干法"，引用的令文：

　　　　……是以令云："为人后者，为其父母并解官，申其心丧。父卒母嫁，为父后者虽不服，亦申心丧。其继母嫁不解官。"①

一见于《隋书·食货志》所引"新令"：

> 人五家为保，保有长，保五为闾，闾四为族，皆有正。畿外置里正，比闾长，党长比族长，以相检察焉。男女三岁已下为黄，十岁已下为小，十七已下为中，十八已上为丁。丁从课役，六十为老，乃免。自诸王已下，至于都督，皆给永业田，各有差。多者至一百顷，少者至四十亩。其丁男中男永业露田，皆遵后齐之制，并课树以桑、榆及枣。其园宅率三口给一亩，奴婢则五口给一亩。丁男一床，租粟三石，桑土调以绢绝，麻土以布绢，绝以匹加绵三两，布以端加麻三斤，单丁及仆隶各半之。未受地者皆不课。有品爵及孝子顺孙义夫节妇，并免课役。京官又给职分田，一品者给田五顷，每品以五十亩为差。至五品者则为田三顷，六品二顷五十亩，其下每品以五十亩为差，至九品为一顷。外官亦各有职分田，又给公廨田，以供公用。

又有《大业令》30 卷，亦已佚失。

关于《大业令》，《隋书·经籍志》作"《大业令》三十卷"，而《新唐书·艺文志》作"十八卷"。何者为正确？因为《隋书》成于唐时，《新唐书》成于宋代，从时间来看，《隋书》所记，当较可信，此其一。又因为《大业令》本于《开皇令》，

---

① 《隋书》卷七一《刘子翊传》，中华书局，1982，第 1651～1652 页。

《开皇令》为 30 卷，故《大业令》30 卷之说为是，此其二。还因为《唐会要》卷三十九载永徽"令三十卷"，与《永徽律》同为长孙无忌等所撰，唐承隋制，《大业令》30 卷当无疑。

《大业令》令文内容，从"初新令行，（郭）衍封爵从例除"① 及《通典》卷三九所云"炀帝三年定令品，自第一至第九，唯置正从，而除上下阶；又定朝之班序，以品之高卑为列，品同则以省府为前后，省府同则以局署为前后"中，可略窥一二。

令又可与他词连用，如律令、法令、诏令、敕令等。其中诏令、敕令均属"后主所是"，各朝代都留有大量的帝王的诏、敕，隋代也不例外，其中不少都具有这儿所说的"令"的性质，前文已经考及"诏令"、"敕令"等，这里就不重复了。

（四）隋格历史渊源考

陈顾远先生的《中国法制史概要》云："唐以前，格辅律令也。史称张益定章程，当为格之肇始，是汉初已有格之意矣。晋定律令，其'常事品式章程，各还其府为故事'，共三十卷；以故事之名言，近似于此，以内容之质言，纵不可能纯认为格，亦惟兼任有式，盖晋之授事乃后代格式之合尔。"在他看来，"章程"、"故事"均为"格"或"格"之滥觞。我认为，"格"的法律形式名称源于汉代的"科"，所谓"杂格严科"是也，北魏始以"格"代"科"。东魏孝静帝兴和三年（公元 541 年），由高欢与群臣集议于麟趾阁，制定《麟趾格》。后来北齐代东魏，北齐文宣帝天保元年（公元 550 年）又重行刊定，称《北齐麟

---

① 《隋书》卷六一《郭衍传》，中华书局，1982，第 1470 页。

趾格》。但《隋书·经籍志》记作北齐"成武帝时，又于麟趾殿删正刑典，谓之《麟趾格》"，而书已不存，未列书名及卷数。据《隋书·经籍志》载，隋朝律、令、格、式并行，但未见史料有大业颁格的记载，可能是全盘沿用开皇格的缘故。

（五）隋式历史渊源考

陈顾远先生述及历代"式"之表现时写道："式本有'法'之意，有'制'之解；故唐书刑法志曰'格者，百官有司之所常行之事也；式者，其所常守之法也'。据此，则古代之品式章程，魏代之款缝，晋代之故事，陈之百官簿状，皆有式之意，惟不以式名尔。式之首为法典上名称者，始于西魏之大统式，但此式之为义，则有近于东魏麟趾格之格焉。"①

《隋书·刑法志》载：

> 周文帝之有关中也，霸业初基，典章多阙。大统元年，命有司斟酌今古通变，可以益时者，为二十四条之制，奏之。七年，又下十二条制。十年，魏帝命尚书苏绰，总三十六条，更损益为五卷，班于天下。

《隋书·经籍志》载：

> 后周太祖，又命苏绰撰《大统式》。《周大统式》三卷。

查《北史》之《周本纪》，对有关事项的记载为：

---

① 陈顾远著：《中国法制史概要》，台湾三民书局，1979，第82页。

　　　大统元年……三月，帝命有司为二十四条新制，奏
行之。

　　　（大统）七年十一月，帝奏行十二条制，恐百官不勉于
职事，又下令申明之。

　　　（大统）十年……七月，魏帝以帝前后所上二十四条及
十二条新制，方为中兴永式，命尚书苏绰更损益之，总为五
卷，班于天下。于是搜简贤才为牧、守、令，习新制而遣
焉。数年间，百姓便之。

　　又查《北史》及《周书》之《苏绰传》，均无苏绰损益36
条新制"总为五卷"之记载。

　　综上所录，考证的结论应是：第一，《大统式》为苏绰在36
条新制基础上加以损益而成；第二，颁行时共为5卷；第三，唐
初修撰《隋书》时，业已佚失2卷，所以《经籍志》载"《周
大统式》三卷"。

　　开皇颁"式"情况不详，仅见于《隋书·苏威传》所云
"律、令、格、式，多威所定"。

　　大业年间，据《隋书·炀帝纪》载，二年（公元606年）
五月乙卯诏曰："自古已来，贤人君子有能树声立德、佐世匡
时、博利殊功、有益于人者，并宜立祠宇，以时致祭，坟垄之
处，不得侵践，有司量为条式，称朕意焉。"又，四年（公元
608年）十月乙卯，"颁新式于天下"。可见，大业年间颁式的
立法活动还是比较多的。可惜的是，所有这些律、令、格、式，
都没有完整地保存下来。

三　行政法制考

　　隋文帝杨坚十分重视建立、健全和加强中央集权的封建国家政权机构，隋初即频频下诏奖励良吏、严惩贪官、设官分职、选贤举能、检查户口、加强控制。考诸《隋书》、《唐书》、《唐六典》、《唐会要》及《通典》等史籍，可知隋代行政法制之大概。

（一）中央行政法制考

　　关于隋代的中央行政机构，学者论及时多以"隋唐"并提，以致往往以唐为隋，造成了偏颇与遗憾。《中国古代行政立法》一书①指称："隋唐时期行政中枢机构是三省六部。三省，是指中书、门下、尚书；六部，是指尚书省所属的吏、户、礼、兵、刑、工六部。……隋朝虽然有尚书、门下、内史（即中书）、秘书、内侍五省之设，然而实际行使行政职权的是前三省，因此称其为'三省制'。"又指称隋有"五监"即国子监、少府监、将作监、军器监、都水监。《中国国家机构史》一书，②也有类似

　　①　蒲坚著：《中国古代行政立法》，北京大学出版社，1990，下引见第259～276页。
　　②　唐进、郑川水主编：《中国国家机构史》，辽宁人民出版社，1993，下引见第160～178页。

的论定。案其原因，大致是由于依新、旧《唐书》之记载为据。但新、旧《唐书》成书于唐、宋之际，距隋代已有几百年，未免有误。窃以为，论述隋代事例，以唐初魏征主撰的《隋书》为据是最可靠的，这不仅由于唐初即在隋后，年代紧接，而且还由于撰著《隋书》的魏征等人，本就是隋朝的臣民，对隋的事物应是最为清楚的。窃以为，述评历史时，最好还是从史实的原状出发，因此，对隋代中央行政法制的考证，拟以隋末唐初人撰著的《隋书》为据，并参考其他史料。

隋代的中央行政机构之设置，从官属到编制及属僚的品爵等级、职权范围等，都被详细规定在《开皇令》中。《大业令》则反映了从隋文帝到隋炀帝时期的变化。此外，开皇三年（公元583年）以后，隋文帝还以诏令对《开皇令》的某些规定作了修正。

《唐六典·刑部郎中令》注有谓："隋《开皇令》，高颎等撰，三十卷：一、官品上；二、官品下；三、诸省台职员；四、诸寺职员；五、诸卫职员；六、东宫职员；七、行台诸监职员；八、诸州郡县镇戍职员；九、命妇品员……"可见，《开皇令》的前九卷基本上就是关于中央和地方行政机构的规定，考证隋代的行政法制，自然应以《开皇令》及《大业令》等做判断。可惜的是，《开皇令》与《大业令》均各亡佚，使我们无法精确考定其时行政法制的丁丁卯卯。然而，略事对照《唐六典》、《永徽令》及其与《唐书·百官志》的关系似可推定：隋唐以来的"百官志"志文的依据，就是来自"令"文的规定。这样，尽管隋令已佚，但《隋书·百官志》却基本上保存了令文的大概。如，《隋书·百官志下》开篇记载隋代中央行政机构之概况后，依次记载了尚书省、门下省、内史省、秘书省、内侍省及御史台、都水台的编制、职掌、品爵，太常寺、光禄寺、卫尉寺……的编制、职掌、品爵，左右卫、左右武卫……的编制、职掌、品爵……几与《开皇令》各卷以"诸省台职员"、"诸寺职员"、"诸卫职员"的排列次序完全一样，若合符契。所以，下文以《隋书·百官志》所载为主要依据考证隋代行政法制，应是可信的。当然，除《开皇令》、《大业令》外，隋文帝与隋炀帝还时时颁诏布敕作出有关行政法制方面的一些新的规定。这些，下文也将一一考及。

1. 隋代中央行政机构的设置及政策

隋初中央行政机构的设置可以列图如下[①]（见图 3 - 1 页）：

表中的中央行政机构之设，是开皇初年之事。至开皇三年（公元583年），隋文帝诏令改度支为民部，改都官为刑部，才正式形成"六部"之名；同时，对六部的分工隶属关系作了明确的划分；此外，还作出了废光禄寺及都水台入司农等改革。

　　三年四月，诏尚书左仆射，掌判吏部、礼部、兵部三尚书事，御史纠不当者，兼纠弹之。尚书右仆射，掌判都官、度支、工部三尚书事，又知用度。余皆依旧。寻改度支尚书为户部尚书，都官尚书为刑部尚书。诸曹侍郎及内史舍人，并加为从五品。增置通事舍人十二员，通旧为二十四员。废光禄寺及都水台入司农，废卫尉入太常尚书省，废鸿胪亦入太常。罢大理寺监、评及律博士员，加置正为四人。[②]

开皇三年后直至隋文帝死，基本上未对中央行政机关的设置

---

① 参见《隋书》卷二八《百官志下》，中华书局，1982，第 773 ~ 792 页。

② 参见《隋书》卷二八《百官志下》，中华书局，1982，第 792 页。

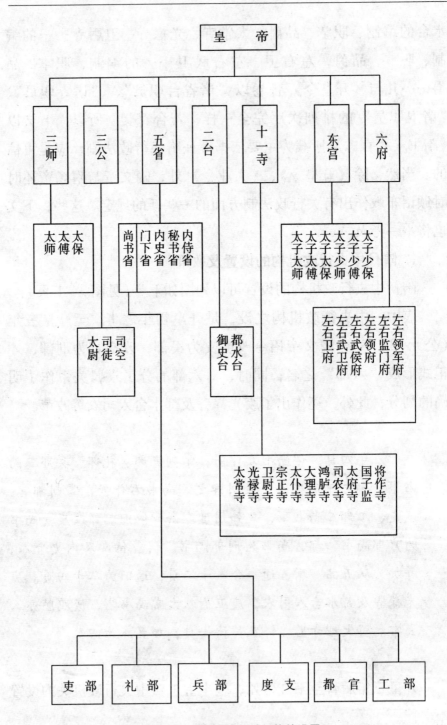

图1-3 隋初中央行政机构的设置

作重大的改革。一般的改革计有以下几次：

> （开皇）十二年，复置光禄、卫尉、鸿胪等寺。
>
> 十三年，复置都水台。国子寺罢隶太常，又改寺为学。
> ……
>
> 十六年，内侍省加置内立事员二十人，以承门阁。
>
> 十八年，置备身府。
>
> 二十年，改将作寺为监，以大匠为大监。初加置副监。
>
> 仁寿元年，改都水台为监，更名使者为监。罢国子学，唯立太学一所，置博士五人。从五品，学生七十二人。
>
> 三年，又置监门府门侯一百二十人。[①]

查《隋书·高祖纪》与《百官志》所言"罢国子学"、"唯立太学一所"有异：

> ……于是国子学唯留学生七十人，太学、四门及州县学并废。

仁寿元年（公元 601 年）太学之废，可成定论；国子学学生"七十人"抑或"七十二人"已不可考，且意义不大；国子学是否存留值得一议。查《隋书·炀帝纪》大业元年（公元 601 年）闰七月丙子有诏令一则，宣称"君民建国，教学为先"，要"尊师重道……敦奖名教"，渴求"……恂恂善诱，不日成器，济济盈朝"，明令"国子等学，亦宜申明旧制，教习生徒，具为

---

① 参见《隋书》卷二八《百官志下》，中华书局，1982，第793页。

谋试之法，以尽砥砺之道"。这里，对"国子学"是"申明旧制"，可见并未废除；同时，也可进而理解作恢复太学、四门及州县学的设立制度。又，《隋书·儒林传》亦称"仁寿年间，遂废天下之学，唯余国子学，弟子七十二人"，可见国子学之存在。

隋炀帝杨广即位之初，锐意改革行政、法制，除修撰《大业律》、《大业令》外，还大举改革中央行政机构的设置。《隋书·百官志》以"炀帝即位，多所改革"总领其事之要。考其"改革"，大略可分为三个方面。

一为增、改机构之设置。如：分门下、太仆二司，取殿内监名，以为殿内省，并尚书、门下、内史、秘书，以为五省。增置谒者、司隶二台，并御史为三台。分太府寺为少府监。改内侍省为长秋监，国子学为国子监，将作寺为将作监，并都水监，总为五监。

二为分别增、减各部门官员人数。如：内史省减侍郎员为二人，减内史舍人员为四人。

御史台增设书侍御史为正五品。省殿内御史员，增监官御史员十六人，加阶为从七品。

太常寺罢太祝署，而留太祝员八人，属寺。后又增为十人。

三为中央机关各部门官员品爵等级的升降，如：

光禄已下八寺卿，皆降为从三品。

五年，又降大夫阶为正四品，减该书侍御史为从五品，增该书侍御史为正七品……①

经由上述改革变迁，隋代的中央集权国家行政机构可谓比较

---

① 参见《隋书》卷二八《百官志下》，中华书局，1982，第796页。

健全了，现进而考证有关机构的职权、编制及主要成员的品爵等级如下文。

2. 隋代中央行政机构的职权与编制

（1）三师、三公——中央参议机构。三师——太师、太傅、太保与三公——司徒、太尉、司空地位至高，爵臻"极品"，但无实权，也无具体职能规定。其设立，首在"荣誉职位"之意味，其次亦有参议政事之功用。《隋书·百官志》曰：

> 三师，不主事，不置府僚，盖与天子坐而论道者也。
> 三公，参议国家之大事，依后齐置府僚。……其位多旷，皆摄行事。……朝之众务，总归于台阁。

（2）内史省——中央决策机构。南北朝各国有中书省之设，为中央行政之决策机构。隋初，隋文帝杨坚为避父（杨忠）讳，改称中书省为内史省。隋炀帝大业十二年（公元 616 年）曾"改内史为内书"，[①] 此后即未改动。唐武德初复改内书省为内史省，武德三年（公元 620 年）则改为中书省。但有人认为："炀帝大业十二年（公元 616 年）又改称为内书省，不久复称内史省。"[②] 这一认定史无实据，恐系"隋唐"并提而想当然致误。

内史省为隋代中央大政之决策机构，拟制奏章、出纳诏令为其主要职能，皇帝发布的诏令，由内史省草拟。

内史省属僚在隋文帝时的编制是：

> 内史省，置监、令各一人。寻废监。置令二人，侍郎四

---

① 参见《隋书》卷二八《百官志下》，中华书局，1982，第 795 页。
② 唐进、郑川水主编：《中国国家机构史》，辽宁人民出版社，1993，第 162 页。

人，舍人八人。通事官人十六人，主书十人，录事四人。

至隋炀帝时编制有所改革：

> 内史省减侍郎员为二人，减内史舍人员为四人。加置起
> 居舍人员二人，从六品。次舍人下。改通事舍人员为谒者
> 台。减主书员，置四人，加为正八品。①

（3）门下省——中央审议机构。隋初门下省的主要职能是侍
从皇帝，掌供奉和谏议。隋炀帝大业三年（公元607年）"分门
下、太仆二司，取殿内监名，以为殿内省"，② 由殿内省掌供奉，
门下省专掌封驳谏议。门下省之长官，隋初为纳言，隋炀帝时改
为侍内，"佐天子而统大政也"，"凡军国之务，与中书令参而总
焉，坐而论之，举而行之"。③ 侍内（纳言）的职权范围很广，
其中多有涉及行政、刑事法制方面的事项，考诸《唐六典·门
下省》可略见：

> 凡百司奏抄，侍中（即隋之"纳言"、"侍内"）审定，
> 则先读而署之，以驳正违失。凡制敕宣行，大事则称扬德
> 泽，褒美功业，覆奏而请施行；小事则署而颁之。凡国之大
> 狱，三司详决，若刑名不当，轻重或失，则援法制退而裁
> 之。凡发驿遣使，则审其事宜，与黄门侍郎给之；其缓者给
> 传。即不应给，罢之。凡文武六品以下授职官，所司奏拟，

---

① 《隋书》卷二八《百官志下》，中华书局，1982，第795页。
② 《隋书》卷二八《百官志下》，中华书局，1982，第793页。
③ （唐）李林甫等撰：《唐六典》卷八《门下省》，中华书局，1992，第242页。

则校其仕历浅深、功状殿最，访其德行，量其才艺，若官非其人，理失其事，则自侍中而退量焉。凡弘文馆图书之缮写、仇校，亦谋而察之。凡天下冤滞未申及官吏刻害者，必听其诉，与御史、中书舍人同计其事宜，而申理之。

门下省，纳官三人，给事黄门侍郎四人，录事、通事令史各六人。又有散骑常侍、通直散骑常侍各四人，谏议大夫七人，散骑侍郎四人，员外散骑侍郎四人，朝奉请四十人，并掌同散骑常侍等，兼出使劳问。统城门、尚食、尚药、符玺、御府、殿内等六局。城门局，校尉二人，直长四人。尚食局、直长四人、官医四人。尚药局，典御二人，侍御医、直长各四人，医师四十人。符玺、御府、殿内局，监各二人，直长各四人。

至隋炀帝大业三年（公元607年）定令，门下省的编制作如下改革：

门下省减给事黄门侍郎员，置二人，去给事之名，移吏部给事郎名为门下之职，位次黄门下。置员四人，从五品，省读奏案。废散骑常侍、通直散骑常侍、谏议大夫、散骑侍郎等常员。改符玺为郎，置员二人，为从六品。加录事阶为正八品。以城门、殿内、尚食、尚药、御府等五局隶殿内省。①

（4）尚书省——中央行政管理与执行机构。开皇年间尚书省

---

① 《隋书》卷二八《百官志下》，中华书局，1982，第794~795页。

的变革前已述及，至大业三年（公元 607 年）隋炀帝又"定令"
改革之：

> 尚书省六曹，各侍郎一人，以贰尚书之职。又增左、右
> 丞阶，与六侍郎，并正四品。诸曹侍郎并改为郎。又改吏部
> 为选部郎，户部为人部郎，礼部为仪曹部，兵部为兵曹部，
> 刑部为宪部郎，工部为起部郎，以异六侍郎之名。废诸司员
> 外郎，而每增置一曹郎，各为二员。都司郎各一员，品同曹
> 郎，掌都事之职。以都事为正八品，分隶六尚书。诸司主
> 事，并去令史之名。其令史随曹闲剧而置。每十令史，置一
> 主事，不满十者，亦置一人。其余四省三台，亦皆曰令史，
> 九寺五监诸卫府，则皆曰府史。后又改主客郎为司藩郎。寻
> 又每减一郎，置承务郎一人，同员外之职。①

尚书省为中央各种行政事务管理的总机关，具体事务分由其
所隶属的吏、礼、兵、都官、度支、工等六部处理。

> 尚书省，事无不总。置令、左右仆射各一人，总吏部、
> 礼部、兵部、都官、度支、工部等六曹事，是为八座。属官
> 左、右丞各一人，都事八人，分司管辖。吏部尚书统吏部侍
> 郎二人，主爵侍郎一人，司勋侍郎二人，考功侍郎一人。礼
> 部侍郎统礼部、祠部侍郎各一人。都官尚书统都官侍郎二
> 人，刑部、比部侍郎各一人，司门侍郎二人。度支尚书统度
> 支、户部侍郎各二人，金部、仓部侍郎各一人。工部尚书统

---

① 《隋书》卷二八《百官志下》，中华书局，1982，第 794 页。

工部、屯田侍郎各二人，虞部、水部侍郎各一人。凡三十六侍郎，分司曹务，直宿禁卫，如汉之制。①

尚书省六部之首为吏部，掌管全国中下级官吏事务，其主要职能是对六品以下的州（郡）官员的选择、任命、致仕等具体行政事务实施管理。

隋初的度支后改作户部，为中央财政事务的管理机构，掌全国土地、户籍、赋税、财政收支等。考诸《隋书·百官志》载：

尚书省，事无不总。置令、左右仆射各一人，总吏部、礼部、兵部、都官、度支、工部等六曹事。

（开皇）三年……寻改度支尚书为户部尚书……

《中国古代行政立法》一书有谓："户部，隋朝叫民部，唐沿之。"《中国国和机构史》一书称："民部，隋初名度支，后改称民部……"这些说明都与上引《隋书·百官志》所说牴牾。但《隋书·苏威传》又曰："高祖……受禅，征拜（苏威）太子少保。……俄兼纳言、民部尚书。"这样，就留下了一个待解的疑团了。

礼部为隋朝中央的礼仪事务管理机构，掌国家的礼仪、祭享、贡举等。

隋初的都官后改称刑部，为隋朝中央的司法机构，掌国家的司法行政、法律实施及刑狱事务。

兵部为隋朝中央军事管理机构，职掌全国武官的选任及兵

①　《隋书》卷二八《百官志下》，中华书局，1982，第774页。

籍、军械、军需等事务。

工部为隋朝中央对土木及水利工程事务的管理机构，职掌全国重大土木工程、工匠管理及屯田、水利、交通事务。

隋初颁行的《开皇令》中，有《行台诸监职员》一卷（第七卷）。"行台"，为晋以后在地方代表朝庭行尚书省事的机构。因此，《隋书·百官志》记有"行台省"的编制、品爵等级的规定：

> 行台省，则有尚书令，仆射（左、右任置）、兵部（兼吏部、礼部）、度支（兼都官、工部）尚书及丞（左右任置）各一人，都事四方。有考功（兼吏部、爵部、司勋）、礼部（兼祠部、主客）、膳部、兵部（兼职方）、驾部、库部、刑部（兼都官、司门）、度支（兼仓部）、户部（兼比部）、金部、工部、屯田（兼水部、虞部）侍郎，各一人。每行台置食货、农圃、武器、百工监、刑监各一人。各置丞（食货四人，农圃六人，武器二人，百工四人）、录事（食货、农圃、百工各二人，武器一人）等员。

（5）秘书省——中央文化事务管理机构。北齐有秘书省之设，职能为"典司经籍"，"又领著作省"，① 具体负责全国之著作事务管理。北周初年，"方隅初定，改创章程，命尚书令卢辩，远师周之建职，置三公三孤，以为论道之官。次置六卿，以分司庶务"，② 无"秘书省"之设。隋文帝时，"改周之六官，其

---

① 《隋书》卷二七《百官志中》，中华书局，1982，第 754 页。
② 《隋书》卷二七《百官志中》，中华书局，1982，第 770 页。

所制名，多依前代之法"，① 复有秘书省之设。

> 秘书省，监、丞各一人，郎四人，校书郎十二人，正字
> 四人，录事二人。领著作、太史二曹。著作曹，置郎二人，
> 佐郎八人，校书郎、正字各二人。太史曹，置令、丞各二
> 人，司历二人，监候四人。其历、天文、漏刻、视祲，各有
> 博士及生员。②

秘书省是隋朝的文化事务包括天文、历法等的管理机构，主要职掌经籍、图书、天文、历法并监修国史。

（6）内侍省——宫内事务管理机构。中央集权的封建国家里，皇帝是最高统治者，围绕皇帝的一切都是全国的中心，宫内事务自不例外。内侍省之设，是为隋皇朝中枢的"后院"掌管各类巨细事务。它与其他中央管理机构的不同是仅及宫内不及宫外，当然不会管到地方去。隋内侍省的分支机构有尚食、掖庭、宫闱、奚官、内仆、内府等局。其僚吏属员均为宦者阉人。大业三年（公元607年），隋炀帝改内侍省为长秋监。《隋书·百官志》载内侍省的编制为：

> 内侍省，内侍、内常侍各二人，内给事四人，内谒者监
> 六人，内寺伯二人，内谒者十二人，寺人六人，伺非八人。
> 并用宦者。领内尚食、掖庭、宫闱、奚官、内仆、内府等
> 局。（尚食，置典御及丞各二人。余各置令、丞，皆二人。
> 其宫闱、内仆，则加置丞各一人。掖庭又有宫教博士二人）

---

① 《隋书》卷二八《百官志下》，中华书局，1982，第773页。
② 《隋书》卷二七《百官志中》，中华书局，1982，第775页。

隋炀帝改内侍省为长秋监后，长秋监的编制如《隋书·百官志》载为：

> 长秋监置令一人，正四品，少令一人，从五品，丞二人，正七品。并用士人。改内常侍为内承奉，置二人，正五品；给事为内承直，置四人，从五品。并用宦者。罢内谒者官。领掖庭、宫闱、奚官等三署。并参用士人。后又置内谒者员。

（7）御史台——中央监察机构。《中国古代行政立法》一书[1]述及"隋唐"时期的行政立法时，无"御史台"一说，诚为憾事，因为隋代实际上是相当重视御史台之设的。隋初之设御史台，事见《隋书·百官志》：

> 御史台，大夫一人，治书侍御史二人，侍御史八人，殿内侍御史、监察御史，各十二人，录事二人。后魏延昌中，王显有宠于宣武，为御史中尉，请革选御史。此后踵其事，每一中尉，则更置御史。自开皇后，始自吏部选用，仍依旧入直禁中。

开皇三年（公元583年）隋文帝曾诏令"尚书左仆射，掌判吏部、礼部、兵部三尚书事，御史纠不当者，兼纠弹之"，[2]可见对监察、纠弹事务之重视。

隋炀帝即位，对中央机构多所改革。大业三年（公元607

---

① 蒲坚著：《中国古代行政立法》，北京大学出版社，1990。
② 《隋书》卷二八《百官志下》，中华书局，1982，第792页。

年）定《大业令》，"罢诸总管，废三师、特进官"，"分门下、太仆二司，取殿内监名……""增置谒者、司隶二台，并御史为三台"，"分太府寺为少府监。改内侍省为长秋监，国子学为国子监，将作寺为将作监，并都水监，总为五监。"变动不可谓不大，但"御史台"之设分毫未动，而且，"御史台增治书侍御史为正五品。……增监察御史员十六人，加阶为从七品。……又置主簿、录事员各二人。……"①总之，御史台始终为隋代重要的中央机构，不可忽视。

隋代御史台作为中央的监察机构，主掌邦国刑、宪、典章之政令及纠弹百官。考诸唐代御史台之职掌，可推知隋代御史台职掌之大概：

> 御史大夫之职，掌邦国刑宪、典章之政令，以肃正朝列……侍御史，掌纠百僚，推鞫狱讼。其职有六：一曰奏弹，二曰三司，三曰西推，四曰东推，五曰赃赎，六曰理匦。……主簿，掌印及受事发辰、勾检稽失。殿中侍御史……掌殿庭供奉之仪式。……监察御史掌分察百僚，巡按郡县，纠视刑狱，肃整朝仪。②

至大业三年（公元607年）所增设的谒者台与司隶台，其功能与御史台较为接近，故合称"三台"。我们放在这里一并考校。

《中国古代行政立法》一书③未提及谒者台与司隶台，这当

---

① 《隋书》卷二八《百官志下》，中华书局，1982，第793、796页。
② （唐）李林甫等撰：《唐六典》卷一三，中华书局，1992，第378~381页。
③ 蒲坚著：《中国古代行政立法》，北京大学出版社，1990。

然是一种缺憾；《中国国家机构史》提及此二台，但语焉不详，仅谓：

> 谒者台，主掌传达命令。其长官为谒者大夫。

> 司隶台，主掌巡察京畿内外，为监察地方官员的监察机构。①

实际上，谒者台的职权职责远非"传达命令"一项，甚至主要不是这一方面。考《隋书·百官志》记载：

> 谒者台大夫一人（从四品。五年改为正五品），掌受诏劳问，出使慰抚，持节察授，及受冤枉而申奏之。驾出，对御史引驾。置司朝谒者二人以贰之（从五品）。属官有丞一人，主簿、录事各一人等员。又有通事谒者二十人（从六品）。即内史通事舍人之职也。次有议郎二十四人，通直三十六人，将事谒者二十人，谒者七十人，皆掌出使。其后废议郎、通直、将事谒者、谒者等员，而置员外郎八十员。寻诏门下、御史、内史、司隶、谒者五司，监受表，以为恒式，不复专谒者矣。寻又置散骑郎，从五品，二十人，承议郎（正六品）、通事郎（从六品）各三十人，宣德郎（正七品）、宣义郎（从七品）各四十人，征事郎（正八品）、将仕郎（从八品）、常从郎（正九品）、奉信郎（从九品）各五十人，是为正员。并得禄当品。又各有散员郎，无员无

---

① 唐进、郑川水主编：《中国国家机构史》，辽宁人民出版社，1993，第165页。

禄。寻改常从为登仕，奉信为散从。自散骑以下，皆主出使，量事大小，据品以发之。

这里所说谒者台之职掌，除"受诏劳问"、"出使慰抚"、"持节察授"、"申奉冤枉"外，还有"驾出，对御史引驾"等。所以，谒者台之增设，可说是在人事上分御史之责、权，而在事务上又是为适应日益纷繁的政务之需要。

关于司隶台，《隋书·百官志》有详尽的记载：

> 司隶台大夫一人（正四品），掌诸巡察。别驾二人（从五品），分察畿内，一人案东都，一人案京师。刺史十四人（正六品），巡察畿外。诸郡从事四十人，副刺史巡察。其所掌六条：一察品官以上理政能不。二察官人贪残害政。三察豪强奸猾，侵害下人，及田宅逾制，官司不能禁止者。四察水旱虫灾，不以实言，枉征赋役，及无灾枉蠲免者。五察部内贼盗，不能穷逐，隐而不申者。六察德行孝悌，茂才异行，隐不贡者。每年二月，乘轺巡郡县，十月入奏。置丞（从六品）、主簿（从八品）、录事（从九品）各一人。后又罢司隶台，而留司隶从事之名，不为常员。临时选京官清明者，权摄以行。

应当说，当司隶台之建制存在时，所赋予的职权及其范围，是相当重大而广泛的。

（8）都水台——中央水利主管机构。中国"以农立国"，水利事业是农业的第一前提，因此，历代统治者都十分重视水利主管机构的设置与健全。秦、汉都有都水长、都水丞，主管陂地灌溉、倡导河渠。汉太常、少府、水衡都尉、三辅，都设都水官。
汉武帝以都水官多，乃置左右使者各一人加以管辖。晋以后改称
都水台。隋开皇初设都水台，开皇三年（公元583年）曾废都
水台入司农寺。开皇十三年（公元593年）复置都水台，仁寿
元年（公元601年）改称都水监。其编制，隋初为：

> 都水台，使者及丞各二人，参军三十人，河堤谒者六十
> 人，录事二人。领掌船局、都水尉二人，又领诸津。上津每
> 尉一人，丞二人。中津每尉、丞各一人。下津每典作一人，
> 津长四人。①

至隋炀帝时，似对都水监官员的地位更加重视，可以见诸属
僚品爵等级的不断提高：

> （大业三年）都水监改为使者，增为正五品，丞为从七
> 品。统舟楫、河渠二署。舟楫署每津署尉一人。五年，又改
> 使者为监，四品，加置少监，为五品。后又改监、少监为
> 令，从三品，少令，从四品。②

（9）十一寺——中央行政事务辅助机构。史书流行隋唐中央
"九寺"一说，但"九寺"之说不能涵盖隋初，"高祖既受命，
改周之六官"，最先定制的是"太常、光禄、卫尉、宗正、太
仆、大理、鸿胪、司农、太府、国子、将作"十一寺。③《开皇

---

① 《隋书》卷二八《百官志下》，中华书局，1982，第775页。
② 《隋书》卷二八《百官志下》，中华书局，1982，第799页。
③ 《隋书》卷二八《百官志下》，中华书局，1982，第773页。

令》卷四有"诸寺职员"的规定，其前为"诸省台职员"（卷三），其后为"诸卫职员"，前前后后均无"诸监职员"的规定。[①] 因此，我拟采"十一寺"之说，而其后的变化，则附在本节中另加说明。

有的著作又称"九寺"是隋唐"中央掌握各类行政事务的具体机构"，如此措辞乃致五省二台并非中央行政具体机构之误解。因此，我以"辅助机构"相论。但隋代之寺、监、省、台及其下属机构之设，在职能上确有交叉重叠之处。杜佑谓："隋代复废六官，多依北齐之制，官职重设，庶务烦滞。"[②] 台湾学者姜文奎亦云："迨至隋唐，既有尚书六部二十四司，复又别置诸寺、诸监，官职既为重设，庶务乃行烦滞，而彼此职权除一部分互相关联外，多属重复混杂难以划清权限。"[③] 这些，也许就是评价"五省二台"及"九寺二监"均为"行政事务具体机构"的客观原因了。

太常寺是隋代负责礼仪事务的管理机构，掌全国之礼乐、郊庙、社稷祭享之事。太常寺与礼部的分工是，太常寺处理日常具体事务，礼部掌管有关政令：

> 太常……寺……置卿，少卿各一人。……置丞、主簿、录事等员。
>
> 太常寺又有博士四人，协律郎二人，奉礼郎十六人。统郊社、太庙、诸陵、太祝、衣冠、太乐、清商、鼓吹、太

---

① （唐）李林甫等撰：《唐六典》卷六《刑部郎中令注》，中华书局，1992，第178～186页。

② （唐）杜佑撰：《通典》卷二五《诸卿总论》，商务印书馆，1925，第148页。

③ 姜文奎著：《中国历代政制考》，台湾"国立"编译馆出版，第375页。

医、太卜、廪牺等署。各置令（并一人，太乐、太匠则各加至二人）、丞（各一人，郊社、太乐、鼓吹则各至二人）。郊社署又有典瑞（四人）。太祝署有太祝（二人）。太乐署、清商署，各有乐师员（太乐八人，清商二人）。鼓吹署有哄师（二人）。太医署有主药（二人）、医师（二百人）、药园师（二人）、医博士（二人）、助教（二人）、按摩博士（二人）、禁祝博士（二人）等员。太卜署有卜师（二十人）、相师（十人）、男觋（十六人）、女巫（八人）、太卜博士、助教（各二人）、相博士、助教（各一人）等员。①

大业三年（公元607年），隋炀帝对诸寺作了一些改革：

> 太常寺罢太祝署，而留太祝员八人，属寺。后又增为十人。奉礼减置六人。太庙署又置阴室丞，守视阴室。改乐师为乐正，置十人。太卜又省博士员，置太卜卜正二十人，以掌其事。太医又置医监五人，正十人。罢衣冠、清商二署。②

光禄寺为隋代职掌宫廷宴饮膳食的机构。隋初设置，开皇三年（公元583年）废光禄寺入司农寺，开皇十二年（公元592年）复置。大业年间，除光禄寺属僚及品爵略有变化外，余无所改。《隋书·百官志》载：

> （光禄寺）置卿、少卿各一人。……置丞、主簿、录事

---

① 《隋书》卷二八《百官志下》，中华书局，1982，第776页。
② 《隋书》卷二八《百官志下》，中华书局，1982，第797页。

等员。

光禄寺统太官、肴藏、良酝各二人，掌醢等署。各置令（太官三人，肴藏、良酝各二人，掌醢一人）、丞（太官八人，肴藏、掌醢各二人、良酝四人）。太官又有监膳（十二人）、良酝有掌醢（五十人）、掌醢有掌醢（十人）等员。

卫尉寺为隋初军械管理及宫门禁卫机构，后来即为专司军械管理的机构。始置于开皇初，开皇三年（公元583年）曾废而入太常尚书省，开皇十一年（公元591年）复置，大业年间无所改。其法定编制为：

卫尉寺统公车、武库、守宫等署，各置令（公车一人，武库、守宫各二人）、丞（公车一人，武库二人）等员。

宗正寺为隋皇族事务管理机构，掌皇帝之族亲属籍及宗亲之封赠事项。《中国古代行政立法》一书谓宗正寺"下设崇玄署，掌京师道教宫观及道士名籍"，[①] 此恐系"隋唐"并提所致之误。唐代的宗正寺确"领崇玄寺"，[②] 而《隋书·百官志》却明确载明"宗正寺不统署"。隋文帝开皇二十年（公元600年）曾特地诏令保护佛教与道教，"敢有毁坏偷盗佛及天尊像……以不道论"，[③] 此前此后亦未见宗正寺设署卫道崇道之举措，可为证明。又《隋书·百官志》载，"鸿胪寺统典客、司仪、崇玄三署"，

---

① 蒲坚著：《中国古代行政立法》，北京大学出版社，1990，第271页。
② （唐）李林甫等撰：《唐六典》卷一六，中华书局，1992，第465页。
③ 《隋书》卷二《高祖纪下》，中华书局，1982，第45~46页。

据此，崇玄寺倒是属鸿胪寺的，下文将述及。

太仆寺是隋代掌管厩牧、车舆及有关之政令的机构。《开皇令》卷四为"诸寺职员"，卷二五为"仓库厩牧"，可见太仆寺所掌与一般的"典掌饲养马牛杂畜"是两回事。

开皇初年，隋文帝定令，太仆寺置卿、少卿各一人（寻加少卿一人），丞三人，主簿、录事各二人。此外：

> 太仆寺又有兽医博士员（一百二十人）。统骅骝、乘黄、龙厩、车府、典牧牛羊等署。各置令（二人，乘黄、车府则各减一人）、丞（二人，乘黄则一人，典牧牛羊则各三人）等员。①

大业三年（公元 607 年）隋炀帝定令：

> 太仆减骅骝署入殿内。尚乘局改龙厩曰典厩署，有左、右驳皂二厩。加置主乘、司库、司廪官。罢牛羊署。②

大理寺为隋代职掌司法的重要机构，为全国最高审判机关，流罪以上案件，由大理寺审核后报刑部。司法官的任用，由大理寺确定可否。开皇初年，大理寺按隋文帝杨坚定令，置卿各 1 人，丞 2 人，主簿、录事各 2 人：

> 大理寺，不统署。又有正、监、评（各一人）、司直

---

① 《隋书》卷二八《百官志下》，中华书局，1982，第 776 页。
② 《隋书》卷二八《百官志下》，中华书局，1982，第 798 页。

（十人）、律博士（八人）、明法（二十人）、狱掾（八人）。①

开皇三年（公元 583 年），"罢大理寺、监、评及律博士员，加置正为四人。"大业三年（公元 607 年），隋炀帝定令：

> 大理寺丞改为勾检官，增正员为六人，分判狱事。置司直十六人，降为从六品，后加至二十人。又置评事四十八人，掌颇同司直，正九品。②

鸿胪寺为隋代掌管外交及民族事务中宾客往来贡献及货物互市之管理机构。开皇初年定令，鸿胪寺置卿、少卿各 1 人，丞 2 人，主簿、录事各 2 人，还规定：

> 鸿胪寺统典客、司仪、崇玄三署。各置令（二人，崇玄则惟置一人）。典客署又有掌客（十人），司仪有掌仪（二十人）等员。③

开皇三年（公元 583 年），鸿胪寺曾废"入太常"；十二年（公元 592 年）复置鸿胪寺。

大业三年（公元 607 年），隋炀帝定令：鸿胪寺改典客署为典蕃署。《隋书·百官志》载："初炀帝置四方馆于建国门外，以待四方使者，后罢之，有事则置，名隶鸿胪寺，量事繁简，临

---

① 《隋书》卷二八《百官志下》，中华书局，1982，第 776 页。
② 《隋书》卷二八《百官志下》，中华书局，1982，第 789 页。
③ 《隋书》卷二八《百官志下》，中华书局，1982，第 776 ~ 777 页。

时损益。东方曰东夷使者，南方曰南蛮使者，西方曰西戎使者，北方曰北狄使者，各一人，掌其方国及互市事。每使者署，典护录事、叙职、叙仪、监府、监置、互市监及副、参军各一人。录事立纲纪。叙职掌其贵贱立功合叙者。叙仪掌小大次序。监府掌其贡献财货。监置掌安置其驼马车船，并纠察非违。互市监及副，掌互市。参军事出入交易。"从开皇初置鸿胪寺，后废而复置及大业年间鸿胪寺职责之扩展，可见隋代对外经济及其他交往事务已迅速发展。

司农寺为隋代粮仓管理、粮米储积供应之管理机构。开皇元年（公元581年）定令，司农寺置卿、少卿各1人，丞5人，主簿、录事各2人。开皇三年（公元583年），光禄寺、都水台废，均并入司农寺。开皇十二年（公元592年）、十三年（公元593年）光禄寺、都水台先后复置而从司农寺析出。开皇初定令规定：

> 司农寺统太仓、典农、平准、廪市、钩盾、华林、上林、导官等署。各置令（二人、钩盾、上林则加至三人，华林惟置一人）。太仓又有米廪督（四人）、盐仓督（二人），京市有肆长（四十人），导官有御细仓督（二人），麹面仓督（二人）等员。[1]

大业三年（公元607年）定令改革司农寺：

> 司农但统上林、太仓、钩盾、导官四署，罢典农、华林

① 《隋书》卷二八《百官志下》，中华书局，1982，第777页。

二署，而以平准、京市隶太府。①

太府寺隋初即设，为国家财物主管机构之一。职掌全国之财货、廪藏、贸易等重大经济事务。设卿、少卿各 1 人，置丞 6 人，主簿、录事各 4 人。开皇元年（公元 581 年）定令规定：

> 太府寺统左藏、左尚方、内尚方、右尚方、司染、右藏、黄藏、掌冶、甄官等署。各置令（二人。左、右尚方则加至二人，黄藏则惟置一人）、丞（四人。左尚则八人，右尚则六人，黄藏则一人）等员。②

大业三年（公元 607 年）定令，分太府寺为少府监。"太府寺既分为少府监，而但管京都市五署及平准、左右藏等，凡八署。京师东市曰都会，西市曰利人。东都东市曰丰都，南市曰大同，北市曰通远。及改诸令为监，唯市署曰令。"③

国子寺为隋初设立的中央教育事务管理机构。有人称其为"隋唐时期的最高学府"，恐不确切。国子寺有"学府"之设，但其自身则是教育事务的管理机构而非学业之传授机构。通常称"国子监"，但隋初立名却为"国子寺"："高祖既受命，改六周之官，其所制名，多依前代之法，置……国子、将作等寺……"并定令规定国子寺的编制为：

> ……祭酒（一人），属官有主簿、录事（各一人）。统

① 《隋书》卷二八《百官志下》，中华书局，1982，第 798 页。
② 《隋书》卷二八《百官志下》，中华书局，1982，第 777 页。
③ 《隋书》卷二八《百官志下》，中华书局，1982，第 798 页。

国子、太学、四门、书算学，各置博士（国子、太学、四门各五人，书、算学各二人）、助教（国子、太学、四门各五人，书算掌各二人）、学生（国子一百四十人，太学、四门各三百六十人，书四十人，算八十人）等员。①

开皇十三年（公元593年），"国子寺罢隶太常，又改寺为学"。仁寿元年（公元601年），"罢国子学，唯立太学一所，置博士五人，从五品，学生七十二人"。大业三年（607年），隋炀帝诏令恢复国子学建制与规模，"改……国子学为国子监"，并规定：

> 国子监依旧置祭酒，加置司业一人，从四品，丞三人，加为从六品。并置主簿、录事各一人。国子学置博士，正五品，助教，从七品，员各一人。学生无常员。太学博士、助教各二人，学生五百人。②

如上所考，隋代中央的教育行政管理机构（附教育学府）之名，先是国子寺，后为国子学，至大业三年（公元607年）方为国子监，因此，论及时概以"国子监"相称，并不确切，这大多也是"隋唐"并提所致的粗疏之处。

将作寺为隋代中央主管土木工程及修缮的管理机构，举凡宫殿及重要的庙宇、楼堂馆舍、桥梁道路的土木工程，均由将作寺管理其事务。各种著作大多以"将作监"相名，同样不确，开皇初年所设，名为"将作寺"："高祖既受周禅……置……将作

---

① 《隋书》卷二八《百官志下》，中华书局，1982，第777页。
② 《隋书》卷二八《百官志下》，中华书局，1982，第798～799页。

等寺"，开皇初定令规定其编制为：

> 将作寺大匠（一人）、丞、主簿、录事（各二人）。统
> 左右校署令（各二人）、丞（左校四人，右校三人），各有
> 监作（左校十二人，右校八人）等员。①

直至开皇二十年（公元600年），才"改将作寺为监，以大
匠为大监。初加置副监"。《隋书·百官志》载，隋炀帝"三年
定令"，"改……将作寺为将作监……"因寺、监之改正在开皇
二十年（600年）完成，此处复称改寺为监，可能从开皇二十年
（公元600年）至大业三年（公元607年）间，将作监曾复名为
将作寺。《隋书·百官志》又载：

> 将作监改大监、少监为大匠、少匠，丞加为从六品。统
> 左右校及甄官署。五年，又改大匠为大监，正四品，少匠为
> 少监，正五品。十三年，又改监、少监为令、少令。丞加品
> 至从五品。②

（10）六府——中央禁卫机构。如前所考，尚书省的兵部是
隋代的中央军事管理机构，而与中央军事管理机构地位并列的与
"军事"关系密切的六府——左右卫府、左右武卫府、左右武侯
府、左右领府、左右监门府、左右领军府③则直接承担中央、首

---

① 《隋书》卷二八《百官志下》，中华书局，1982，第777页。
② 《隋书》卷二八《百官志下》，中华书局，1982，第799页。
③ 也有称六府为"十二府"的，如《中国国家机构史》一书就称之为"十二府"。此外还
有称"六卫"或"十二卫"的。《隋书·百官志》先之以"左右卫、左右武卫……等
府"，后又有"十二卫"之提法。我们采用"六府"的提法。

先是皇宫的禁御、侍卫、典仗、门禁等准军事任务。《隋书·百官志》关于六府的编制、品爵及职权有明确的说明：

> 左右卫、左右武卫、左右武候，各大将军（一人）、将军（二人），并有长史、司马、录事、功、仓、兵、骑等军曹参军，法曹、铠曹行参军（各一人），行参军（左右卫、左右武候各六人，左右武卫各八人）等员。

> 左右卫，掌宫掖禁御，督摄仗卫。又各有直阁将军（六人）、直寝（十二人）、直斋、直后（各十五人），并掌宿卫侍从。奉车都尉（六人），掌驭副车。武骑常侍（十人）、殿内将军（十五人）、员外将军（三十人）、殿内司马督（二十人）、员外司马督（四十人），并以参军府朝，出使劳问。左右卫又各统亲卫，置开府。（左勋卫开府，左翊一开府、二开府、三开府、四开府，及武卫、武候、领军、东宫领兵开府准此）府置开府（一人），有长史，司马，录事，及仓、兵等曹参军，法曹行参军（各一人），行参军（三人）。又有仪同府（武卫、武候、领军、东宫领兵仪同皆准此）。仪同已下，置员同开府，但无行参军员。诸府皆领军坊，每坊（东宫军坊准此）置坊主（一人）、佐（二人）。每乡团（东宫乡团准此）置团主（一人）、佐（二人）。

> 左右武卫府，无直阁已下员，但领外军宿卫。

> 左右武候，掌车驾出，先驱后殿，昼夜巡察，执捕奸非，烽候道路，水草所置。巡狩师田，则掌其营禁。右加置司辰师（田人）、漏刻生（一百一十人）。

左右领左右府，各大将军（一人），将军（二人），掌侍卫左右，供御兵仗。领千牛备身（十二人），掌执千牛刀；备身左右（十二人），掌供御弓箭；备身（六十人），掌宿卫侍从。多置长史，司马、录事，及仓、兵二曹参军事。铠曹行参军（各一人）等员。

左右监门府各将军（一人），掌宫殿门禁及守卫事。各置郎将（二人），校尉，直长（各三十人），长史，司马，录事，及仓、兵曹参军，铠曹行参军（各一人），行参军（四人）等员。

左右领军府，各掌十二军籍、帐、差科、辞讼之事。不置将军。唯有长史，司马，掾属及录事，功、仓、户、骑、兵等曹参军，法、铠等曹行参军（各一人），行参军（十六人）等员。又置明法（四人），录于法司，掌律令轻重。

至大业三年（公元 607 年），隋炀帝对六府也作了一些改革：

改左右卫为左右翊卫，左右备身为左右骑卫。左右武卫依旧名。改领军为左右屯卫，加置左右御。改左右武侯为左右侯卫。是为十二卫。又改领左右府为左右备身府，左右监门依旧名。凡十六府。

"十二卫"的编制、品爵等级也有若干变化，事见《隋书·百官志》所载，《大业令》则为志文之依据。

除上述中央机关外，隋代之东宫也有相当庞大的机构设置。但它不过是用以教育、培养东宫太子的机构，带后备性，这里就从略了。要加说明的是,"东宫职员"是《开皇令》中的独立一卷(卷六)。

(二) 地方行政法制考

1. 隋代地方行政机构的设置与改革

考诸开皇初年颁行的《开皇令》,因其卷八为"诸州、郡、县、镇、戍职员",可知其时中央直接管理(包括行政区划、官员任命及考核等)的地方行政机构有州、郡、县三级,镇、戍则为军事重镇、边境戍守要塞的军事行政机构。开皇三年(公元583年),隋文帝罢郡,以州统县,遂使地方行政机构变成了州、县二级。事见《隋书·高祖纪上》:

> (开皇)三年……十一月……甲午,罢天下诸郡。

又见《隋书·百官志》:

> (开皇)三年……罢郡,以州统县,改别驾、赞务,以为长史、司马。旧周、齐州郡县职。自州都、郡县正已下,皆州郡将县令至而调用,理时事。至是不知时事,直谓之乡官。

罢郡之举,事起河南道行台兵部尚书、银青光禄大夫杨尚希约于开皇三年(公元583年)的一份奏表。杨尚希因见天下州郡过多,上表申述"存要去闲,并小为大"之理,得到隋文帝的首肯,于是罢天下之郡。事见《隋书·杨尚希传》:

……尚希时见天下州郡过多，上表曰："自秦并天下，罢侯置守，汉、魏及晋，邦邑屡改。窃见当今郡县，倍多于古，或地无百矣，数县并置，或户不满千，二郡分领。具僚以众，资费日多，吏卒人倍，租调岁减。清干良才，百分无一，动须数万，如何可觅？所谓民少官多，十羊九牧。琴有更张之义，瑟无胶柱之理。今存要去闲，并小为大，国家则不亏粟帛，选举则易得贤才，敢陈管见，伏听裁处。"帝览而嘉之，于是遂罢天下诸郡。

罢郡之后多年，因"户口滋多"等原因，地方行政机构的设置又屡经变革。《隋书·地理志》载：

> 高祖受禅，惟新朝政，开皇三年，遂废诸郡。洎于九载，廓定江表，寻以户口滋多，析置州县。

"廓定江表"是指开皇九年（公元 589 年）发兵讨伐偏安江南的南朝陈国，次年灭陈而统一中国。"寻以户口滋多……"之"寻"，应以起于罢郡之开皇三年（公元 583 年）至仁寿末年（公元 604 年）计，从而导致隋炀帝即位后又"改州为郡"。其间，隋文帝曾于开皇十四年（公元 594 年）"改九等州县为上、中、中下、下，凡四等"，又于开皇十五年（公元 595 年）"罢州县乡官"。[①] 隋炀帝之"改州为郡"，则见诸《隋书·地理志》：

---

① 《隋书》卷二八《百官志下》，中华书局，1982，第 793 页。

炀帝嗣位，又平林邑，更置三州。既而并省诸州，寻即改州为郡，乃置司隶刺史，分郡巡察。五年，平定吐谷浑，更置四郡。

"改州为郡"的时间是大业三年（公元607年）："三年……夏四月……壬辰，改州为郡。"①

至大业五年（609年），隋代的行政地域大致为：

大凡郡一百九十，县一千二百五十五，户八百九十万七千五百四十六，口四千六百一万九千九百五十六。垦田五百八十五万四千四十一顷。其邑居道路，山河沟洫，沙碛咸卤，丘陵阡陌，皆不预焉。东西九千三百里，南北万四千八百一十五里，东南皆至于海，西到且末，北至五原，隋氏之盛，极于此也。②

隋代之改州、郡、县三级地方行政管理体制为二级体制，是一大改革。从东汉末年起，地方行政机构即为州、郡、县三级的管理体制。南北朝时期，更有几个小国还在州之上临时设置一些都督数州军事或兼管地方民事的机构，有向四级体制发展的趋势。南朝自梁、陈以降，北朝自北魏后朝起，州、郡、县的行政区划日益缩小而数量日增。这样，到南北朝末期竟增至数倍于汉末。沈约说是："一郡分为四五，一县割成两三。"③北齐文宣帝

① 《隋书》卷三《炀帝纪上》，中华书局，1982，第67页。
② 《隋书》卷二九《地理志上》，中华书局，1982，第808页。
③ 《宋书》卷一一《志序》，中华书局，1974，第205页。

的诏书也说是："百室之邑，便立州名，三户之民，空张郡目。"① 行政机构之叠床架屋庞大臃肿，对社会有百害而无一利。北齐统治者就曾试图并县裁郡，但效果不大。隋代二帝，对此一问题始终给于重视，终于达成了改制为二级，减郡至一百九十的目的。

隋代县以下的地方基层行政组织，初期为保、闾、族，由《开皇令》作出规定：

> 高祖登庸……及颁新令，制人五家为保，保有长。保五为闾，闾四为族，皆有正。畿外置里正，比闾正，党长比族正，以相检察焉。②

后来，重臣苏威奏议设置五百家乡正以理民间辞讼，虽经李德林极力反对并得到多数大臣的附议，但因另一重臣高颎赞同苏威之议，遂由隋文帝制令在族之上建乡，乡下百家为里。其立法经过，据《隋书》记载为：

> 开皇元年……格令班后，苏威每欲改易事条。……威又奏置五百家乡正，即令理民间辞讼。（李）德林以为本废乡官判事，为其里闾亲戚，剖断不平，今令乡正专治五百家，恐为害更甚。且今时吏部，总选人物，天下不过数百县，于六七百万户内，诠简数百县令，犹不能称其才，乃欲于一乡之内，选一人能治五百家者，必恐难得。又即时要荒小县，有不至五百家者，复不可令两县共管一乡。敕令内外群官，

---

① 《北齐书》卷四《文宣帝纪》，中华书局，1972，第63页。
② 《隋书》卷二四《食货志》，中华书局，1982，第680页。

就东宫会议。自皇太子已下，多从德林议。……然高颎同
（苏）威之议，称：（李）德林狠戾，多所固执。由是高祖
尽依（苏）威议。①

据《隋书》的以上记载，苏威奏议建乡及隋文帝下令建乡，
似在"开皇元年"之后不久。也许正是据此，论者谓隋政府颁
布新令，规定五家为保"……时过不久，大臣苏威上奏隋文帝，
请以五百家为乡……"② 但是，实际上，以乡建制，却是开皇九
年（公元589年）之事："（开皇）九年……二月……丙申，制
五百家为乡，正一人；百家为里，长一人。"由此可见，乡、里
建制的立法议论，发生在开皇九年前不久，而不是在开皇元年
（公元581年）后不久。

但是，就在乡、里建制之令颁行不久，却因虞庆则巡省关东
诸道返还时的一道奏章而又废除了：

（开皇）十年，虞庆则等于关东诸道巡省使还，并奏
云："五百家乡正，专理辞讼，不便于民。党与爱憎，公行
货贿。"上仍令废之。③

对此，重臣李德林深以为不可：

德林复奏云："此事臣本以为不可。然置来始尔，复即
停废，政令不一，朝成暮毁，深非帝王设法之义。臣望陛下

---

① 《隋书》卷四二《李德林传》，中华书局，1982，第1200页。
② 唐进、郑川水主编：《中国国家机构史》，辽宁人民出版社，1993，第171页。
③ 《隋书》卷四二《李德林传》，中华书局，1982，第1207页。

若于律令辄欲改张，即以军法从事。不然者，纷纭未已。"

但是隋文帝不但不接受李德林此奏，反而大发雷霆："高祖遂发怒，大诟曰：'尔欲将我作王莽邪？'"① 废乡之事，终成现实。

对于隋代立法建乡置里，清人王夫之在《读通鉴论》中评曰："……是散千百虎狼于天下，以攫贫弱之民也。"鄙恶之意，溢于言表。

隋之县以下基层行政机构，因此只有保、闾、族三级，乡、里之建制，只是开皇九年（公元589年）至开皇十年（公元590年）间的事。这样，《中国国家机构史》一书以"隋代县以下地方基层组织，初期为保、闾、族"论定，就易导致"仅为初期，以后则……"② 的错误推论了。至于《中国古代行政立法》一书，以"隋唐"并提，述及"地方行政管理体制"时，又以《三、乡（坊）、里（村）》为题，就更易误导，使读者以为隋代始终有乡、里之建制了。③

2. 隋代地方行政机构之职权与编制

隋代地方有畿内、畿外之分，地方行政机构的设置也因此而有区别。

畿内，为天子领地之内的古称。汉代蔡邕《独断》有云："京师，天子之畿内千里，象日月，日月躔次千里。""畿内千里"，语出《诗经·商颂·玄鸟》："邦畿千里，维民所止。"又见《周礼·地官·大司徒》："制其畿方千里而封树之。"唐孔颖

① 《隋书》卷四二《李德林传》，中华书局，1982，第1207页。
② 唐进、郑川水主编：《中国国家机构史》，辽宁人民出版社，1993，第171页。
③ 参见蒲坚《中国古代行政立法》，北京大学出版社，1990，第276~280页。

达疏曰："制其畿方千里者，王畿千里，以象日月之大，中置国城，而各五百里。"汉代以还，泛指京城辖区为畿内。隋代之畿内，包括雍州、京兆郡及大兴县、长安县。

> 雍州，置牧。属官有别驾，赞务，州都，郡正，主簿，录事，西曹书佐，金、户、兵、法、士等曹从事，部郡从事，武猛从事等员。并佐史，合二百二十四人。
>
> 京兆郡，置尹，丞，正，功曹，主簿，金、户、兵、法、士等曹佐等员。并佐史，合二百四十四人。
>
> 大兴、长安县，置令，丞，正，功曹，主簿，西曹，金、户、兵、法、士曹等员。并佐史，合一百四十七人。①

隋初，畿内外均按州、郡、县三级设置地方行政机构，而畿内外州数甚多，又分上上州、上中州、上下州、中上州、中中州、中下州及下上州、下中州、下下州九等，分别确定其编制：

> 上上州，置刺史，长史，司马，录事参军事，功曹，户、兵等曹参军事，法、士曹等行参军，行参军，典签，州都光初主簿，郡正，主簿，西曹书佐，祭酒从事，部郡从事，仓督，市令、丞等员。并佐史，合三百二十三人。上中州，减上州吏属十二人。上下州，减上中州十六人。中上州，减上下州二十九人。中中州，减中上州二十人。中下州，减中中州二十人。下中州，减中下州三十二人。下中州，减下上州十五人。下下州，减下中州十二人。②

---

① 《隋书》卷二八《百官志下》，中华书局，1982，第782~783页。
② 《隋书》卷二八《百官志下》，中华书局，1982，第783页。

隋初置郡，郡亦分上上、上中、上下、中上、中中、中下、下上、下中、下下九等，其编制亦有不同而依次递减：

> 郡，置太守，丞，尉，正，光初功曹，光初主簿，县正，功曹，主簿，西曹，金、户、兵、法、士等曹，士令等员。并佐史，合一百四十六人。上中郡，减上上郡吏属五人。上下郡，减上中郡四人。中上郡，减上下郡十九人。中中郡，减中上郡六人。中下郡，减中中郡五人。下上郡，减中下郡十九人。下中郡，减下上郡五人。下下郡。减下中郡六人。①

隋初之县，亦分上上、上中、上下、中下、中中、中下、下上、下中、下下九等，各等之编制亦有不同而依次递减：

> 县，置令，丞，尉，正，光初功曹，光初主簿，功曹，主簿，西曹，金、户、兵、法、士等曹佐，及市令等员。合九十九人。上中县，减上上县吏属四人。上下县，减上中县五人。中上县，减上下县十人。中中县，减中上县五人。中下县，减中中县五人。下上县，减中下县十二人。下中县，减下上县六人。下下县，减下中县五人。②

畿外除一般的州、郡、县外，在一些军事重地及粮、农、畜牧、矿冶、商贸、边境、佛事的重要地区，又有一些特殊的地方行政机构的设置。《开皇令》卷八"诸州郡县镇戍职员"中之

---

① 《隋书》卷二八《百官志下》，中华书局，1982，第783页。
② 《隋书》卷二八《百官志下》，中华书局，1982，第783～784页。

"镇戍职员"的规定，就是针对这些特殊地区的。《隋书·百官志》载：

> 州，置总管者，列为上中下三等。总管刺史加使持节。
>
> 镇，置将、副。戍，置主、副。关，置令、丞。其制，官属各立三等之差。
>
> 同州，总监、副监各一人，置二丞。统食货农圃二监、副监。歧州亦置监、副监。诸冶亦置三等监。各有丞员。
>
> 盐池，置总管、副监、丞等员。管东西南北面等四监，亦各置副监及丞。陇右牧，置总监、副监、丞，以统诸牧。其骅骝牧及二十四军马牧，每牧置仪同及尉、大都督、帅都督等员。驴骡牧，置帅都督及尉。原州羊牧，置大都督并尉。原州驼牛牧，置尉。又有皮毛监、副监及丞、录事。又盐州牧监，置监及副监，置丞，统诸羊牧，牧置尉。苑川十二马牧，每牧置大都督及尉各一人，帅都督二人。沙苑羊牧，置尉二人。缘边交市监及诸屯监，每监置监、副监各一人。畿内者隶司农，自外隶诸州焉。
>
> 五岳各置令，又有吴山令，以供其洒扫。

（三）隋代官员品爵等级及俸禄考

隋《开皇令》三十卷，卷一、卷二即为关于"官品"的规定。惜令文佚失，只能从《隋书·百官志》中考出中央与地方官员（包括实职与虚职）品爵等级的大致情况。但可以肯定的是，《百官志》所载，第一，决不会有悖隋代的法律规定；第二，是为开皇初年由《开皇令》所确定。因为尔后的修正与改革，如开皇三年、十二年、十三年、十四年、十五年、十六年、十八年、二十年，仁寿元年、三年，以及隋炀帝大业年间的与官品有关的一系列机构改革，都是以皇帝的诏令、敕令、制命另行发布的；而大业三年（公元 607 年）的改革，则《百官志》直接载明："三年定令，品自第一至于第九，唯置正从，而除上下阶。"

考诸《隋书·百官志》，隋代官员的品爵等级（从五品以上者）大致是：

三师、王、三公，为正一品。

上柱国、郡王、国公、开国郡县公，为从一品。

柱国、太子三师、特进、尚书令、左右光禄大夫、开国侯，为正二品。

上大将军、尚书左右仆射、雍州牧、金紫光禄大夫，为从二品。

大将军，吏部尚书，太常、卫尉、光禄等三卿、太子三少，纳言，内史令，左右卫、左右武卫、左右武侯、领左右等大将军，礼部、兵部、都官、度支、工部尚书，宗正、太仆、大理、鸿胪、司农、太府等六卿，上州刺史，京兆尹，秘书监，银青光禄大夫，开国伯，为正三品。

上开府仪同三司，散骑常侍，左右卫、武卫、武侯、领左右、监门等将军，国子祭酒，御史大夫，将作大匠，中州刺史，亲王师，朝议大夫，为从三品。

骠骑将军，开府仪同三司，太常、卫尉、光禄等三少卿，太子左右卫、宗卫、内等率，尚书，吏部侍郎，给事黄门侍郎，太子左庶子，宗正、太仆、大理、鸿胪、司农、太府等少卿，下州刺史，内史侍郎，太子右庶子，通直散骑常侍，左右监门郎将，朝散大夫，开国子，为正四品。

上仪同三司，尚书左丞，太子左右卫、宗卫、内等副率，上郡太守，雍州别驾，亲王府长史，太子家令，率更令、仆，内侍，城门校尉，尚书右丞，上镇将军，雍州赞务，直阁将军，亲王府司马，谏议大夫，为从四品。

车骑将军，仪同三司，内常侍，秘书丞，国子博士，散骑侍郎，太子内舍人，太子左右监门副率，员外散骑常侍，上州长史，亲王府谘议参军事，开国男，尚食、尚药典御，上州司马，为正五品。

著作郎，通直散骑侍郎，中郡太守，直寝，太子洗马，中州长史，奉车都尉，都水使者，治书侍御史，大兴、长安令，大理司直，直斋，太子直阁，京兆郡丞，中州司马，中镇将，上镇副，内给事，驸马都尉，亲王友，员外散骑侍郎，为从五品。

此外，大理正、监、评等为正六品；六寺丞，秘书郎，著作佐郎等为正七品；协律郎，都水丞等为正八品；监察御史等为从八品；大理寺律博士等为正九品；开府府法曹行参军等为视正九品；仪同府法曹行参军等为视从九品。

《隋书·百官志》载：

> 又有流外勋品、二品、三品、四品、五品、六品、七品、八品、九品之差。又视流外，亦有视勋品、视二品、视三品、视四品、视五品、视六品、视七品、视八品、视九品之差。极于胥吏矣，皆无上下阶云。

按照官员的品爵等级，朝廷发给规定数量的俸禄：

京官正一品，禄九百石，其下每以百石为差，至正四品，是为三百石。从四品，二百五十石，其下每以五十石为差，至正六品，是为百石。从六品，九十石，以下每以十石为差，至从八品，是为五十石。食封及官不判事者，并九品，皆不给禄。其给皆以春秋二季。刺史、太守、县令，则计户而给禄，各以户数为九等之差。大州六百二十石，其下每以四十石为差，至于下下，则三百石。大郡三百四十石，其下每以三十石为差，至于下下，则六十石。……其禄唯及刺史二佐及郡守、县令。①

隋炀帝大业三年（公元607年）"定令之后，骤有制置，制置未久，随复改易。"② 这也许就是《隋书·百官志》依《开皇令》之规定为记述基础的原因。考及官员俸禄时，可见《隋书·高祖纪》载：开皇十四年（公元594年）"六月丁卯，诏省府州县，皆给公廨田，不得治生，与人争利。"这一诏令的发布，缘起工部尚书苏孝慈的一书奏表：

　　……先是，以百僚供费不足，台省府寺咸置廨钱，收息取给。孝慈以为官民争利，非兴化之道，上表请罢之，请公卿以下给职田多有差，上并嘉纳焉。③

然查隋史，所见官员"与民争利"之事甚多。但凡影响较大的，倒也作了一些处理，或罢官，或定罪。如：

① 《隋书》卷二八《百官志下》，中华书局，1982，第792页。
② 《隋书》卷二八《百官志下》，中华书局，1982，第803页。
③ 《隋书》卷四六《苏孝慈传》，中华书局，1982，第1259页。

（太常卿卢贲）后转齐州刺史。民饥，谷米踊贵，闭人籴而自籴之。坐是除民为民。①

（河北道行台仆射张威）……数年，拜青州总管，赐钱八十万，米五百石，杂彩三百段。威在青州，颇治产业，遣家奴于民间鬻芦菔根，其奴缘此侵扰百姓。上深加谴责，坐废于家。②

（尚书左丞郎茂）……工法理，为世所称。时工部尚书宇文恺、右翊卫大将军于仲文竞河东银窟。茂奏劾之："臣闻贵贱殊礼，士农异业，所以人知局分，家识廉耻。宇文恺位望已隆，禄赐优厚，拔葵去织，寂尔无闻，求利下交，曾无愧色。于仲文大将，宿卫近臣，趋侍阶庭，朝夕闻道。虞、芮之风，抑而不慕，分铢之利，知而必争。何以贻范庶僚，示民轨物！若不纠绳，将亏政教。"恺与仲文竟坐得罪。③

隋代行政法制大致如上所考。魏征撰《隋书·百官志》，这样总结有隋一代的行政立法：

高祖践极，百度伊始，复废周官，还依汉、魏。唯以中书为内史，侍中为纳言，自余僚庶，颇有损益。炀帝嗣位，意存稽古，建官分职，率由旧章。大业三年，始行新令。于

① 《隋书》卷三八《卢贲传》，中华书局，1982，第1143页。
② 《隋书》卷五五《张威传》，中华书局，1982，第1379页。
③ 《隋书》卷六六《郎茂传》，中华书局，1982，第1555页。

时三川定鼎，万国朝宗，衣冠文物，足为壮观。既而以人之从欲，侍下若雠，号令日改，官名月易。①

其实，即使是在开皇初年，随意授官而置法于脑后的事，也所在多有。《隋书·李穆传》载：

> （太师、上柱国、申国公李穆之侄孙李敏）……及长，袭爵广宗公，起家左千牛。……开皇初，周宣帝后封乐平公主，有女娥英，妙择婚对……至敏而合意，竟为婚媾。敏假一品羽仪，礼如尚帝之女。后将侍宴，公主谓敏曰："我以四海与至尊，唯一女夫，当为汝求柱国。若授余官，汝慎无谢。"及进见上，上亲御琵琶，遣敏歌舞。既而大悦，谓公主曰："李敏何官？"对曰："一白丁耳。"上因谓敏曰："今授汝开府。"敏又不谢。上曰："公主大有功于我，我何得向其女婿而惜官乎！今授卿柱国。"敏乃拜而蹈舞。遂于坐发诏授柱国，以本官宿卫。

皇权至尊无尚以至行政法制成为具文，于此可见一斑。

（四）行政管理法制考

从史料所见，隋代行政管理法制之可考者，大致涉及以下几个方面：

——官吏管理；

---

① 《隋书》卷二六《百官志上》，中华书局，1982，第720页。

——司法管理；

——军事管理；

——户籍管理；

——治安管理。

1. 官吏管理法制考

（1）官吏选举法制考。官吏之管理，基于官吏之选拔。隋代在官吏选拔方面，对中国官吏选拔制度的改革作出了极为重要的贡献，这就是创行了科举制度。

魏晋之前，盛行世卿世禄制。魏文帝曹丕黄初元年（公元220年）采纳吏部尚书陈群的建议，实行“九品官人之法”，即每个州郡由有“声望”的人担任中正官，把州郡内的士人按其“才能”分为九品，每十万人举一人，由吏部授予官职。后者称之为“九品中正制”。这对世卿世禄制纯由血统决定一切，无疑是一个选官制度上的改革和进步。但是，各州郡的中正官实际上均为豪门世族把持，选取原则以“家世”为重，因此形成了“上品无寒门，下品无世族”的门阀制度。这种制度至隋开皇初年被改革了。

开皇二年（公元582年）正月，隋文帝颁布诏令，要各州郡“举贤良”，事见《隋书·高祖纪》。开皇三年（公元583年），隋文帝“发使巡省风俗”，广泛搜罗“文武才用”，其诏书曰：

> 朕君临区宇，深思治术，欲使生人从化，以德代刑，求草莱之善，旌闾里之行。民间情伪，咸欲备闻。已诏使人，所在赈恤，扬镳分路，将遍四海，必令为朕耳目。如有文武才用，未为时知，宜以礼发遣，朕将铨擢。其有志节高抄，

越等超伦，亦仰使人就加旌异，令一行一善奖劝于人。远近官司，遐迩风俗，巨细必纪，还日奏闻。庶使不出户庭，坐知万里。①

这些，可看作是实行科举制的前奏与准备。至开皇七年（公元587年）"春正月……乙未，制诸州岁贡三人。"② 可视为正式开始实行科举制，但其具体情形，不得其详。

首次明确"科举"并确定"科（目）"的，是开皇十八年（公元598年）的一次颁诏："（十八年……秋七月）丙子，诏京官五品已上，总管、刺史，以志行修谨、清平干济二科举人。"③ 至仁寿二年（公元602年）秋七月，隋文帝又颁诏，令"内外官各举所知"，这就是把举荐之权扩大到了所有的"内外官"，而不仅局限于"五品已上"及总管、刺史一级的官员了。次年秋七月，隋文帝又下诏："……其令州县搜扬贤哲，皆取明知今古，通识治乱，究政教之本，达礼乐之源。不限多少，不得不举。限以三旬，咸令进路。征召将送，必须以礼。"④

隋炀帝即位之始，即重视选拔"芳草"、"奇秀"以开才路。大业元年（公元605年），他在闰七月丙子的诏书中说："……方今宇宙平一，文轨攸同，十步之内，必有芳草，四海之中，岂无奇秀！诸在家及见入学者，若有笃志好古，耽悦典坟，学行优敏，堪膺时务，所在采访，具以名闻，即当随其器能，擢以不次。若研精经术，未愿进仕者，可依其艺业深浅，门荫高卑，虽

---

① 《隋书》卷一《高祖纪上》，中华书局，1982，第20页。
② 《隋书》卷一《高祖纪上》，中华书局，1982，第25页。
③ 《隋书》卷一《高祖纪上》，中华书局，1982，第43页。
④ 《隋书》卷二《高祖纪下》，中华书局，1982，第51页。

未升朝，并量准给禄。……"① 至大业三年（公元 607 年），隋炀帝更下诏令规定，"五品已上，宜依令十科举人"。《隋书·炀帝纪》载：

> （大业三年）夏四月……甲午，诏曰：天下之重，非独治所安，帝王之功，岂一士之略。自古明君哲后，立政经邦，何尝不选贤与能，收采幽滞。……夫孝悌有闻于境，人伦之本，德行敦厚，立身之基。或节义可称，或操履清洁，所以激贪厉俗，有益风化。强毅正直，执宪不挠，学业优敏，文才美秀，并为廊庙之用，实乃瑚琏之资。才堪将略，则拔之以御侮，膂力骁壮，则任之以爪牙。爰及一艺可取，并宜采录，众善毕举，与时无弃。以此求治，庶几非远。文武有职事者，五品已上，宜依令十科举人。有一于此，不必求备。朕当待以不次，随才升擢。其见任九品已上官者，不在举送之限。

至大业五年（公元 609 年），隋炀帝又发布诏令，特别要求以"才艺优洽"等"四科举人"。事见《隋书·炀帝纪》："六月……辛亥，诏诸郡学业该通、才艺优洽，膂力骁壮、超绝等伦，在官勤奋、堪理政事、立性正直、不避强御四科举人。"

隋代官吏选举制度的改革，与有力者为襄城县伯、通直散骑常侍何妥。何妥曾上八事之谏，"其三事曰：臣闻舜举十六族，所谓八元、八恺也。计其贤明，礼优今日，犹复择才授任，不相侵滥，故得四门雍穆，庶绩咸熙。今官员极多，用人甚少，有一

---

① 《隋书》卷二《高祖纪下》，中华书局，1982，第65页。

人身上乃兼数职，为是国无人也？为是人不善也？今万乘大国，髦彦不少，纵有明哲，无由自达。东方朔言曰：'尊之则为将，卑之则为虏。'斯言信矣。今当官之人，不度德量力，既无吕望、傅说之能，自负傅岩、滋水之气，不虑忧深责重，唯畏总领不多，安斯宠任，轻彼权轴，好致颠蹶，实此之由。……臣闻穷力举重，不能为用。优者更任贤良，分才参掌，使各行有余力，则庶事康哉。"①

据《隋书·牛弘传》载，仁寿二年（公元 602 年）以还，牛弘仕吏部尚书，审慎选举，识度深远，时称"隋之选举，于斯为最"："弘在吏部，其选举先德行而后文才，务在审慎。虽致停缓，所有进用，并多称职。吏部侍郎高孝基，鉴赏机晤，清慎绝伦，然爽俊有余，迹似轻薄，时宰多以此疑之。唯弘深识其真，推心委任。隋之选举，于斯为最。时论弥服弘识度深远。"

隋代官吏选举方面的法律规定，可考者还有以下几端：

其一，规定"工商不得进仕"。《隋书·高祖纪》载：开皇十六年（公元596 年）"六月甲午，制工商不得进仕。"

其二，"滥授人官"、"抽擢人物"者治罪。从《隋书》所见，坐此得罪者，有重臣苏威、薛道衡等人：

（何妥）奏威……以曲道任其从父弟彻、肃等冒冒为官。又国子学请荡阴人王孝逸为书学博士，威属卢恺，以为其府参军。②

---

① 《隋书》卷七五《何妥传》，中华书局，1982，第 1711 页。
② 《隋书》卷四一《苏威传》，中华书局，1982，第 1187 页。又见《卢悦传》：（宪司奏恺日）"……吏部预选者甚多，恺不即授官，皆注色而遣。威之从父弟彻、肃二人，并以乡正征诣吏部。彻文状后至而先任用，肃左足奉蹇，才用无算，恺以威故，授朝请郎。"

……御史大夫裴蕴希旨，令白衣张行本奏威昔在高阳典选，滥授人官。……帝令案其事。及狱成……除名为民。①

（薛道衡）后坐抽擢人物，有言其党苏威，任人有意故者，除名，配防岭表。②

其三，关于州县佐史任用的规定。《隋书》曰：

（开皇十四年）十一月壬戌，制州县佐吏，三年一代，不得重任。③

关于这一规定，隋炀帝时有过一点小小的反复：

炀帝即位，牛弘引（刘）炫修律令。高祖之世，以刀笔吏类多小人，年久长奸，势使然也。……于是立格，州县佐史，三年而代之……炫著论以为不可，弘竟从之。……弘尝从容问炫曰："案《周礼》士多而府史少，今令史百倍于前，判官减则不济，其故何也？"炫对曰："古人委任责成，岁终考其殿最，案不重校，又不繁悉，府史之任，掌要目而已。今之文薄，恒虑覆治，锻炼若其不密，万里追证百年旧案，故谚云'老吏抱案死'。古今不同，若此之相悬也。事繁政弊，职此之由。"弘又问："魏齐之时，令史从容而已，今则不遑宁舍，其事何由？"炫对曰："齐氏立州不过数十，

---

① 《隋书》卷四一《苏威传》，中华书局，1982，第1189页。
② 《隋书》卷五七《薛道衡传》，中华书局，1982，第1407页。
③ 《隋书》卷二《高祖纪下》，中华书局，1982，第39页。

三府行台，递相统领，文书行下，不过十条。今州三百，其繁一也。往者州唯置纲纪，郡置守丞，县唯令而已。其所具僚，则长官自辟，受诏赴任，每州不过数十。今则不然，大小之官，悉由吏部，纤介之迹，皆属考功，其繁二也。省官不如省事，省事不如清心。官事不省而望从容，其可得乎？”弘甚善其言而不能用。①

其四，关于文武官员职位升降的规定。

一为隋文帝开皇十五年（公元595年）的规定：

（开皇十五年）十二月……己丑，诏文武官以四考交代。②

一为隋炀帝大业二年（公元606年）的规定：

（大业二年）秋七月……庚申，制百官不得计考增级，必有德行功能，灼然显著者，擢之。③

其五，关于前代官员品爵的规定。

开皇元年（公元581年），隋文帝颁布诏令，规定前代官员之品爵依旧不变：

（开皇元年）三月……庚子，诏曰：“自古帝王受终革

① 《隋书》卷七五《刘炫传》，中华书局，1982，第1721页。
② 《隋书》卷二《高祖纪下》，中华书局，1982，第40页。
③ 《隋书》卷三《炀帝纪上》，中华书局，1982，第66页。

代，建侯锡爵，多与运迁。朕应篆受图，君临海内，载怀沿革，事有不同。然则前帝后王，俱在兼济，立功立事，爵赏仍行。苟利于时，其致一揆，何谓物我之异，无计今古之殊。其前代品爵，悉可依旧。"①

其六，关于高寿者授予虚职的规定。

隋炀帝大业七年（公元611年）的诏令曰：

> 武有七德，先之以安民。政有六本，兴之以教义。高丽高元，亏失藩礼，将欲问罪辽左，恢宣胜略。虽怀伐国，仍事省方。今往涿郡，巡抚民俗。其河北诸郡及山西、山东年九十已上者，版授太守；八十者，授县令。②

（2）官吏符信的规定。开皇九年（公元589年）四月"丁丑，颁木鱼符于总管、刺史，雌一雄一"。次年十月，"甲子，颁木鱼符于京师官五品已上"。

开皇十五年（公元595年）五月，"丁亥，制京官五品已上，佩铜鱼符"。开皇十七年（公元597年）"冬十月丁未，颁铜兽符于骠骑、车骑府"。以上均见《隋书·高祖纪》，是为官吏证信方面的规定，以便管理及交往。

（3）官吏行为管理法制考。隋《开皇令》之"考课"（卷十五）、"衣服"（卷十七）、"仪制"（卷二十）等均涉及官吏行为的管理。此外，在皇帝的诏令、敕令与制命中，也可略考其时对官吏行政行为与日常生活中的行为的管理规定，大致可以分为

---

① 《隋书》卷一《高祖纪上》，中华书局，1982，第14页。
② 《隋书》卷三《炀帝纪上》，中华书局，1982，第75～76页。

以下几个方面。

其一，官吏必须勤政，"职事不理"者可追究法律责任。如邳公、纳言、尚书右仆射苏威受命持节巡抚江南，"过会稽，逾五岭而还"，后为御史奏劾。《隋书·苏威传》载：

> ……御史奏威职事多不理，请推之。

所谓"职事不理"，范围可能比较宽泛，诸如钱禁不止，不能理化，检查不严，府署污秽等，都可导致追究法律责任或经受法律惩处。《隋书·食货志》载：开皇初行新钱，"是时钱既新出，百姓或私有熔铸。……所在用以贸易不止。四年，诏仍依旧不禁者，县令夺半年俸禄。"《隋书·梁彦光传》载：相州刺史梁彦光，因"邺都杂俗，人多变诈，为之作歌，称其不能理化。上闻而谴之，竟坐免。"又如也曾任相州刺史的长孙平，"……甚有能名。在州数年，会正月十五日，百姓大戏，画衣裳为鍪甲之象，上怒而免之。"事见《隋书·长孙平传》。《淮南子·氾训》云："古者有鍪而绻领，以王天下者矣！"高绣注："鍪，头着兜鍪帽，言未知制冠也。"而"画衣裳为鍪甲之象"的"百姓大戏"，简直是政治犯罪了，刺史也就落下罪名而被免官。又如，《高祖纪》载：开皇七年（公元 587 年）十一月甲子，隋文帝"幸冯翊，亲祀古社。父老对诏失旨，上大怒，免其县官而去"。

"检查不严"则如《隋书·高祖纪》载：开皇十八年（公元598 年）九月庚寅，"敕舍客无公验者，坐及刺史、县令"。

府署污秽如《隋书·高祖纪》载：隋文帝"诣武库，见署中芜秽不治，于是执府库令……出开远门外，亲自临决，死者数十人"。

其二，官吏必须廉政，贪赃受贿者要受法律的严惩。开皇元年（公元581年）三月"丁亥，诏犬马器玩口味不得献上"。①在《隋书》中，所记因贿罹罪以至处死者比比皆是。如：

（开皇十三年）二月……戊子，晋州刺史、南阳郡公贾悉达，熙州总管、抚宁郡公韩延等，以贿伏诛。②

（治书侍御史柳彧）持节巡省河北五十二州，奏免长吏赃污不称职者二百余人，州县肃然，莫不震惧。上嘉之，赐绢布二百匹、毡三十领，拜仪同三司。③

官吏贪赃受贿，大致可以分为以下几种类型：

一为官物入私。如《隋书·郑译传》："译擅取官材，自营私第，坐是复除名。"又如《秦王杨俊传》载，秦王杨俊为隋文帝所处分，"左武卫将军刘昇谏曰：'秦王非有他过，但费官物营廨舍而已，臣谓可容。'上曰：'法不可违。若如公意，何不别制天子儿律？'"

二为"请求许财"，即今之"索贿"。如《隋书·杨汪传》载："高祖谓谏议大夫王达曰：'卿为我觅一好左丞。'达遂私于汪曰：'我当荐君为左丞，若事果，当以良田相报也。'汪以达所言奏之，达竟以获罪，卒拜汪为尚书左丞。"隋文帝关于处分郑译的诏书中所说郑译"鬻狱卖官"，也大抵类此。

三为收受贿赂。如《隋书·梁睿传》云，梁睿"自以威名

① 《隋书》卷一《高祖纪上》，中华书局，1982，第14页。
② 《隋书》卷二《高祖纪下》，中华书局，1982，第38页。
③ 《隋书》卷六二《柳彧传》，中华书局，1982，第1484页。

太盛，恐时所忌，遂大受金贿以自秽。由是勋簿多不以实，诣朝堂称屈者，前后百数。上令有司案验其事，主者多获罪。睿惶惧，上表陈谢，请归大理。"《隋书·权武传》载：权武在任行军总管往桂州镇压李世贤时，曾"多造金带，遗岭南酋领，其人复答以宝物，武皆纳之，由是致富"。这成了隋文帝后来要斩杀他的一条罪状。又如《库狄士文传》载，酷吏库狄士文拜见州刺史，"发奸隐，长吏尺布升粟之赃，无所宽贷。得千余人而奏之，上悉配防岭南。"《隋书·陆让母传》载：陆让任番州刺史，"数有聚敛，赃货狼籍，为司马所奏。上遣使按之皆验，于是囚诣长安，亲临问。……"又《隋书·高祖纪》载：开皇十三年二月，"晋州刺史、南阳郡公贾悉达、隰州总管、抚宁郡公韩延等，以贿伏诛。"隋文帝时，对受赂纳贿的官吏也加以法律制裁。《隋书·李圆通传》载，兵部尚书李圆通"判宇文述田以还民，述诉其受赂。帝怒而征之，见帝于洛阳，坐是免官"。

关于官吏受贿的量刑，可考者有以下三例：

> 行军总管史万岁率兵攻打南宁夷酋爨玩渡西二河，入渠滥川，行千余里，破其三十余部，虏获男女二万余口。诸夷大惧，遣使请降，献明珠径寸。于是勒石颂美隋德。万岁遣使驰奏，请将玩入朝，诏许之。爨阴有二心，不欲诣阙，因赂万岁以金宝，万岁于是舍而还。蜀王时在益州，知其受赂，遣使将索之。万岁闻而悉以所得金宝沉之于江，索无所获。……明年，爨玩复反，蜀王秀奏万岁受赂纵贼，致生边患，无大臣节。上令穷治其事，事皆验，罪当死。……①

---

① 《隋书》卷五三《史万岁传》，中华书局，1982，第1354～1355页。

　　但此例中，史万岁之罪，既有"受赂"，又有"纵贼"，且事涉"边患"，所以"罪当死"之死刑量刑，不仅出诸"受赂"。以下一例则较为明确地与既定律文有直接的联系：

　　　　雍州别驾元肇言于上曰："有一州吏，受人馈钱三百文，依律合杖一百。然臣下车之始，与其为约。此吏故违，请加徒一年。"（刘）行本驳之曰："律令之行，并发明诏，与民约束。今肇乃敢重其教命，轻忽宪章。欲申己言之必行，忘朝廷之大信，亏法取威，非人臣之礼。"上嘉之，赐绢百四。[①]

　　"受人馈钱三百文，依律合杖一百"，可见律文明确规定了受贿罪的具体量刑。

　　程树德先生之《九朝律考·隋律考》考及此条时按曰："按唐律职制，诸监临主司受财而枉法者一尺杖一百，一匹加一等。又诸监临之官，受所监临财物一尺笞四十，一匹加一等。元肇所言州吏受人馈钱，传文简约，未知与唐律何条相当。隋志言开皇律以轻代重，是已轻于前代，受三百即杖一百。以一尺笞四十例之，是较唐律加重至六等，决无是理。疑仍指受财枉法言之，所谓杖一百，亦与唐律相合。其徒一年，亦不过加一等耳，与情理亦近。唐律多沿隋律，此亦其一端也。"对此，有几点值得商榷：其一，"州吏"之"受人馈钱"非"一尺"而是"三百文"。程先生将"受人馈钱三百文"与"一尺"比较，恐有不妥。其二，即使"三百文"恰可买"一尺"，那么，唐律本已规

---

① 《隋书》卷六二《刘行本传》，中华书局，1982，第1478页。

定"诸监临主司受财而枉法者，一尺杖一百"，并无隋律"较唐律加重至六等"之失。其三，程先生所引以为据的"一尺笞四十"的有关规定，唐律原文是"诸监临之官，受所监临财物者，一尺笞四十，一匹加一等……"主体是"诸监临之官"。但元肇所言"受人馈钱三百文"之"州吏"，乃"监临主司"。"监临主司受财而枉法者，一尺杖一百"，与"监临之官，受所监临财物者，一尺笞四十"相比较，体现了"重典治大吏"的精神。程先生进行比较的主体有误。因此，《元肇传》所记并无不当。其四，隋、唐互较，量刑上各有轻重，不能一概而论。因此，即使无上述问题，"较唐律加重"云云，也是不恰当的泛泛之论。

此外，考诸《隋书·李士谦传》可知，"赃重得死"，也是为法律明文规定的：

> （李）士谦……又尝论刑罚，遗文不具，其略曰："帝王制法，沿革不同，自可损益，无为顿改。今之赃重者死，是酷而不惩也。语曰：'人不畏死，不可以死恐之。'愚谓此罪宜从肉刑，刖其一趾，再犯者断其右腕。……"有识者颇以为得治体。

其三，官吏必须严于自律，为此，规定县令无故不得出境：

> 时制县令无故不得出境，有伊阙令皇甫诩幸于（齐王杨）暕，违禁将之汾阳宫……①

---

① 《隋书》卷五九《炀三子传》，中华书局，1982，第1443页。

还规定官吏不得带父母及子女赴任：

> （开皇四年）夏四月己亥，敕总管、刺史父母及子年十五已上，不得将之官。①

> （开皇十四年）冬闰十月……乙卯，制外官九品以上，父母及子年十五已上，不得将之官。②

还规定官吏必须严于约束家属，否则负连带责任。《隋书·韦冲传》载："……其兄子伯仁，随冲在府，掠人之妻，士卒纵暴，边人失望。……益州长史元岩，性方正，案冲无所宽贷，冲竟坐免。"

其四，官吏必须熟习法律。

> （开皇）六年，敕诸州长史已下，行参军已上，并令习律，集京之日，试其通不。③

其五，外交不得失词。有民部尚书李子雄者，因"外交失词"而为宪司奏劾免官：

> （李）子雄明辩有器干，帝甚任之。新罗尝遣使朝贡，子雄至朝堂与语，因问其冠制所由。其使者曰："皮弁遗

---

① 《隋书》卷一《高祖纪上》，中华书局，1982，第 21 页。
② 《隋书》卷二《高祖纪下》，中华书局，1982，第 39 页。这一规定在隋炀帝时被废除，《隋书·炀帝纪》载：（大业五年）二月壬戌，"制父母听随子之官。"
③ 《隋书》卷二五《刑法志》，中华书局，1982，第 713 页。

象。安有大国君子而不识皮弁也!"子雄因曰:"中国无礼,求诸四夷。"使者曰:"自至已来,此言之外,未见无礼。"宪司以子雄失词,奏劾其事,竟坐免。[①]

其六,不得私与四夷交市,否则,可致死罪。《隋书·宇文化及传》载:

> 大业初,炀帝幸榆林,(宇文)化及与弟智及违禁与突厥交市。帝大怒,囚之数月。还至青门外,欲斩之而后入城,解衣辫发,以公主故,久之乃释,并智及赐述为奴。

> (宇文智及)……遂劝化及遣人入蕃,私为交易。事发,当诛……

其七,出行如仪、衣冠服饰如制,不得衣冠不整或有其他逾制情事。大业二年(公元606年)二月,隋炀帝诏令尚书令杨素、吏部尚书牛弘等"制定舆服。始备辇路及五时副车。上常服,皮弁十有二琪,文官弁服,佩玉,五品已上给犊车、通幰;三公亲王加油络,武官平巾帻、袴褶,三品已上给鼬槊。下至胥吏,服色皆有差。非庶人不得戎服"。[②]有孙万寿者,曾"坐衣冠不整而配亡江南",他赋五言诗表达郁郁之情曰:"贾谊长沙国,屈平湘水滨,江南瘴疠地,从来多逐臣。粤余非巧宦,少小拙谋身。欲飞无假翼,思鸣不值晨。如何载笔士,翻作负戈人!飘飘如木偶,弃置同刍狗。……登高视衿常,乡关白云外。回首

---

① 《隋书》卷七〇《李子雄传》,中华书局,1982,第1620页。
② 《隋书》卷三《炀帝纪上》,中华书局,1982,第65页。

望孤城，愁人益不平。……"事见《隋书·孙万寿传》。

其八，居丧期间尤重丧礼，不得略有所违。

大司徒、郧国公王谊之子王奉孝，以隋文帝杨坚之第五女为妻。奉孝卒后一年，王谊上表，谓公主年少，请除丧服。此表显系讨好隋文帝，然为御史大夫杨素弹劾。杨素曰："臣闻丧服有五，亲疏异节，丧制有四，降杀殊文。王者之所常行，故曰不易之道也。是以贤者不得逾，不肖者不得不及。而仪同王奉孝，既尚兰陵公主，奉孝以去年五月身丧，始经一周，而谊便请除释。窃以虽曰王姬，终成下嫁之礼，公则主之，犹在移天之义。况复三年之丧，自上达下，及期释服，在礼未详。然夫妇则人伦攸始，丧纪则人道至大，苟不重之，取笑君子。……然谊虽不自强，爵位已重，欲为无礼，其可得乎？乃薄俗伤教，为父则不慈，轻礼易丧，致妇于无义。若纵而不正，恐伤风俗，请付法推科。"①

（4）武官管理法制考。散见于《隋书》的有关武官管理的法制，主要涉及以下几个方面。

其一，宿卫者不得擅离所守，否则主使军官要依法科罪：

> （开皇）十二年……八月……癸巳，制宿卫者不得辄离所守。②

这一规定，事关皇帝及皇族的安危性命，所以，隋炀帝时还屡次下令予以强调，如：

---

① 《隋书》卷四〇《王谊传》，中华书局，1982，第1169～1170页。
② 《隋书》卷二《高祖纪下》，中华书局，1982，第37页。

> 炀帝即位……在显仁宫，敕宫外卫士不得辄离所守。

为这一规定的执行，大理少卿源师还曾与隋炀帝发生过争议，从这一争议中可考知，主使卫士离开职守的军官"据律当徒"，要判处徒刑，事在《隋书》卷六六《源师传》：

> 有一主帅，私令卫士出外，帝付大理绳之。（大理少卿源）师据律奏徒，帝令斩之。师奏曰："……若陛下初使杀之，自可不关文墨。既付有司，义归恒典，脱宿卫近侍者更有此犯，将何以加之？"帝乃止。

其二，不得私役部兵。

大业元年（公元 605 年），左卫大将军宇文述私役部兵，为刑部尚书摄御史大夫梁毗所劾。虽然宇文述因隋炀帝擅权免罪，但从这一案例中，可知私役部兵，尤其是私役宫庭卫士，是要治罪的：

> 左卫大将军宇文述每旦借本部兵数十人，以供私役，常半日而罢。摄御史大夫梁毗奏劾之。上方以腹心委述，初付法推，千余人皆称被役。经二十余日，法官候伺上意，乃言役不满日，其数虽多，不合通计，纵令有实，亦当无罪。诸兵士闻之，更云初不被役。上欲释之，付议虚实，百僚咸议为虚。善心以为述于仗卫之所抽兵私役，虽不满日，阙于宿卫，与常役所部，情状乃殊。又兵多下番，散还本府，分道追至，不谋同辞。今殆一月，方始翻覆，奸状分明，此何可舍。苏威、杨汪等二十余人，同（礼部侍郎许）善心之议。

其余皆议免罪。炀帝可免罪之奏。……①

梁毗为此而"固诤",却因"忤旨"而丢官,摄御史大夫一职为张衡所取代,"毗忧愤,数月而卒"。②

其三,违犯军令者斩。

《隋书·杨素传》载:

> (杨)素多权略,乘机赴敌,应变无方,然大抵御戎严整。有犯军令者,立斩之。无所宽贷。

这里,虽然可见杨素的严苛残酷,但可推论,其对违反军令者"立斩之",不可能是任凭心臆,而是有法可依的。

其四,出师败军者斩。

出师讨伐或御侮,将官有必胜之义务,如败军,无论是在隋文帝时,或在隋炀帝时,都要以死论处,如:

> 开皇三年……(上柱国李崇)除幽州总管。突厥犯塞,崇辄破之。……其后突厥大为寇掠,崇率步骑三千拒之,转战十余日,师人多死,遂保于砂城。突厥围之。……崇军苦饥,出则遇敌,死亡略尽,迟明奔还城者,尚且百许人。然多伤者重,不堪更战。突厥意欲降之,遣使谓崇曰:"若来降者,封为特勤。"崇知必不免,令其士卒曰:"崇丧师徒,罪当死,今日效命以谢国家。待看吾死,且可降贼,方便散走,努力还乡。若见至尊,道崇此意。"乃挺刃突贼,复杀

---

① 《隋书》卷五八《许善心传》,中华书局,1982,第1427~1428页。
② 《隋书》卷六二《梁毗传》,中华书局,1982,第1480页。

二人。①

　　仁寿元年，突厥达头可汗犯塞，（代州总管韩）洪率蔚
州刺史刘隆、大将军李药王拒之。遇虏于恒安，众寡不敌。
洪四面搏战，身被重创，将士沮气。虏悉众围之，矢如雨
下。洪伪与虏和，围少解。洪率所领溃围而出，死者大半，
杀虏亦倍。洪及药王除名为民，隆竟坐死。②

　　大业九年，重征高丽，以（赵郡太守、白衣领将鱼）
俱罗为碣石道军将……（大理师直梁）敬真希旨，奏俱罗
师徒败衄，于是斩东都市，家口籍没。③

　　此外如《隋书·元文都传》载，"卢楚说文都曰：'王
充……洛口之败，罪不容诛……'"也说明了当时有因败军而处
死罪的规定。但在大业末年，隋炀帝迫于形势，曾诏令"死罪
得以击贼自效"，④可算是迫不得已情势下的一种救急性法律
规定。

2. 司法行政管理法制考

隋《开皇令》卷一至卷八、卷二十八（"狱官令"）等，都
涉及司法管理。

（1）隋代的司法行政机构。隋代的司法机构，可分为中央
与地方两级。

---

① 《隋书》卷三七《李穆传》，中华书局，1982，第 1123 页。
② 《隋书》卷五二《韩洪传》，中华书局，1982，第 1342～1343 页。
③ 《隋书》卷六四《鱼俱罗传》，中华书局，1982，第 1518 页。
④ 《隋书》卷七六《虞绰传》，中华书局，1982，第 1741 页。

第一，中央。据《隋书·百官志》载："高祖既受命，改周之六官，其所制名，多依前代之法。置……都官……等省，御史……等台……大理……等寺……分司统职焉。"其中都官省管理司法行政，御史台检察非法行为，大理寺执掌案件审判。

都官省　都官省受尚书省统辖，设都官尚书 1 人。都官尚书统都官侍郎 2 人，刑部、比部侍郎各 1 人，司法侍郎 2 人。

开皇三年（583 年）四月，隋文帝诏令尚书右仆射掌判都官尚书事，寻又改都官尚书为刑部尚书。隋炀帝即位后，又改刑部为宪部郎。《隋书》之"纪"、"传"统一称为刑部。先后担任刑部尚书职者有苏威、刘仁恩、李园通、蒋胄、宇文弢、梁毗、卫玄等人。

御史台　御史台设御史大夫 1 人，治书侍御史 2 人，侍御史 8 人，殿内侍御史、监察御史各 12 人，录事 2 人。《文献通考，职官考六》之"中丞"条云："隋以国讳，改中丞为大夫。"自周、隋以来，无仪卫之重，令行出道路，以私骑匹马之而已。"侍御史"条云："隋置侍御史八人，自开皇之前，犹蹑后魏轶，自开皇之后，始自吏部选用，不由台主，仍依旧入直禁中。[①] 大业中，始罢御史直宿台内，文簿皆治书主之，侍御史但侍从纠察而已，由是资位少减焉"。"殿中侍御史"条云"隋开皇二年改检校御史为监察御史，凡十二人；炀帝增置十六员，掌出使检校"。至"隋大业三年（公元 607 年），御史台始置主簿二人。隋兼置录事员二人"。

据《隋书·百官志》载：隋炀帝时又增置谒者台与司隶台，

---

① 《隋书》卷二八《百官志下》："后魏延昌中，王显有宠于宣武，为御史中尉，请革选御史。此后踵其事，每一中尉，则更选御史。自开皇后，始自吏部选用，仍依旧入直禁中。"

与御史台并称三台。谒者台设大夫一人，"掌……持节察授，乃受冤枉而申奏之"。司隶台置大夫一人，"掌诸巡察。别驾二人，分察畿内，一人案东都，一人案京师，刺史十四人，巡察畿外。诸郡从事四十人，付刺史巡察。其所掌六条：一察品官以上理政能不。二察官人贪残害政。三察豪强奸猾，侵害下人，及田宅逾制，官司不能禁止者。四察水旱虫灾，不以实言，枉征赋役，及无灾妄蠲免者。五察部内贼盗，不能穷逐，隐而不申者。六察德行孝悌，茂才异行，隐而不贡者。每年二月，乘轺巡郡县，十月入奏"。

大理寺 开皇初，议置六卿，将除大理。卢思道奏曰："省有驾部，寺留太仆，省有刑部，寺除大理，斯则重畜产而贱刑名，诚为未可。""又陈殿庭非杖罚之所，朝臣犯笞罪，请以赎论，上悉纳之。"[①]

大理寺置卿、少卿各1人，丞2人，主簿、录事各2人。大理寺，不统署。又有大理正、监、评各1人，司直10人，律博士8人，明法20人，狱掾8人。

开皇三年（公元583年）四月，罢大理寺监、评及律博士员，加置大理寺正为4人。隋炀帝时，又改大理寺丞为勾检官，增正员为6人，分判狱事；置大理寺司直16人，后又加至20人；又置大理寺评事48人，掌同司直。

第二，地方。隋代地方司法管辖区域，从上至下为"大总管"、"州"、"郡"、"县"、"乡"。

大总管 《文献通考》卷六一《职官考》一五："隋文帝以并、益、荆、扬四州置大总管，其余总管置于诸州，列为上中下

---

① 《隋书》卷五七《卢思道传》，中华书局，1982，第1403页。

三等。加持使节。炀帝悉罢之。"

州　《唐六典》卷三〇注："隋初上州有刺史……录事参军……户曹等参军事，法曹……等行参军。……州郡皆为九等。三年罢郡，以州统县。……十四年改九等州县为四等。……炀帝三年罢州置郡，置太守。"

郡　隋初有郡一级行政、司法单位。《文献通考》卷六三《职官考》一七："隋郡太守如北齐九等之制。"开皇三年（583年），度支尚书杨尚希见天下州郡过多，上表曰："自秦并天下，罢侯置守，汉、魏及晋，邦邑屡改。窃见当今郡县，倍多于古，或地无百里，数县并置，或户不满千，二郡分领。具僚以众，资费日多，吏卒人倍，租调岁减。清干良才，百分无一，动须数万，如何可觅？所谓民多官少，十羊九牧。琴有更张之义，瑟无胶柱之理。今存要去闲，并小为大，国家则不亏粟帛，选举则易得贤才，敢陈管见，伏听裁处。"隋文帝"览而嘉之，于是遂罢天下诸郡。"[1] 大业三年（公元607年），隋炀帝又"罢州置郡，郡置太守"，郡分上、中、下三等。[2]

县　杜佑《通典》："隋刺史、县令，三年一迁。开皇十四年改九等州县为上中下凡三等。"《隋书·百官志》："上上县令……属官佐史五十四人；上中县减上上县五人；上下县减上中县五人；中上县减上下县六人。……"《文献通考》卷六三《职官考》一七："隋县有令有长。炀帝以大兴、长安、河南、洛阳四县令并增正五品；诸县皆以所管闲剧及冲要之处以为等级。"

乡　据《隋书·李德林传》载：开皇初，"（苏）威又奏置五百家乡正，即令理民间辞讼。（李）德林以为本废乡官判事，

① 《隋书》卷四六《杨尚希传》，中华书局，1982，第1253页。
② 《隋书》卷二八《百官志下》，中华书局，1982，第802页。

为其里闾亲戚，剖断不平，今令乡正专治五百家，恐为害更甚。且今时吏部，总选人物，天下不过数百县，于六七百万户内，诠简数百县令，犹不能称其才，乃欲于一乡之内，选一人能治五百家者，必恐难得。又即时要荒小县，有不至五百家者，复不可令两县共管一乡。敕令内外郡官，就东宫会议。自皇太子以下，多从德林议。苏威又言废郡，德林语之云：'修令时，公何不论废郡为。今令才出，其可改乎？'然高颎同威之议，称德林狠戾，多所固执。由是高祖尽依威议。"开皇十年（公元590年），虞庆则等于关东诸道巡省返还，奏称："五百家乡正，专理辞讼，不便于民，党与爱憎，公行货贿。"据此，隋文帝卜令废五百家乡正。李德林复奏曰："此事臣本以为不可。然置来始尔，复即停废，政令不一，朝成暮毁，深非帝王设法之义。臣望陛下若于律令辄欲改张，即以军法从事。不然者，纷纭不已。"但隋文帝非但不接受这一意见，反而大骂李德林把他比作王莽，不久就将李德林贬官怀州。

（2）司法官员行为的法律管理。为保证司法官员认真司法，不徇私枉法，隋代在一定程度上重视了对司法官员行为的法律管理。这表现在以下几个方面：

第一，及时更换司法官吏，使之不能因"久居其职"而"肆情为奸"：

> （开皇十六年）上又以典吏久居其职，肆情为奸。诸州县佐史，三年一代，经任者不得重居之。①

---

① 《隋书》卷二五《刑法志》，中华书局，1982，第714页。

第二，加强纠举包括司法官员在内的一切不当行为。

> （开皇）三年四月，诏尚书左仆射，掌判吏部、礼部、兵部三尚书事，御史纠不当者，兼纠弹之。①

第三，严厉惩处"知非不举"的行为。

开皇十年（公元 590 年）曾发生随从隋文帝"出苑观射"的"开府肖摩诃妻患病且死，奏请遣子向江南收其家产"，而"御史见而不言"一事。当时，尚书左丞元寿即上书奏劾肖摩诃曰：

> ……御史之官，义存纠察，直绳莫举，宪典谁寄？……摩诃远念资财，近忘匹好，又命其子舍危惧之母，为聚敛之行。一言才发，名教顿尽。而兼殿内侍御史臣韩微之等亲所闻见，竟不弹纠。若知非不举，事涉阿纵；如不以为非，岂关理识？谨按仪同三司、太子左庶子、检校治书侍御史臣刘行本出入宫省，备蒙任迁，摄职宪台，时月稍久，庶能整肃缨冕，澄清风教。而在法司亏失宪体，瓶罄罍耻，何所逃愆！……其行本、微之等，请付大理。

元寿的奏劾，为"上嘉纳之"。②隋炀帝大业四年（公元 608 年），杨广还亲自处理过御史大夫张衡"以宪司不能举正"的事件。③

---

① 《隋书》卷二八《百官志下》，中华书局，1982，第 792 页。
② 《隋书》卷六三《元寿传》，中华书局，1982，第 1497～1498 页。
③ 《隋书》卷五六《张衡传》，中华书局，1982，第 1392 页。

第四，放纵罪犯而不付法司，为犯罪行为。

《隋书·元褒传》记有这样一节：

> （开皇二年，原州总管元褒任内）……有商人为贼所劫。其人疑同宿者而执之。
>
> 褒察其色冤而辞正，遂舍之。商人诣阙讼褒受金纵贼。上遣使穷治之。使者簿责褒曰：“何故利金而舍盗也？”褒便即引咎，初无异词。使者与褒俱诣京师，遂坐免官。其盗寻发于他所，上谓褒曰：“公朝廷旧人，位望隆重。受金纵盗非善事，何至自诬也？”对曰：“臣受委一州，不能息盗贼，臣之罪一也。州民为人所谤，不付法司，愚即放免，臣之罪二也。……”上叹异之，称为长者。

这里，虽然“不付法司……臣之罪二也”云云是元褒之言，但可推定，若真有其事，是确可定罪的。

（3）户籍及治安管理法制考。这些方面所可考者，仅以下几端。

其一，关于户口之组织的规定。《隋书·食货志》载：

> （开皇初年）及颁新令，制人五家为保，保有长。保五为闾，闾四为族，皆有正。畿外置里正，比闾正、党长比族长，以相检察焉。

这一关于户口组织的规定不可谓不严密，但事涉国家财政收入、人民生计及租庸调役，其时户口脱漏仍多，所以又有：

其二，户口查验及管理者法律责任的规定。见诸《隋书·

食货志》者，有以下几则：

(开皇中) 是时山东尚承齐俗，机巧奸伪，避役惰游者十六七。四方疲人，或诈老诈小，规免租赋。高祖令州县大索貌阅，户口不实者，正长远配，而又开相纠之科。大功已下，兼令析籍，各为户头，以防容隐。于是计帐进四十四万三千丁，新附一百六十四万一千五百口。

高颎又以人间课输，虽有定分，年常征纳，除注恒多，长吏肆情，文帐出没，复无定簿，难以推校，乃为输籍定样，请遍下诸州。每年正月五日，县令巡人，各随近便，五党三党，共为一团，依样定户上下。帝从之。自是奸无所容矣。

此外，《隋书·裴蕴传》还记载了隋炀帝时"貌阅"户口等情：

于时犹承高祖和平之后，禁纲疏阔，户口多漏。或年及成丁，犹诈为小，未至于老，已免租赋。(民部侍郎裴) 蕴历为刺史，素知其情，因是条奏，皆令貌阅。若一人不实，则官司解职，乡正里长皆远流配。又许民相告，若纠得一丁者，令被纠之家代输赋役。是岁大业五年也，诸郡计帐进丁二十四万三千，新附口六十四万一千五百。

其三，关于丁年的规定：

（开皇初）及颁新令……男女三岁巳下为黄，十岁以下为小，十七巳下为中，十八巳上为丁。丁从课役，六十为老，乃免。①

开皇三年正月，帝入新宫。初令军人以二十一成丁。减十二番每岁为二十日役，减调绢一疋为二丈。②

炀帝即位，是时户口益多，府库盈溢，乃除妇人及奴婢部曲之课。男子以二十二成丁。③

其五，关于旅客身份验证的规定。

《隋书·高祖纪》载，开皇十八年（公元 598 年）"九月……庚寅，敕舍客无公验者，坐及刺史、县令。"这一敕令包括了两方面的法律内容：一为舍客必须公验；二为查出无公验之舍客，问罪直至刺史、县令。

其四，关于治安管理的其他规定。这些规定可考者主要涉及两个方面：

第一个方面是严禁民间杂乐百戏。

开皇元年（公元 581 年）"四月……戊戌……禁杂乐百戏。"④ 隋文帝的这一禁令，是因治书侍御史柳彧的奏请而决定发布的，《隋书·柳彧传》载：

---

① 《隋书》卷二四《食货志》，中华书局，1982，第 680 页。
② 《隋书》卷二四《食货志》，中华书局，1982，第 681 页。
③ 《隋书》卷二四《食货志》，中华书局，1982，第 686 页。
④ 《隋书》卷一《高祖纪上》，中华书局，1982，第 15 页。

　　或见近代以来，都邑百姓每至正月十五日，作角抵之戏，递相夸竞，至于糜费财力，上奏请禁绝之，曰："臣闻昔者明王训民治国，率履法度，动由礼典。非法不服，非道不行，道路不同，男女有别，防其邪僻，纳诸轨度。窃见京邑，爰及外州，每以正月望夜，充街塞陌，聚戏朋游。鸣鼓聒天，燎炬照地，人戴兽面，男为女服，倡优杂技，诡状异形。以秽嫚为欢娱，用鄙亵为笑乐，内外共观，曾不相避。高棚跨路，广幕陵云，袨服靓妆，车马填噎。肴醑肆陈，丝竹繁会，竭赀破产，竞此一时。尽室并孥，无问贵贱，男女混杂，缁素不分。秽行因此而生，盗贼由斯而起。浸以成俗，实有由来，因循敝风，曾无先觉。非益于化，实损于民，请颁行天下，并即禁断。……敢有犯者，请以故违敕论。"诏可其奏。

　　但是，尽管有柳彧的声罪致讨，又有隋文帝的明令禁止，民间的"杂乐百戏"却难于禁绝。甚至出现相州刺史长孙平治下，"会正月十五日，百姓大戏，画衣裳为鳖甲之象"，这招致隋文帝罢了长孙平的官。事见《隋书·长孙平传》。因此又有隐逸之士李士谦的如下议论：

　　　　……博奕淫游，盗之萌也，禁而不止，黙之则可。

不过李的议论得到"有识者颇以为得治体"的评论，看来，当时并不能禁绝"杂乐百戏"，以致隋炀帝时，不但流行，而且得到官方的认可；不但得到认可，而且成为官方招待"四夷"宾客的节目；不但如此，隋炀帝有时还化装潜往百戏场所欣赏优游：

　　（大业三年）秋七月……甲寅，上于郡城东御大帐，其下备仪卫，建旌旗，宴启民及其部落三千五百人，奏百戏之乐。①

　　（大业六年）春正月……丁丑，角抵大戏于端门街，天下奇伎异艺毕集，终月而罢。帝数微服往观之。②

第二个方面乃是严禁民间使用可为兵用之铁器以及战用之大船：

　　（开皇三年）春正月庚子……禁大刀长矟。③

　　（开皇九年）夏四月……壬戌，诏曰："往以吴越之野，群黎涂炭，干戈方用，积习未宁。今率土大同，含生遂性，太平之法，方可流行。……禁卫九重之余，镇守四方之外，戎旅军器，皆宜停罢。代路既夷，群方无事，武力之子，俱可学文，人间甲仗，悉皆除毁。"④

　　（开皇十五年）二月丙辰，收天下兵器，敢有私造者，坐之。关中缘边，不在其例。⑤

---

① 《隋书》卷三《炀帝纪上》，中华书局，1982，第70页。
② 《隋书》卷三《炀帝纪上》，中华书局，1982，第74页。
③ 《隋书》卷一《高祖纪上》，中华书局，1982，第18页。
④ 《隋书》卷二《高祖纪下》，中华书局，1982，第32~33页。
⑤ 《隋书》卷二《高祖纪下》，中华书局，1982，第39页。

（开皇）十八年春正月辛丑，诏曰："吴、越之人，往承敝俗，所在之处，私造大船，因相聚结，致有侵害。其江南诸州，人间有船长三丈已上，悉括入官。[①]

（大业）五年春正月……己丑，制民间铁叉、搭钩、攒刃之类，皆禁绝之。[②]

---

① 《隋书》卷二《高祖纪下》，中华书局，1982，第43页。
② 《隋书》卷三《炀帝纪上》，中华书局，1982，第72页。

四 刑事法制考

——隋律规定的犯罪种类

关于隋代的刑事法制，我们从隋律规定的犯罪种类和隋律规定的刑罚方法两个方面分别考证。本章考证犯罪种类，这是隋律的主要内容。《隋书》有《刑法志》的专章，对此作了重点记述。

列宁在《论国家》中指出，"地主为了确立自己的统治，为了保持自己的权力，需要有一种机构来使大多数人受他们支配，服从他们的一定的法规，这些法规基本上是为了一个目的——维持地主统治农奴制农民的权力"。隋律所规定的犯罪种类，归根结蒂，都是为了"维持地主统治农民的权力"。但是"法……还必须是不因内在矛盾而自己推翻自己的内部和谐一致的表现"。[①]因此，隋律内容的很大一部分，是针对统治阶级营垒中的成员的。所有这两方面的法律内容，又都是当时"社会的政治和经济的反映"，[②]是"各社会阶级的斗争或多或少明显的表现"。[③]

---

① 《马克思恩格斯选集》第 4 卷，人民出版社，1972，第 483 页。

② 毛泽东著：《新民主主义论》，见《毛泽东选集》第 2 卷，人民出版社，1966，第 656 页。

③ 马克思著：《路易·波拿巴的雾月十八日》序，见《马克思恩格斯选集》第 1 卷，人民出版社，1972，第 602 页。

隋律所宣布为犯罪行为，并予以残酷惩罚的，都离不开隋代封建地主阶级的政治需要和经济利益。以下我们根据辑佚所得，将隋律规定的犯罪种类，考证归纳如下。

（一）侵犯皇权

"在封建国家中，皇帝有至高无上的权力"，[①] 其地位是神圣不可侵犯的，因此，侵犯皇权，包括行政权、立法权、司法权、军权，以及身体、尊严等，都被认为是极端的犯罪行为。皇帝的一切权益，包括现实的和虚幻的，都受到封建法律的严格保护。《公羊传》云："君亲无将，将而必诛。谓将有逆心而害于君父者，则必诛之。"[②] 侵犯皇权，要受到最为严酷的惩罚。侵犯皇权之罪包括五方面。

1. 谋反

隋律在中国法律史上第一次确定了"十恶之刑"。《隋书·刑法志》载："又置十恶之条，多采后齐之制，而颇有损益。一曰谋反，二曰谋大逆，三曰谋叛，四曰恶逆，五曰不道，六曰大不敬，七曰不孝，八曰不睦，九曰不义，十曰内乱。犯十恶及故杀人狱成者，虽会赦，犹除名"。"十恶"之罪，隋炀帝时曾予取消。《刑法志》载："炀帝即位，以高祖禁网深刻，又敕修律令，除十恶之条。"但是，"谋反"之类的"罪"，实际上绝不会废除。"十恶"的第一条便是"谋反"。据《唐律疏议》云："王者居宸极之至尊，奉上天之宝命，同二仪之覆载，作兆庶之

---

① 毛泽东著：《中国革命和中国共产党》。见《毛泽东选集》第 2 卷，人民出版社，1966，第 618 页。

② 转引自《唐律疏议》卷一《名例律》。

父母。为子为臣，惟忠惟孝。乃敢包藏凶慝，将起逆心，规反天常，悖人理，故曰谋反。""谋反"构成了对皇帝全部权力和安全的最大威胁，因此被列为"十恶"之首条。凡犯"谋反"罪的，一律要处以死刑。开皇二年（公元582年），隋文帝杨坚为"密表劝进"立了大功的李穆下诏说："礼制凡品，不拘上智，法备小人，不防君子。……自今以后，虽有愆罪，但非谋逆，纵有百死，终不推问。"① 这是一纸证书，保证李穆即使犯了罪，"纵有百死，终不推问"，但有一个例外，即诏书所说的"但非谋逆"，谋反谋大逆是除外的。这就是说，即使像李穆这样"贵盛，当时无比"的人，犯了谋反罪也是要处死的。

"谋反"罪，不仅包括直接谋害皇帝，而且包括"攻州略县"的一切造反行为，所以唐律"谋反"条下注有"谋危社稷"以明其意。《疏议》曰："社为五土之神，稷为田正也，所以神地道，主司啬。君为神主，食乃人天，主泰即神安，神宁即时稔，臣下将图逆节，而有无君之心，君位若危，神将安恃。不敢指斥尊号，故托云'社稷'。《周礼》云：'左祖右社'，人君所尊也。"这一解释，把"人君"与"社稷"国家政权紧密联系起来，因此，造反行为虽起初根本不可能直接危及皇帝，但危及政权，即被认为是"谋反"皇帝，这样，就把人民群众的反政权甚至反贪官污吏的斗争一律纳入"谋反"罪而作为"十恶"首罪严加惩处。更何况，对于人民群众中的"谋反"行为，往往根本不经审讯，一律加以大规模的进剿屠戮。如《隋书》所载，开皇十年（公元590年）十一月"婺州人汪文进、会稽人高智慧、苏州人沈玄憹皆举兵反，自称天子，署置百官"；"安乐蔡

---

① 《隋书》卷三七《李穆传》，中华书局，1982，第1118页。

道人、蒋山李稜、饶州吴代华，永嘉沈孝澈、泉州王国庆、余杭杨宝英、交趾李春皆自称大都督，攻陷州县"；开皇十七年（公元 597 年）秋，"桂州人李代贤反"；仁寿二年（公元 602 年）"交州人李佛子举兵反"，① 隋文帝都派大将率兵镇压，屠杀了大批起义群众。隋炀帝杨广时，农民起义风起云涌。对农民的这种"谋反"行为，隋炀帝更据"十恶"的首条大罪进行野蛮的镇压，"流血成川泽，死人如乱麻"。②

对于统治集团中的个别分子的"谋反"，也严加防范和镇压。其中，有的是已有"反形"，即将付诸实施的"谋反"活动，有的则纯属捕风捉影或诬告构陷，但都要处以极刑。

例如，周宣帝死时，与郑译密谋从而辅佐杨坚夺袭帝位的勋臣刘昉，位居柱国、舒国公，他"与宇文忻、梁士彦相与谋反，许推士彦为帝。后事泄，下诏诛之"。③ 郿国公王谊，与上柱国元谐"颇失意"，"乃说四天五神道，谊应受命，书有谊谶，天有谊星，桃鹿二川，歧州之下，岁在辰巳，兴帝王之业……自言相表当王不疑"，二人都被告以谋反罪，王谊"赐死于家"，④ 元谐"与从父弟上开府（元）滂、临泽侯田鸾、上仪同祁绪等谋反。……上大怒，谐、滂、鸾、绪并伏诛"。⑤ 杨坚之子、汉王杨谅，开皇十七年（公元 597 年）出任并州总管时，隋文帝曾"特许以便宜，不拘律令"，但"谅自以所居天下精兵处，以太子谗废，居常怏怏，阴有异图。……会高祖崩，徵之不赴，遂发

---

① 《隋书》卷二《高祖纪下》，中华书局，1982，第 48 页。
② 《隋书》卷四《炀帝纪下》，中华书局，1982，第 96 页。
③ 《隋书》卷三八《刘昉传》，中华书局，1982，第 1132～1133 页。
④ 《隋书》卷四〇《王谊传》，中华书局，1982，第 1170 页。
⑤ 《隋书》卷四〇《王谊传》，中华书局，1982，第 1171 页。

兵反"。后为杨素击败而投降，"百僚奏谅罪当死"。① 侵犯到皇帝，即使皇帝的兄弟，也是"罪当死"的。以上是"反形"已具的例子。

又如，上柱国王世积，"见上性忌刻，功臣多获罪，由是纵酒，不与执政言及时事"，但这样"闭门避祸"，还是横祸飞降，被他的一个亲信诬告"谋反"，说某某道人曾为他相面，说他"当为国主"，"夫人当为皇后"；一次有人对王世积说"河西天下精兵处，可以图大事也"，王答曰"淳州土旷人稀，非用武之国"，如此等等。于是王世积"被征入朝，按其事"，最后以"谋反罪"而"坐诛"。② 上柱国、鲁国公虞庆则，在出征岭南镇压李贤起义时，下属、妇弟赵什柱与虞爱妾通奸。赵什柱"恐事彰"，就诬告虞庆则"谋反"，说他在潭州观眺山川形势时说过"此诚崄固，加以足粮。若守得其人，攻不可拔"。于是虞庆则也被以"谋反罪"诛杀。③ 又如《隋书·元胄传》载："炀帝即位……时慈州刺史上官政坐事徙岭南，将军丘和亦以罪废。胄与和有旧，因数从之游，胄尝酒酣谓和曰：'上官政壮士也，今徙岭南，得无大事乎？'因自拊腹曰：'若是公者，不徒然矣。'和明日奏之，胄竟坐死。"这些是捕风捉影、诬告构陷的例子。

这两类例子从不同的侧面说明，隋律对于"谋反"之类的侵犯皇权的犯罪，防范极为苛细严密，镇压极其残酷无情。《隋书·刑法志》引律说："大逆谋反叛者，父子兄弟皆斩，家口没官。"这是律文明确规定了的。至于实际执行，往往更为残酷，例如，"杨玄感反，帝诛之，罪及九族。其尤重者，行辌裂枭首

① 《隋书》卷四五《文四子传》，中华书局，1982，第1246页。
② 《隋书》卷四〇《王世积传》，中华书局，1982，第1173页。
③ 《隋书》卷四〇《虞庆则传》，中华书局，1982，第1175页。

之刑。或磔而射之，命公卿已下，脔啖其肉。"①

2. 危害皇帝人身安全

皇帝的人身安全，为隋律所严加保护。为了保护皇帝的人身安全，皇宫的守卫不得擅离职守，皇帝行车必经之处必须保证绝对安全，皇帝的膳食、药物不得丝毫有误，否则就将被认为是犯了"十恶"中之"大不敬"罪。《唐律疏议》对"大不敬"条解释是"谓盗大祀神御之物，乘舆服御物；盗及伪造御宝；合和御药误不如本方，及封题误；若造御膳，误犯食禁；御幸舟船，误不牢固；指斥乘舆，情理切害，及对捍制使无人臣之礼。"《隋书》有关危害皇帝人身安全，因而受法律制裁的事实，有如下记载：隋炀帝"敕宫外卫士不得辄离所守。有一主帅，私令卫士外出，帝付大理绳之。师（源师，任大理少卿）据律奏徒，帝令斩之……"②"大业元年……左卫大将军宇文述每旦借本卫兵数十人以供私役，常半日而罢……善心（许善心，任礼部侍郎）以为述于仗卫之所抽兵役，虽不满日，阙于宿卫，与常役所卫，情状乃殊"，奏请治宇文述罪。③大业五年（公元609年），隋炀帝出征，"御马度而桥坏，斩朝散大夫黄亘及督役者九人"。④此外，皇帝的言语也得保密，否则，也被认为是危及皇帝安全的严重罪行。《隋书》有关于尚书左丞元寿之子元敏"数漏泄省中语"的记载。⑤

3. 私议、诅咒皇帝

不仅皇帝的人身安全不得侵犯，而且他的至高无上的威权必

---

① 《隋书》卷二五《刑法志》，中华书局，1982，第 717 页。
② 《隋书》卷六六《源师传》，中华书局，1982，第 1553 页。
③ 《隋书》卷五八《许善心传》，中华书局，1982，第 1428 页。
④ 《隋书》卷四《炀帝纪下》，中华书局，1982，第 73 页。
⑤ 《隋书》卷六三《元寿传》，中华书局，1982，第 1498 页。

须得到绝对的保证，因此，私议或诅咒皇帝均被法律所禁止，如有违反，严惩不贷。

因私议获罪的，如贺若弼，位至将军，早在开皇年间，就差一点因"怨言"而被处死："弼自谓功名出朝臣之右，每以宰相自许，既而杨素为右仆射，弼为将军，甚不平，形于言色，由是免官，弼怨言愈甚。后数年，下弼狱……公卿奏弼怨言，罪当死"，后因"上惜其功"而幸免。但是，"大业三年，从驾北巡，至榆林。帝（隋炀帝）时为大帐，其下可坐数千人，召突厥启民可汗飨之。弼以为大侈，与高颎、宇文㢸等私议得失，为人所奏，竟坐诛。"[1] 又如宇文㢸官至刑部尚书，后转礼部尚书，"时帝渐好声色，尤勤远略，㢸谓高颎曰：'昔周天元好声色而国亡，以今方之，不亦甚乎？'又言'长城之役，幸非急务'。有人奏之，竟坐诛死，时年六十二，天下冤之。"[2] 此外，口出怨言，也被认为是犯罪行为，可参见《隋书》之《卢贲传》与《张衡传》。

因诅咒而获罪的，如元谐、元谤。元谐为大将军、乐安郡公，与上开府元谤"同谒上，谐私谓谤曰：'我是主人，殿上者贼也。'因令谤望气，谤曰：'彼云者似蹲狗走鹿，不如我辈有福德云。'"事发，二人均被诛杀。[3] 又如滕穆王之子杨纶、卫昭王杨爽之子杨集，也是被告发咒诅皇帝而处"远徙边郡"的。据《隋书·滕穆王杨瓒传》载："炀帝时，诸侯王恩礼渐薄，猜防日甚。"杨集"忧惧不知所为，乃呼术者俞普明、章醮以祈福助。有人告集咒诅，宪司希旨，锻成其狱，奏集恶逆，坐当死。

① 《隋书》卷五二《贺若弼传》，中华书局，1982，第1346页。
② 《隋书》卷五六《宇文㢸传》，中华书局，1982，第1391页。
③ 《隋书》卷四〇《元谐传》，中华书局，1982，第1171页。

天子下公卿议其事，杨素等曰：'集密怀左道，厌蛊君亲，公然咒诅，无惭幽显。情灭人理，事悖先朝，是君父之罪人，非臣子之所教，请论如律。'"又如柱国、城阳郡公李彻与高颎"相善，因被悚忌，不复任使。后出怨言，上闻而召之，入卧内赐宴，言及平生，因迁鸩而卒"，被鸩杀而死了。其妻宇文氏，则是被其子李安远诬告以"咒诅"皇帝的罪名诛杀而死的："大业中，其妻宇文氏为孽子安远诬以咒诅，伏诛。"①

　　类似于咒诅而又被看得比咒诅更为严重的是所谓"厌蛊罪"，也称"左道"，或"畜猫鬼蛊毒"等。

　　考诸《隋书·地理志》关于宜春、新安、永嘉等郡畜蛊之事，可知"蛊毒"、"左道"之大概：

　　　　新安、永嘉、建安、遂安……数郡，往往畜蛊，而宜春偏甚。其法以五月五日聚百种虫，大者至蛇，小者至虱，合置器中，令其自啖，余一种存者留之，蛇则曰蛇蛊，虱则曰虱蛊，行以杀人。因食入人腹中，食其五藏，死者其产移入置主之家，三年不杀他人，则畜者自踵其弊。累世子孙相传不绝，亦有随女子嫁焉。干宝谓之为鬼，其实非也。

　　隋文帝时，曾以诏令规定严禁行蛊。《唐律》中有专条对此作规定。律文是："诸造畜蛊毒（谓造合成蛊，堪以害人者）及教令者，绞；造畜者同居家口虽不知情，若里（坊正、村正亦同）知而不纠者，皆流三千里。……"《疏议》曰："虫有多种，罕能究悉，事关左道，不可备知。或集合诸蛊，置于一器之内，

① 《隋书》卷五四《李彻传》，中华书局，1982，第1368页。

久而相食，诸虫皆尽，若蛇在，即为'蛇蛊'之类。造谓自造，畜谓传畜，可以毒害于人，故注云'谓造合成蛊，堪以害人者'。若自造，若传畜猫鬼之类，及教令人，并合绞罪。若同谋而造，律不言'皆'，即有首从。其所造及畜者同居家口，不限籍之同异，虽不知情，若里正、坊正、村正知而不纠者，皆流三千里。"由此可大致了解所谓"造畜蛊毒"罪及唐代的处刑办法。这些规定很可能是唐律新加的，如果隋律中已有此类规定，隋文帝就不必另以诏令规定严禁行蛊了。《隋书·高祖纪》载："开皇十八年夏五月辛亥诏畜猫鬼蛊毒厌魅野道之家，投于四裔。"当然，如果对皇帝及皇后等行厌蛊之事，更被视为严重犯罪。例如助杨坚夺袭帝位建立隋朝、位至上柱国、特旨"恕以十死"的郑译，因"阴呼道士章醮以祈福助"，"其婢奏译厌蛊左道"而"为宪司所劾"。① 又如刑部侍郎辛亶，"尝衣绯裈，俗云利于官"，但"上以为厌蛊，将斩之"。② 齐王杨暕也曾被告发"阴挟左道，为厌胜之事"。③ 文献独孤皇后的异母弟弟独孤陀为上大将军、延州刺史，"以猫鬼巫蛊咒诅于后，坐当死"。④ 这件案子，《隋书·独孤陀传》作了详细记载。为了使今人对隋代法律处置的这类案件有所了解，特录如下：

> （独孤陀）好左道。其妻母先事猫鬼，因转入其家。上微闻而不之信也，会献皇后及杨素妻郑氏俱有疾，召医者视之。皆曰：'此猫鬼疾也。'上以陀后之异母弟，陀妻杨素

---

① 《隋书》卷三八《郑译传》，中华书局，1982，第1137页。
② 《隋书》卷六二《赵绰传》，中华书局，1982，第1485页。
③ 《隋书》卷五九《齐王杨暕传》，中华书局，1982，第1443页。
④ 《隋书》卷三六《后妃传》，中华书局，1982，第1108~1109页。

之异母妹，由是意陁所为，阴令其兄以情喻之。上又避左右讽陁，陁言无有。上不悦，左转迁州刺史。出怨言，上令左仆射高颎、纳言苏威、大理正皇甫孝绪、大理丞杨远等杂治之。

陁婢徐阿尼言，本从陁母家来，常事猫鬼。每以子日夜祀之。言子者鼠也。其猫鬼每杀人者，所死家财物潜移于畜猫鬼家。陁尝从家中索酒，其妻曰："无钱可酤。"陁因谓阿尼曰："可令猫鬼向越公（杨素）家，使我足钱也。"阿尼便咒之归。数日，猫鬼向素家。十一年，上初从并州还，陁于园中谓阿尼曰："可令猫鬼向皇后所，使多赐吾物。"阿尼复咒之，遂入宫中。杨远乃于门下外省遣阿尼呼猫鬼。阿尼于是夜中置香粥一盒，以匙扣而呼之曰："猫女可来，无住宫中。"久之，阿尼色正青，若被牵曳者，云猫鬼已至。上以其事下公卿，奇章公牛弘曰："妖由人兴，杀其人可以绝矣。"上令以犊车载陁夫妻，将赐死于其家。陁弟司勋侍中（独孤）整诣阙求哀，于是免陁死，除名为民，以其妻杨氏为尼。先是，有人讼其母为人猫鬼所杀者，上以为妖妄，怒而遣之。及此，诏诛被讼行猫鬼家。陁未几而卒。

4. 对皇帝不忠、不敬

皇帝的尊严受法律的特别保护，对皇帝不忠、不敬，要受到严厉的惩罚。皇帝的尊严涉及面极广，这里就史书记载所及，将隋代因对皇帝不忠、不敬而受惩处的案例，归纳为以下几个方面：

（1）抗拒君命。皇帝的命令具有至高无上的法律效力，对于皇帝正式颁行的诏命、敕令或口头命令，都必须绝对服从，如有违反的表示，便被认为是抗拒君命。据《隋书·来护儿传》载，大业十年（公元614年）荣国公、右翊卫大将军来护儿渡海攻高丽，在获胜之际，隋炀帝派人持节诏令来护儿班师。来护儿不肯奉诏，认为"俄顷之间，动失机会，劳而无功"，宁可"还而获谴"而不能"舍此成功"。这时长史崔君肃告众将说："若从元帅，违拒诏书，当闻奏，皆获罪也。"于是"诸将惧，尽劝还，方始奉诏。"由此可见，"将在外，君命有所不受"的成规，已被隋律所抛弃。又如《赵绰传》载，隋文帝要以厌蛊罪处死刑部侍郎辛亶，赵绰进谏曰："据法不当死，臣不敢奉诏。"于是隋文帝就命令左仆射高颎斩处赵绰；后因考虑到种种利害关系才没有付诸实施。

抗拒君命有时表现为"忤上"即拂逆皇帝的意志。因此而被处死的典型例子，可推为有隋一统江山立下了汗马功劳的行军总管史万岁之死，事见《隋书·史万岁传》：

> 开皇末，突厥达头可汗犯塞……（史）万岁驰追百余里乃及，击大破之，斩数千级，逐北入碛数百里，虏遁逃而还。……时（史万岁）所将士卒在朝称冤者数百人，万岁谓之曰："吾今日为汝极言于上，事当决矣。"既见上，言将士有功，为朝廷所抑，词气愤厉，忤于上。上大怒，令左右撮杀之。既而悔，追之不及，因下诏罪万岁曰："柱国、太平国万岁，技擢委任，每总戎机。……突厥达头可汗领其凶众，欲相拒抗，既见军威，便即奔退，兵不血刃，贼徒瓦解。如此称捷，国家盛事，朕欲成其勋庸，复加褒赏。而万岁、定和通簿之日，乃怀奸诈，妄称逆面交兵，不以实陈，怀反覆之方，弄国家之法。若竭诚立节，心无虚罔者，乃为

良将，至如万岁，怀诈要功，便是国贼，朝宪难亏，不可再舍。"死之日，天下士庶闻者，识与不识，莫不冤惜。

　　不仅事关国家的皇帝命令不得违抗，而且一般命令，甚至皇帝想干的任何事情，都不能有所违抗，即使有不满的表示或劝谏皇帝停止进行，都可能招来杀身大祸。隋文帝不喜词华，曾下令奏章不得以艳丽词语粉饰，因此，有一官吏因"文表华艳"，被付所司治罪。又如，隋炀帝"将大猎，景（李景，任右武卫大将军）与左武卫大将军郭衍俱有难言为人所奏。帝大怒，令左右撮之，竟以坐免。"① 大业十二年（公元616年）秋七月，"奉信郎崔民象以盗贼充斥，于建国门上表，谏不宜巡幸。上大怒，先解其颐，乃斩之。""车驾次氾水，奉信郎王爱仁以盗贼日盛，谏上请还西京。上怒，斩之而行。"②

　　（2）欺骗君主。不管事实真相如何，凡属被认为欺骗皇帝的，都要论罪。例如，在"北却匈奴，南平夷獠"中立了大功的史万岁，为杨素进谗言处死，隋文帝"因下诏罪万岁曰：……而万岁……乃怀奸诈，妄称逆面交兵，不以实陈，怀反覆之方，弄国家之法"。③ 又如，隋文帝时，"牛弘奏请购求天下遗逸之书，炫（刘炫）遂造伪书百余卷，题为《连山易》、《鲁史记》等，录上送官，取赏而去。后有人讼之，经赦免死，坐除名"。④ 又如，隋炀帝"问威（苏威）以讨辽之策，威不愿帝复行，且欲令帝知天下多贼，乃诡答曰：'今者之役，不愿发

　　① 《隋书》卷六〇《李景传》，中华书局，1982，第1531页。
　　② 《隋书》卷四《炀帝纪下》，中华书局，1982，第90~91页。
　　③ 《隋书》卷五三《史万岁传》，中华书局，1982，第1256页。
　　④ 《隋书》卷七五《刘炫传》，中华书局，1982，第1702页。

兵，但诏赦群盗，自可得数十万。'"蕴（裴蕴，御史大夫）奏曰："此大不逊，天下何处有许多贼!"遂父子及孙三世并除名。①

（3）对皇帝不忠。对皇帝必须忠心耿耿，不得怀有"贰心"，否则就将受到严厉惩罚。《隋书·薛胄传》载：

> （刑部尚书薛胄）检校相州事，甚有能名。会汉王谅作乱并州，遣伪将綦良东略地，攻逼慈州。刺史上官政请援于胄，胄畏谅兵锋，不敢拒。良又引兵攻胄，胄欲以计却之，遣亲人鲁世范说良曰："天下事未可知，胄为人臣，去就须得其所，何遽相攻也?"良于是释去，进图黎阳。及良为史祥所攻，弃军归胄。朝廷以胄怀贰心，锁诣大理。……坐除名，配防岭南……

又《隋书·柳传》载：

> （治书侍御史柳）彧……值汉王谅作乱，遣使驰召彧，将与计事。彧为使所逼，初不知谅反，将入城而谅反形已露。彧度不得免，遂诈中恶不食，自称危笃。谅怒，囚之。及谅败，杨素奏彧心怀祸端，以候事变，迹虽不反，心实同逆，坐徙敦煌。

对皇帝的"忠"，表现在保卫皇帝的安全上，因此，在这一方面法律也规定得相当具体、严厉。按《隋书·源师传》载：

---

① 《隋书》卷六七《裴蕴传》，中华书局，1982，第1576页。

"帝在显仁宫，敕宫外卫士，不得辄离所守。有一主帅，私令卫士出外，帝付大理绳之，师据律奏徒。"即私令卫士出外而被认为对皇帝不忠，因而被判徒刑，而这徒刑是法律规定了的。不仅如此，甚至任何人的服饰、冠冕、膳食等都不得拟同皇帝；对皇帝只能歌功颂德，而如果赞美前代皇帝也被认为是对当今皇帝的贬损不忠。一切对皇帝有不够忠诚的表现，都被认为是严重的犯罪行为。例如，越王杨秀，就曾因"违犯制度，车马被服拟于天子"而被指控犯罪"付执法者"。① 又如隋炀帝命令杨约赴京师祭祀，杨约走到华阴，见他哥哥杨素之墓就在该县，"遂枉道拜哭"，因而"为宪司所劾"，"坐是免官"。② 又如，隋炀帝即位以后不久，薛道衡"上《高祖文皇帝颂》"，隋炀帝十分不高兴，认为薛道衡这样做是"致美先朝，此鱼藻之义也"。鱼藻，指《诗·小雅·鱼藻》篇，《诗序》以为刺幽王，"言万物失其性"，"故君子思古之武王焉"。薛道衡颂扬杨广的父亲隋文帝杨坚，也被认为是对本朝皇帝的不忠。"会议新令，久不能决，道衡谓朝士曰：'向使高颍不死，令决当久行。'有人奏之，帝怒曰：'汝忆高颍邪？'付执法者勘之。道衡自以非大过，促宪司早断。暨于奏日，冀帝赦之，敕家人具馔，以备宾客来候者。及奏，帝令自尽。道衡殊不意，未能引诀。宪司重奏，缢而杀之，妻子徙且末。时年七十，天下冤之。"③

（4）对皇帝不敬。对皇帝必须高度崇敬，不能有任何不礼貌的表示，否则便可能被认为是别有异图。与此相关，随从皇帝外出祭祀如有不敬的表现，接待皇帝巡游时饮食不如皇帝的心

① 《隋书》卷四五《越王杨秀传》，中华书局，1982，第1242页。
② 《隋书》卷四八《杨约传》，中华书局，1982，第1294页。
③ 《隋书》卷五七《薛道衡传》，中华书局，1982，第1413页。

意，都可能被处刑。例如太子千牛备身刘居士，"……与其徒游长安城，登故未央殿基，南向坐，前后列队"，被人告以"意有不逊"，后"坐斩"。其父左武卫大将军、庆州总管刘昶，也因此被"赐死于家"。① 又据《隋书·苏威传》载，苏威曾因"从祀太山，坐不敬免"。至于皇帝巡游中因献食"疏俭"而"获罪"的例子，就更多了。如《隋书·柳謇之传》载，隋炀帝"幸辽东，召謇之检校燕郡事。及帝班师，至燕都，坐供顿不给，配戍岭南"。《乞伏慧传》载，乞伏慧为天水太守，"遇帝西巡，坐为道不整，献食疏薄，帝大怒，命左右斩之"。《炀帝纪》载，大业九年（公元 613 年）九月，隋炀帝"本驾次上谷，以供费不给"，免太守虞荷等官。

5. 危害王位继承人

太子为王位继承人，有专门的一班官吏保护、教育太子，并供其役使。如果教育、保护太子不得法，或不符皇帝的意图，都会被处罪。至于对王位继承人选问题有所异议，更被认为是犯罪行为；甚至对皇太子以及皇太子的儿子的名字有所议论，也被认为是犯罪行为。例如，杨勇为皇太子时，"左卫率长史夏侯福为太子所昵，尝于阁内与太子戏。福大笑，声闻于外。行本（刘行本，谏议大夫、诏书侍御史）时在阁下闻之，侍其出，行本数之曰：'殿下宽容，赐汝颜色。汝何物小人，敢为亵慢！'因付执法者治之。"② 杨勇被黜免太子位时，隋文帝所下诏书，更牵涉到侍奉杨勇的一大批官员，各各被赐与这样那样的罪名。诏书说："……左卫大将军、五原郡公元旻，任掌兵卫，委以心膂，陪侍左右，恩宠隆渥；及包藏奸伏，离间君亲，崇长厉阶，

---

① 《隋书》卷八〇《刘昶女传》，中华书局，1982，第 1808 页。
② 《隋书》卷六二《刘行本传》，中华书局，1982，第 1487 页。

最为魁首。太子左庶子唐令则，策名储贰，位长官僚，谄曲取容，音技自进，躬执乐器，亲教内人，赞成骄侈，导引非法。太子家令邹文腾，专行左道，偏被亲昵，心腹委付，钜细关知，占问国家，希觊灾祸。左卫率司马夏侯福，内事谄谀，外作威势，凌侮上下，亵渎宫闱。典膳监元淹，谬陈爱憎，开示怨隙，妄起讪谤，潜行离阻，进引妖巫，营事厌祷。前吏卫侍郎肖子宝，住居省阁，旧非宫臣，禀性浮躁，用怀轻险，进画奸谋，要射营利，经营间构，开造祸端。前主玺下士何𫗧，假托玄象，妄说妖怪，志图祸乱，心在速发，兼制奇器异服，皆𫗧规摹，增长骄奢，糜费百姓。凡此七人，为害乃甚，并处斩，妻妾子孙悉皆没官。"① 又如助杨坚建立隋朝，官至散骑常侍，兼太子左庶子、左领军、右将军的卢贲，被"除名为民"的原因之一，便是因"晋王（杨广）上之爱子，谋行废立"。② 而太子洗马陆爽，仅仅因为建言皇太子诸子应依《春秋》之义更立名字，便被认为犯了煽惑皇太子杨勇的大罪，陆爽虽已身故，"子孙并宜屏黜，终身不齿"，其子陆法言因而"竟坐除名"。③

（二）破坏政权

在封建社会里，皇帝是国家权力的最高代表，他在各地方分设官职以掌握兵、刑、钱、谷等事，建立了一整套封建的国家政权机构，行使整个地主阶级交与他们的统治劳动人民的权力。任何危害、破坏这一政权的行为，都被认为是非法的。这既包括劳

---

① 《隋书》卷四五《房陵王太子杨勇传》，中华书局，1982，第1237页。
② 《隋书》卷三八《卢贲传》，中华书局，1982，第1142页。
③ 《隋书》卷五八《陆爽传》，中华书局，1982，第1420页。

动人民对这一政权的反抗斗争，也包括某些官吏本身对这一政权的破坏。现将所考隋律涉及的破坏政权罪的内容，分成下列几个方面。

1. "相聚为盗"，反抗政府

《隋书》中有不少关于劳动人民反抗封建政权的记载，有时称之为"盗"，有时称之为"贼"，有时则合称"盗贼"，对所谓"盗"、"贼"，进行残酷的镇压。如《炀帝纪》载："六年春正月，旦，有盗数十人，皆素冠练衣，焚香持华，自称弥勒佛，入自建国门。监门者稽首。既而夺卫士仗，将为乱。齐王暕迎而斩之。于是都下大索，与相连坐者千余家。"又载，次年被隋炀帝驱赶去征辽的战士及运送粮草的人"填咽于道，昼夜不绝，苦役者始为群盗"，于是炀帝"敕都尉、鹰扬与郡县相知追捕，随获斩决之。""九年八月戊申，制盗贼籍没其家。"杨玄感叛乱平定之后，隋炀帝甚至对侍臣裴蕴说："玄感一呼而从者如市，益知天下人不欲多，多则为贼。不尽诛，后无以示劝。"命令裴蕴穷究杨玄感的党羽，并下诏各郡县坑杀之，"死者不可胜数"。[1] 其中农民群众首当其冲，无辜被杀的多数是他们。

2. 谋叛（及交通、交关、通谋、漏泄、藏匿罪犯等）

《唐律疏议·名例律》谓"谋叛"即"背国从伪"，疏议曰："有人谋背本朝，将投蕃国，或欲翻城从伪，或欲以地外奔。即如莒牟夷以牟娄来奔，公山弗扰以费叛之类。"在隋代，即已将谋叛列为"十恶"之一，凡谋叛者，均处极刑。例如，前面所说刘昶之子刘居士，他的罪状之一就是"将投蕃国"，"时有人言居士遣使引突厥南寇，当于京师应之"。又如斛斯政，

---

① 参见《隋书》卷二四《食货志》、卷四《炀帝纪下》与卷七〇《杨玄感传》。

任兵部侍郎，"玄感之反也，政与通谋"。杨玄感失败后，他"内不自安，遂亡奔高丽"。后来，隋炀帝再征高丽，"高丽请降，求执送政"，将斛斯政送交回隋炀帝。谋叛本来就要处死，但左翊卫大将军宇文述认为一般地依法处死还不解恨，他奏请曰："斛斯政之罪，天地所不容，人神所同忿。若同常刑，贼臣逆子何以惩肃，请变常法。"隋炀帝非常的赞许，"于是将政出金光门，缚政于柱，公卿百僚并亲击射，脔割其肉，多有啖者。啖后烹煮，收其余骨，焚而扬之。"① "从伪"的例子如《柳彧传》载，柳彧在往晋阳的路上，"值汉王谅作乱，遣使驰召彧，将与计事。彧为使所逼，初不知谅反，将入城而谅反形已露。彧度不得免，遂诈中恶不食，自称危笃。谅怒，囚之。及谅败，杨素奏彧心怀两端，以候事变，迹虽不反，心实同逆，坐徙敦煌。"这是一件冤案，但它恰好说明"从伪"是法律所绝对不容许的。又如《薛道衡传》载，隋末，越王杨侗称制东都，"王世光之僭号也，军书羽檄，皆出其手。世光平，以罪伏诛"。

与此相关的是"交通"、"交关"、"通谋"及藏匿罪犯等罪。

"交通"如：王世积被诬告"谋反"而"坐诛"时，"有司奏：'右卫大将军元旻、右卫大将军元胄、左仆射高颎，并与世积交通，受其名马之赠。'"于是元胄、元旻免官。② 同是这个元胄，复官之后，在蜀王杨秀获罪时，又"坐与交通"而"除名"。可见，因"交通"而罹罪，是比较常见的。《隋书》关于这方面的记载有：

---

① 《隋书》卷七〇《斛斯政传》，中华书局，1982，第 1622～1623 页。
② 《隋书》卷四〇《王世积传》，中华书局，1982，第 1173 页。

秦孝王杨俊之子杨浩，"以诸侯交通内臣，竟坐废免。"①

或（柳彧）尝得博陵李文博所撰《治道集》十卷，蜀王秀遣人求之。彧送之于秀，秀复赐彧奴婢十口。及秀得罪，杨素奏彧以内臣交通诸侯，除名为民。配戍怀远镇。②

（元寿之子元敏）"交通博徒"。③

齐王杨暕得罪，董纯"坐与交通"。④

蜀王杨秀得罪，柳俭"坐与交通。免职"。⑤

御史劾俱罗以郡将交通内臣，坐除名……⑥

程树德先生之《九朝律考·隋律考》在考及"交通"时，按曰："《隋书》、《北史》各传，以交通被劾者不一，是当时必已悬为厉禁。《隋书·郭衍传》，晋王有夺宗之谋，因召衍阴共计议，又恐人疑无故来往……当时法网之密如此。考《汉书·郑众传》，太子储君，无外交之义，汉有旧防，蕃王不宜私通宾客。隋制也。"所言极是。

"交关"如：段文振，任云州总管、太仆卿，与王世积有旧

---

① 《隋书》卷四五《秦孝王杨俊传》载："杨玄感作逆之际，左翊卫大将军勒兵讨之。至河阳，修启于浩，浩复诣述营，兵相往复。有司劾浩，以诸侯交通内臣，竟坐废免。"
② 《隋书》卷六二《柳彧传》，中华书局，1982，第1484页。
③ 《隋书》卷六三《元寿传》，中华书局，1982，第1498页。
④ 《隋书》卷六五《董纯传》，中华书局，1982，第1539页。
⑤ 《隋书》卷七三《柳俭传》，中华书局，1982，第1683页。
⑥ 《隋书》卷六四《鱼俱罗传》，中华书局，1982，第1518页。

交。他北征时，王世积赠以驼马。出征归来时，王世积"以罪被诛，文振坐与交关，功遂不录"。^① 又据《隋书·潘徽传》云："玄感败，凡交关多罹其患。"

"通谋"如：窦荣定之子窦抗，"官至定州刺史……汉王谅构逆，以为抗与通谋，由是除名。"^② "玄感之反也，政（斛斯政）与通谋。……"^③ 光禄大夫赵元淑与杨玄感之弟杨玄纵"通谋，并授玄纵赂遗。及玄感败，人有告其事者，帝以属吏。……元淑及魏氏（元淑妻）俱斩于涿郡，籍没其家"。^④

"泄漏"或"漏泄"罪，指的是泄漏宫中大事：或将本国之重大事情泄漏给"蕃人"；或知有谋反、谋逆、谋叛，即应保密并"密告"附近官府，如有泄漏消息者，即予治罪。凡泄漏事项属国家大事者，罪可致死。唐律有"诸漏泄大事应密者，绞"的规定。《唐律疏议》曰："依《斗讼律》：知谋反及大逆者，密告随近官司。其知谋反、大逆、谋叛，皆令密告，或掩袭寇贼，此等是'大事应密'，不合人知，辄漏泄者，绞。"而"非大事"如漏泄，也严加惩处，唐律规定："非大事应密者，徒一年半；漏泄于蕃国使者，加一等。"溯诸汉律，即有"漏泄省中语"之罪。《汉书·元帝纪》载："建昭二年，淮阳王舅张博，魏郡太守京房，坐窥道诸侯王以雅意，漏泄省中语，博腰斩，房弃市。""漏泄省中语"被目为"国之贼"。《汉书·孔光传》云："诏书侍中驸马都尉（傅）迁，巧佞无义，漏泄不忠，国之贼也……"南朝《陈律》也有此规定。《陆琛传》载："琛性颇

---

① 《隋书》卷六〇《段文振传》，中华书局，1982，第1458页。
② 《隋书》卷三九《窦荣定传》，中华书局，1982，第1151页。
③ 《隋书》卷七〇《斛斯政传》，中华书局，1982，第1622页。
④ 《隋书》卷七〇《赵元淑传》，中华书局，1982，第1622页。

疏，坐漏泄禁中语，赐死。"《张种传》载："往来禁中，颇宣密旨，事泄，将伏诛……"隋律对漏泄省中语也有过规定。《隋书·元寿传》载有：元寿之子元敏"……交通博徒，数漏泄省中语……"虽未记及如何发落，但从唐人所撰《隋书》有此记载可见，隋律中也有关于泄漏之罪的规定，印证之《唐律疏议》，更无疑义。

藏匿罪犯如《隋书·虞绰传》载："玄感败后，妓妾并入宫。帝因问之，玄感平常时与何人交往，其妾以虞绰对。"遂"徙绰且末，绰至长安而亡……变姓名……抵信安令天水辛大德，大德舍之。岁余……有识绰者而告，竟为吏所执，坐斩江都，时年五十四。"又如《隋书·李密传》载：李密起义失败，逃到淮阳，易名刘智远，为人所识，又逃到他的妹夫雍丘县县令丘君明处，"君明从子怀义以告，帝令捕密，密得遁去，君明竟坐死。"

3. 朋党

意气相投而互相勾结，各树党羽，互相倾轧，势必削弱整个地主阶级的统治力量，因此，朋党之罪历来为统治阶级的法律所严惩。《战国策·赵策》云："臣闻明王绝疑去谗，屏流言之迹，塞朋党之门。"《晋书·欲珧传》曰："动则争竞，争竞则朋党，朋党则诬罔，诬罔臧否失实，真伪相冒。"宋仁宗时，欧阳修还专门作《朋党论》。又可见禁之虽严，却始终不见绝迹，隋代也是如此。所以国子博士、通直散骑常侍何妥上书隋文帝"八事以谏"时，第二事即为朋党之禁。事见《隋书·何妥传》：

其二事曰：孔子云："是察阿党，则罪无掩蔽。"又曰："君子周而不见。小人比而不周。"所谓比者，即阿党也。

谓心之所爱，既已光华荣显，犹加提挈。心之所恶，既已沉渊屈辱，薄言必怒。提挈既成，必相掩蔽，则欺上之心生矣。屈辱既加，则有怨恨，谤渎之言出矣。伏愿广加逊访，勿使朋党路开，威恩自任。有国之患，莫大于此。

隋律对于朋党罪的惩处，也是相当严厉的。其中最著名、牵连最广的一次，要算苏威、卢恺等被奏劾一案。《隋书·苏威传》载："苏威之子苏夔与何妥等结成朋党，被免官，知名之士坐威得罪者百余人。"《卢恺传》载："宪司奏恺曰：房恭懿者，尉迟炯之党，威、恺二人曲相荐达……恺之朋党，事甚明白。"于是隋文帝斥责他"行朋附，奸臣之行也"，除名为百姓。其他，如《隋书·郎茂传》载："恒山赞治王文同与茂有隙，奏茂朋党，附下罔上。诏遣纳言苏威、御史大夫裴蕴杂治之。……除名为民，徙且末郡。"

对于朋党罪处分的严厉，从房恭懿案中看得最明白。杨坚即将夺袭帝位时，尉迥作乱，房恭懿略有纠葛其事。开皇初，房恭懿经吏部尚书苏威的推荐，"授新丰令，政为三辅之最"。后任德州司马，仅一年余，治理有方，"政为天下之最"，隋文帝特地下诏奖掖并赐物若干。但不久，何妥奏劾房恭懿是尉迥的朋党，又为苏威、卢恺朋党所荐举，"上大怒，恭懿竟得罪，配防岭南"。[①] 可见，犯了朋党罪，即使后来"政为天下之最"，也要追查治罪的。

对于朋党防禁之严，使得所谓"聚结惑众"、"知非不举"甚至"屏人私语"都被严禁、严惩。例如《隋书·王文同传》

---

① 《隋书》卷七三《房恭懿传》，中华书局，1982，第 1679 ~ 1680 页。

载，王文同巡察河北诸郡，"求沙门相聚讲论，及长老共为佛会者数百人，文同以为聚结惑众，尽斩之"。《隋书·元寿传》载："开府肖摩诃妻患且死，奏请遣子向江南收其家产，御史见而不言。寿奏劾之曰……摩诃远念资财，近忘匹好，又命其子舍危掇之母，为聚敛之行……而兼殿内侍御史臣韩微之等亲所闻见，竟不弹纠。若知非不举，事涉阿纵……请付大理。"又如，光禄大夫李敏，"数与金才、善衡等屏人私语。宇文述知而奏之，竟与（李）浑同诛，年三十九"。[①] 他与李浑宗族 32 人都被诛杀，"自余无少长，皆徙岭外"。[②]

4. 谤讪朝廷

隋文帝时，有人告大都督邴绍诋毁朝廷为"愦愦者"，"上怒，将斩之"。这时工部尚书长孙平进谏说："川泽纳污，所以成其深，山岳藏疾，所以就其大。臣不胜至愿，愿陛下弘山海之量，茂宽裕之德，鄙谚曰：'不痴不聋，未堪作大家翁。'此言虽小，可以喻大。邴绍之言，不应奏闻，陛下又复诛之，臣恐百代之后，有亏圣德。"隋文帝于是赦免邴绍一死，并因此而"敕群臣诽谤之罪，勿复以闻"。[③] 从这个案子的前前后后，可以知道隋律有谤讪朝廷之罪名。虽然隋文帝敕令"诽谤之罪，勿复以闻"，但在实际执行过程中，后来却未照敕令办事。到了隋炀帝时，更是越演越烈了。隋朝的开国元勋、隋律的主要撰制人之一的高颎，就是以"谤讪朝政"的罪名被处死的：

炀帝即位，拜（高颎）为太常，时诏收周、齐故乐人

---

① 《隋书》卷三八《李敏传》，中华书局，1982，第 1124 页。
② 《隋书》卷三八《李浑传》，中华书局，1982，第 1121 页。
③ 《隋书》卷四六《长孙平传》，中华书局，1982，第 1255 页。

及天下散乐。颎奏曰："此乐久废。今若征之，恐无识之徒弃本逐末，递相教习。"帝不悦。帝时侈靡，声色滋甚，又起长城之役。颎甚病之，谓太常丞李懿曰："周天元以好乐而亡，殷鉴不遥，安可复尔！"时帝遇启民可汗恩礼过厚，颎谓太府卿何稠曰："此虏颇知中国虚实、山川险易，恐为后患。"复谓观王雄曰："近来朝廷殊无纲纪。"有人奏之，帝以为谤讪朝政，于是下诏诛之，诸子徙边。①

后来，薛道衡因"会议新令，久不能决"而说了一句"向使高颎不死，令决当久行"，就被隋炀帝斥曰："汝忆高颎邪？"，遂"付执法者勘之"，以至最后"帝令其自尽"。此外，如榆林太守张衡，即以其妄告他"谤讪朝政"而被隋炀帝"赐尽于家"。② 苏威之被惩处，其罪名之一也是"谤讪台省"，事见《隋书·苏威传》。

5. 私造、私藏武器

为了防止人民造反，隋代的统治者和历代统治者一样都严禁私造、私藏武器。隋初开皇三年（公元583年），隋文帝即下令"禁大刀长矟"。③ 开皇九年（公元589年），他又下诏说："禁卫九重之余，镇守四方之外，戎旅军器，皆宜停罢。代路既夷，群方无事，武力之子，俱可学文，人间甲仗，悉皆除毁。"④ 开皇十五年（公元595年），隋文帝下令"收天下兵器；敢有私造者，坐之"。⑤ 开皇十八年（598年）又下诏说："吴越之人，往

---

① 《隋书》四一《高颎传》，中华书局，1982，第1184页。
② 《隋书》卷五六《张衡传》，中华书局，1982，第1393页。
③ 《隋书》卷一《高祖纪上》，中华书局，1982，第18页。
④ 《隋书》卷二《高祖纪下》，中华书局，1982，第33页。
⑤ 《隋书》卷二《高祖纪下》，中华书局，1982，第39页。

承敝俗，所在之处，私造大船，因相聚结，致有侵害，其江南诸州，人间有船长三丈已上，悉括入官。"① 到隋炀帝时，更连民间的一般铁器也当作武器予以禁绝了："五年春正月……制民间铁叉、搭钩、攒刃之类，皆禁绝之。"② 《唐律》有"诸私有禁兵器者，徒一年半"的专条规定，并规定"弩一张加二等；甲一领及弩三张，流二千里；甲三领及弩五张，绞。"《疏议》对此作了详尽的解释。隋《开皇律》显然并无明文的规定，否则隋文帝不必另行诏令禁绝。由此可见，《唐律》的有关规定是新拟的。

6. 其他

隋律关于破坏政权的其他犯罪名目，一定还有很多，囿于史料缺乏，除以下几点以外，只好暂付厥如。

（1）流犯逃亡。据《隋书·炀帝纪》载："大业三年春正月癸亥敕并州逆党已流犯而逃亡者，所获之处即宜斩决。"著作郎虞绰与杨玄感有交游之谊，杨玄感败后，虞绰连坐，被流徙且末，虞绰"至长安而亡……岁余，绰与人争田相讼，因有识绰者而告之，竟为吏所执，坐斩江都"。③ 又，与虞绰同罪而徙且末的王胄，"亡匿，潜还江左，为吏所捕，坐诛"。④

（2）县令出境。据《隋书·齐王杨暕传》载："时制县令无故不得出境。"

（3）与凶人交构。据《隋书·卢贲传》载："……上从容谓贲曰：'我始为大司马时，卿以布腹心于我。及总百揆，频繁左右，与卿足为恩旧。卿若无过者，位与高颎齐。坐与凶人交构，

---

① 《隋书》卷二《高祖纪下》，中华书局，1982，第43页。
② 《隋书》卷三《炀帝纪上》，中华书局，1982，第72页。
③ 《隋书》卷七六《虞绰传》，中华书局，1982，第1740页。
④ 《隋书》卷七六《王胄传》，中华书局，1982，第1742页。

由是废黜。言念畴昔之恩，复当牧伯之位，何乃不思报效，以至于此！吾不忍杀卿，是屈法申私尔。'……"

（4）"赃重者死"。《隋书·李士谦传》载，李士谦论刑罚，有云"帝王制法，沿革不同，自可损益，无为顿改，今之赃重者死，是酷而不惩也。……"可见当时的"赃重者死"的法律规定，是作为维护统治集团不致因其成员的过度为非作歹而影响大局的措施。

（5）"私自出给"。超过预定计划或者允许的范围而"私自出给"，当时要定罪处刑。《隋书·文四子传》载，隋文帝之诏令有云：

> ……副将作大匠高龙义，豫追番丁，辄配东宫使役，营造亭舍，进入春坊。率更令晋文建，通直散骑侍郎、判司农少卿事元衡，料度之外，私自出给，虚破丁功，擅割园地。并处尽。

（6）造诈。《隋书·律历志》载，旅骑尉张胄玄上历法之书，隋文帝对比了太史令刘晖等原先所造之历，认为后者"所行，乃多疏舛"，且"群官博议，咸以胄玄为密"，他在诏书中说了"……论晖等情状，已合科罪，方共饰非护短，不从正法"，"于是晖等四人，元造诈者，并除名"。

（7）容隐奸慝。刘晖造历有谬，以"造诈"而定罪，而"通直散骑常侍、领太史令庾委才，太史丞邢俊，司历郭远，历博士苏粲，历助教傅俊、成珍等，既是职司，须审疏密。遂虚行此历，无所发明"，因此"季才等六人，容隐奸慝，俱解见任"。事见《隋书·律历志》。

（三）思想言论犯罪

思想、言论并不造成对封建皇权和政权的直接危害，但是，任何一个封建皇帝总是把这种或那种不利于统治阶级的思想、言论以及与之有关的一切加以禁止，隋代也不例外。这一方面的材料并不多，兹将考证所得归纳为以下几个方面。

1. 妄言

《法言·问神》曰："无验而言之谓妄。"但实际上封建统治者一向把不合胃口的言论一概作为妄言加以论罪。《隋书·元胄传》记载说，炀帝时，慈州刺史上官政因罪被流徙岭南，将军丘和也因获罪而削职为民，有一次元胄酒酣时对丘和说："上官政壮士也，今徙岭表，得无大事乎？"又"自拊腹曰"："若是公者，不徒然矣。"丘和次日奏告元胄妄言，"胄竟坐死"。《隋书·杨素传》载：开皇四年，杨素拜御史大夫，"其妻郑氏性悍，素忿之曰：'我若作天子，卿定不堪为皇后。'郑氏奏之，由是坐免。"又如，开皇初为太学博士的张仲让，"未几告归乡里，著书十卷，自云此书若奏，我必为宰相。又数言玄象事。州县列上其状，竟坐诛"。[①] 此外，高颎在开皇年间也因他的儿子高表仁妄言而罹罪。当时高颎被免官软禁，高表仁对他说："司马仲达初托疾不朝，遂有天下。公今遇此，焉知非福！"于是，"囚颎于内史省而鞫之"。[②]

2. 隐藏纬候图谶

谶纬，为汉代流行的宗教迷信。"谶"是巫师或方士制作的

---

① 《隋书》卷七五《马光传》，中华书局，1982，第1717页。
② 《隋书》卷四一《高颎传》，中华书局，1982，第1183页。

一种隐语或预言，作为吉凶的符验或征兆。"纬"对"经"而言，是方士化的儒生编集起来附会儒家经典的各种著作。其起源是古代河图洛书的神话传说。西汉后期得到统治阶级的支持，主要把自然界某些偶然现象神秘化，看作社会安危的决定性原因，或"天意"的显示、预告等。王莽和光武帝刘秀就曾利用此来作为"改制"或"中兴"的理论根据。东汉章帝召集博士儒生在白虎观讨论五经同异，写成《白虎通义》，更进一步把谶讳和今文经学混合在一起，使儒学神学化。到东汉末期，谶讳逐渐衰微。隋文帝杨坚一向不喜欢儒学，而推崇佛教和道教，因此，他厉行禁止神学化了的儒学，即禁止谶纬，借以打击儒学。

开皇十三年（公元 593 年），"二月……丁酉，制私家不得隐藏纬候图谶"。[①]隋炀帝即位后，更"发使四出，搜天下书籍与谶纬相涉者，皆焚之，为吏所纠者至死。自是无复其学，秘府之内，亦多散亡"。[②]因此而罹罪的，据《隋书》所载，有王谊等人。《王谊传》中，记有隋文帝数说王谊罪状的诏书，内有王谊"乃说……书有谊谶，天有谊星"等语；《房陵王杨勇传》提到何辣的罪名是"假托玄象，妄说妖怪"；《越王杨秀传》提到杨秀"专事妖邪"；《马光传》提到张仲让"数言玄象事"，等等。

3. 毁坏天尊像、佛像

佛教、道教和儒教都是封建统治阶级用来影响人们思想的工具，自南北朝以来，统称"三教"。陶弘景《茅山长沙馆碑》谓"百法纷凑，无越三教之境。"三者本是可以互相调和的。但隋文帝杨坚偏爱佛教和道教，尤其偏爱佛教。而佛教正是从隋朝开

---

① 《隋书》卷二《高祖纪下》，中华书局，1982，第 38 页。
② 《隋书》卷三三《经籍志下》，中华书局，1982，第 941 页。

始，到唐朝时达到极盛阶段的。据《隋书·经籍志》载："开皇元年，高祖普诏天下，任听出家，仍令计口出钱，营造经像。而京师及并州、相州、洛州等诸大都邑之处，并官写一切经，置于寺内；而又别写，藏于秘阁。天下之人，从风而靡，竞相景慕，民间佛经，多于六经数十百倍。大业时，又令沙门智果，于东都内道场，撰诸经目，分别条具，以佛所说经为三部：一曰大乘，二曰小乘，三曰杂经。"为了保证以佛教对人民进行思想麻痹，隋文帝在他的晚年曾以立法作为手段，对一切反对佛教的行为实行镇压。《隋书·刑法志》载："帝以年令晚慕，尤崇尚佛道，又素信鬼神。二十年，诏沙门道士坏佛像天尊，皆以恶逆论。"对于这个诏令的指导思想、违诏的范围和罪名，《高祖纪》所记诏文更详尽一些，兹录如下，供研究者参考：

> （开皇二十年十二月辛巳，诏曰：）佛法深妙，道教虚融，咸降大慈，济度群品，凡在含识，皆蒙覆护。所以雕铸灵相，图写真形，率土瞻仰，用申诚敬。其五岳四镇，节宣云雨，江、河、淮、海，浸润区域，并生养万物，利益兆人，故建庙立祀，以时恭敬。敢有毁坏偷盗佛及天尊像、岳镇海渎神形者，以不道论。沙门坏佛像，道士坏天尊者，以恶逆论。

《唐律》有专条规定："诸盗毁天尊像、佛像者，徒三年。"并规定："即道士、女官盗毁天尊像，僧、尼盗毁佛像者，加役流。真人、菩萨，各减一等。盗而不供养者，杖一百。"这些规定，可能是"一准乎隋"的结果。也就是说，隋律也有大致如此的规定。正因为如此，才有隋文帝晚年之加重惩罚，以诏令规定"坏佛像天尊"者"以不道论"、"以恶逆论"。

4. 私撰国史

《隋书·高祖纪》载：

（开皇十三年）五月癸亥，诏人间有撰集国史、臧否人物者，皆令禁绝。《隋书·王劭传》载：

> 高祖受禅，授（王劭）著作佐郎。以母忧去职，在家著《齐书》。时制禁私撰史，为内史侍郎李无操所奏。……

又，《隋书·刘炫传》载"伪造书"与此也有关：

> ……时牛弘奏请购求天下遗逸之书，（刘）炫伪造书百余卷，题为《连山易》、《鲁史记》等，录上送官，取赏而去。后有人讼之，经赦免死，坐除名……

（四）官吏执行职务犯罪

我国古代法律既有"民刑不分"的一面，又有"行（政法）刑不分"的一面，还有"实（体法）程（序法）不分"的一面。因此，有"诸法合体"的特点。这样，我们考证"官吏执行职务犯罪"时，不少地方与行政法制，尤其是官吏行为管理的法制的考证会有一些重复。但为了使"刑事法制考"有一定的完整性，就在所不计了。

封建官吏作为地主阶级的政治代表，是封建政权得以实现其使命的支柱，是封建政权的行为主体。因此，官吏是否能按照国家的要求完成种种任务，是否能奉地主阶级之"公"，守地主阶级之"法"，直接关系到封建政权的兴衰存亡。封建法律一方面赋予官吏以种种特权，另一方面又严格控制官吏，使之不越出地主阶级根本利益所许可的范围。在官吏执行职务的各个方面，隋律也有许多规定，划清奖惩界限，指明官吏的哪些行为必须予以惩罚。隋律关于官吏执行职务犯罪，大略可分以下几个方面。

1. 贡举不实

贡举不实有两种情况：一为"举非其人"；二为"应贡举而不贡举"。《唐律疏议》释"诸贡举非其人及应贡举而不贡举者，一人徒一年，二人加一等，罪止徒三年"条谓："……举人皆取方正清循，名行相副。若德行无闻，妄相推荐，或才堪利用，蔽而不举者……"说的即是贡举不实的两种情况，前者是作为职务犯罪，后者则为不作为职务犯罪。下文《隋书》所记"滥授人官"、"曲相荐举"等均属贡举不实。如《隋书·苏威传》载：何妥"奏威……以曲道任其从父弟彻、肃等阘冒为官。又国子学请荡阴人王孝逸为书学博士，威属卢恺，以为其府参军"。同传载，御史大夫"裴蕴希旨，令白衣张行本奏威昔在高阳典选，滥授人官……"又如《房恭懿传》载："何妥奏恭懿尉迥之党，不当仕进，威、恺二人朋党，曲相荐举。"又《卢恺传》载：宪司奏恺曰"……吏部预选者甚多，恺不即授官，皆注色而遣。威之从父弟彻、肃二人，并以乡正征诣吏部。彻文状后至而先任用；肃左足挛蹇，才用无算，恺以威故，授朝请郎"。

2. 贪赃受贿如"官物入私"、"请求许财"、"收受贿赂"等。

详见《官吏行为管理法制考》一节

3. 与人争利

隋代官吏，自州县小吏至中央大员，以至皇室成员，都贪得无厌地搜刮民脂民膏。虽然隋文帝曾下诏"省府州县，皆给公廨田，不得治生，与人争利"，但是禁而不止。隋文帝的两个儿子都曾参与其事：秦孝王杨俊"出钱求息，民吏苦之。上遣使按其事，与相连坐者百余人"。① 越王杨秀"剥削民庶，酷虐之甚也。唯求财货，市井之业也"。② 这方面的案例如《隋书·郎茂传》载："工部尚书宇文恺、右翊卫大将军于仲文竞河东银窟。茂劾之曰：'……虞、芮之风，抑而不慕，分铢之利，知而不争。何以赃范庶僚，方民轨物！若不纠绳，将亏政教。'恺与仲文竟坐得罪。"《刘昉传》载：刘昉"遇京师饥，上令禁酒，昉使妾赁屋，当垆沽酒。治书侍御史梁毗劾曰：'昉既位列群公……何乃规蘗之间，竞锥刀之末，身昵酒徒，家为逋薮？若不纠绳，何以厉肃！'"《张威传》载：青州总管张威在青州颇治产业，遣家奴于民间鬻芦菔根，其奴缘此侵扰百姓。上深加谴责，坐废于家。"《卢贲传》载：卢贲任齐州刺史时"民饥，谷米踊贵，闭人粜而自粜之。坐是除名为民"。

4. 失职

其中，"州县管理不善"，包括"钱禁不止"、"不能理化"、"检查不严"、"府署污秽"、"外交失词"等，在《官吏行为管理法制考》一节已述及。此外还有：

（1）宪司不能举正。《隋书·张衡传》载：隋文帝"幸涿郡及祠恒岳时，父老谒见者，衣冠多不整"，而张衡"以宪司皆不能举正"，"出为榆林太守"。

（2）议事延久误期。《隋书·音乐志》载：隋文帝"诏太常卿牛弘等议正乐。然沦谬既久，音乐多乖，积年议不定。高祖大

---

① 《隋书》卷四五《秦王杨俊传》，中华书局，1982，第 1239～1240 页。
② 《隋书》卷四五《越王杨秀传》，中华书局，1982，第 1244 页。

怒曰：'我受天命七年，乐府犹歌前代功德邪'？命治书侍御史李谔引弘等下，将罪之"。

5. 审判方面的犯罪

（1）放纵罪犯、囚犯、逃犯。如《隋书·元褒传》载的原州总管元褒于开皇二年（公元 582 年）自诬受贿而故纵盗贼案："有商人为贼所劫，其人疑同宿者而执之，褒察其冤而辞正，遂舍之。商人诣阙讼褒受金纵贼，上遣使穷治之。使者簿责褒曰：'何故利金而舍盗也？'褒便即引咎，初无异词。使者与褒具诣京师，遂坐免官。其盗寻发于他所，上谓褒曰：'公朝廷旧人，位望隆重，受金舍盗非善事，何至自诬也？'对曰：'臣受委一州，不能息盗贼，臣之罪一也。州民为人所谤，不付法司，悬即放免，臣之罪二也。牵率愚诚，无顾形迹，不恃文书约束，至今为物所疑，臣之罪三也。臣有三罪，何所逃责？臣又不言受赂，使者复将有所穷究，然则缧绁横及良善，重臣之罪，是以自诬。'上叹异之，称为长者。"《隋书·史万岁传》载：史万岁平定南夷，生擒爨玩"但玩以重金赂万岁，于是舍玩而还"，隋文帝责之"官高禄重，翻为国贼"而"欲杀之"。《隋书·权武传》载：权武"晚生一子，与亲客宴集，酒酣，遂擅赦所部内狱囚"。《元寿传》载：尚书左丞元寿于开皇九年劾殿内侍御史韩微之等对肖摩诃之罪"亲所见闻，竟不弹纠。若知非不举，事涉阿纵；……请付大理"。《李密传》载：李密兵败，郁郁不得志而赋诗，"诗成而泣下数行。时人有怪之者，以告太守赵他。急捕之，密乃亡去，抵其妹夫雍丘令丘君明。后君明从子怀义以告，帝令捕密，密得遁去，君明竟坐死"。

（2）不依律令。《唐律》有"诸断罪皆须具引律、令、格、式正文，违者笞三十"的专门规定。从《隋书·权武传》所载中大致可以推知隋律也有相似的规定。不过隋代立法、司法严重脱节，法外用刑、不依律令的情况十分严重，所以有隋文帝因权武"不依律令"而"便宜"司法时，"大怒"而"命斩之"的事发生。《权武传》载：权武"常以南越边远，治从其俗，务使便宜，不依律令，而每言当今法急，官不可为。上令有司案其事，皆验。上大怒，命斩之"。

（3）过暴。如《隋书·田式传》载：田式任襄州总管，"……僚吏奸赃，部内劫盗者，无问轻重，悉禁地牢中，寝处粪秽，令其苦毒，自非身死，终不得出，每赦书到州先召狱卒杀重囚，然后宣示百姓。其刻暴如此。由是为上所谴，除名为百姓。"《厍狄士文传》载：贝州刺史厍狄士文"……有细过，必深文陷害。……士文至州，发擿奸隐，长史尺布升粟之赃，无所宽贷。得千余人而奏之，上悉配防岭南，亲戚相送，哭泣之声偏于州境。至岭南，迁瘴疠死者十八九，于是父母妻子唯哭士文。士文闻之，令人捕捉，挞捶盈前，而哭者弥甚。……上闻而叹曰：'士文之暴，过于猛兽。'竟坐免"。《燕荣传》载：幽州总管燕荣"鞭笞左右，动至千数，流血盈前，饮啖自若。尝按部，道次见丛荆，堪为笞棰，命取之，辄以试人。人或自陈无咎，荣曰：'后若有罪，当免尔。'及后犯细过，将挞之，人曰：'前日被杖，使君许有罪宥之。'荣曰：'无过尚尔，况有过耶！'榜棰如旧。荣每巡省管内，闻官人及百姓妻女有美色，辄舍其室而淫之。贪暴放纵日甚。是时元弘嗣被除为幽州长史，惧为荣所辱，固辞。上知之，敕荣曰：'弘嗣杖十以上罪，皆须奏闻。'荣忿曰：'竖子何敢弄我！'于是遣弘嗣监纳仓粟，飏得一糠一秕，辄罚之。每笞不满十，然一日之中，或至三数。如是历年，怨隙日构，荣遂收付狱，禁绝其粮。弘嗣饥馁，抽衣絮，杂水咽之。

其妻诣阙称冤，上遣考功侍郎刘士龙驰驿鞠问。奏荣虐毒非虚，又赃秽狼籍，遂征还京师，赐死"。《王文同传》载，光禄少卿王文同在隋炀帝时"巡察河北诸郡。文同见沙门斋戒菜食者，以为妖妄，皆收系狱。比至河间，召诸郡官人，小有迟违者，辄皆覆面于地而棰杀之。求沙门相聚讲论，及长老共为佛会者数百人，文同以为聚结惑众，尽斩之。又悉裸僧尼，验有淫状非童男女者数千人，复将杀之。郡中士女号哭于路，诸郡惊骇，各奏其事。帝闻而大怒，遣使者达奚善意驰锁之，斩于河间，以谢百姓"。

（五）军事犯罪

军队是封建国家的主要组成部分，皇帝直接统帅军队。封建法律无不详尽规定军事犯罪的范围及惩罚方法，而且惩罚手段往往都是十分简单而残酷的一种，即死刑。隋代开皇九年（公元589年）取得平陈之战的胜利后，隋文帝曾于四月下诏曰"代路既夷，群方无事，武力之子，俱可学文"，但实际上仍保存了一支庞大的军队，这从以后镇压农民起义、对外用兵即可知晓。隋代军事犯罪的罪名，史书无具体记载，只能从《隋书》各传中辑出若干条，归纳为以下四个方面。

1. 叛军

《炀帝纪》载：大业十年（公元615年）三月，炀帝"次临渝宫，亲御戎服，祃祭黄帝，斩叛军者以衅鼓"。"衅"，古代新器物制成时杀牲以祭，因以其血涂其缝隙处之称。如《孟子》卷一《梁惠王上》所云"将以衅钟"；又如"祭蚩尤于沛庭，而衅鼓旗"① 等。"斩叛军者以衅鼓",一可见其残酷,二可见"叛军"罪要处"斩"。

2. 放纵士卒犯罪

上柱国韩擒平陈中立了大功,但"有司劾擒放纵士卒,淫污陈宫,坐此不加爵邑"。② 南宁州总管韦冲之侄韦伯仁"随冲在府,掠人之妻,士卒纵暴,边人失望。上闻而大怒,令蜀王秀治其罪。益州长史元岩……案冲无所宽贷,冲竟坐免"。③

3. 怯敌

例如,苏威被除名为民的罪名之一便是"畏怯突厥,请还京师"。④ 刑部尚书薛胄因为在汉王谅作乱时"畏惧兵锋,不敢拒","朝廷以胄怀二心,锁诣大理……胄竟坐除名,配防岭南"。⑤ 又如,刘元进起兵进据建安,隋炀帝令吐万绪进讨之,吐万绪"以士卒疲敝,请息甲待至来春。帝不悦,密令求绪罪失,有司奏绪怯懦违诏。于是除名为民,配防建安"。⑥ 又如《董纯传》载,大业末年"时百姓思乱,盗贼日益,纯虽频战克捷,所在蜂起。有人谮纯怯懦,不能平贼,帝大怒,遣使锁纯诣东都。有司见帝怒甚,遂希旨致纯死罪,竟伏诛"。

4. 败军丧师

这一点详见前文之《武官管理法制考》一节。

---

① 《史记》卷八《高祖本纪》,中华书局,1999,第 350 页。
② 《隋书》卷五二《韩擒虎传》,中华书局,1982,第 1341 页。韩擒虎,原作韩擒,唐人避讳省"虎"字,故引文中为"韩擒"。
③ 《隋书》卷四七《韦世康传》,中华书局,1982,第 1270 页。
④ 《隋书》卷四一《苏威传》,中华书局,1982,第 1189 页。
⑤ 《隋书》卷五六《薛胄传》,中华书局,1982,第 1388 页。
⑥ 《隋书》卷六五《吐万绪传》,中华书局,1982,第 1539 页。

（六）逃避徭役、赋税，侵犯财权、人权

封建社会里，劳动人民深受奴役与剥削，强加在他们身上的徭役十分繁重，赋税十分苛杂，这是由于整个封建军事官僚国家机器和地主阶级的寄生生活，都靠劳动人民服役、捐税来加以维持。虽然开皇初年生产得到了一定程度的发展，国家呈现出比较繁荣的状况，但是徭役和赋税的减轻仅只是相对而言。大业后期，徭役空前地加重了，赋税自然也急剧增加。因此，劳动人民逃避徭役、赋税的反抗行为所在多有，而且越益频繁。对此，隋朝统治者必然运用司法手段打击人民的反抗活动。但有关的材料，在史籍中反映得很少。

一般来说，在封建社会里，财权和人权只为地主阶级所有，劳动人民由于十分贫困而无财权可言；他们的人权包括人格权也不可能得到尊重，得不到法律的保障。但是，封建法律还具有维护整个社会按封建秩序运行的任务，因此，在个别场合、个别情况下，对于盗窃私人财产及杀人的罪行，还是规定了惩罚的办法的。当然，从根本上来看，封建法律的维护财权、人权，主要是为地主阶级服务的。

这里，将隋律涉及上述有关方面的资料综述如下。

1. 逃避徭役、赋税

户籍是徭役、租赋的基础，因此隋朝的开皇时期与大业时期，对户籍都抓得很紧，并以法律、法令加以保障。如《隋书·乞伏慧传》载：乞伏慧任曹州刺史，"曹土旧俗，民多奸隐户口，簿帐恒不以实。慧下车，按察得户数万，转齐州刺史，得隐户数千"。《令狐熙传》载：沧州刺史令狐熙上任，"时山东承

齐之弊，户口簿籍不以实。熙晓谕之，令自归省，至者一万户"。《裴蕴传》载：大业时期"于时犹承高祖和平之后，禁网疏阔，户口多漏，或及成丁，犹诈为小，未至于老，已免租赋。蕴历为刺史，案知其情，因是条奏，皆令貌阅，若一人不实，则官司解职，乡正里长，皆远流配"。

逃避徭役者，不仅劳动人民要受到惩罚，而且身为主管官吏者也要受惩罚。例如，隋炀帝时任齐州刺史的元褒，就责杖过违律的官员："及兴辽东之役，郡官督事者前后相属，有西曹掾当行，诈疾，褒诘之，掾理屈，褒杖之……"① 逃避赋税可见之"私入蕃交易"一例。《隋书·宇文化及传》载：大业初，宇文化及"与弟智及违禁与突厥交市。帝大怒，囚之数月……欲斩之……"；"智及……劝化及遣人入蕃，私为交易，事发，当诛……"

2. 侵犯财权

开皇时期关于侵犯财权方面，有以下记载：开皇十五年冬"十二月戊子，敕盗边粮一升已上皆斩，并籍没其家"。② "十六年，有司奏合川仓粟少七千石，命斛律孝卿鞫问其事，以为主典所窃。复令孝卿驰驿斩之，没其家为奴婢，鬻粟以填之。是后盗边粮，一升已上皆死，家口没官"。③ "是时帝意每尚惨急，而奸回不止，京市白日，公行掣盗，人间强盗，亦往往而有。帝患之，问群臣断禁之法。杨素等未及言，帝曰：'朕知之矣。'诏有能纠告者，没贼家产业，以赏纠人。时月之间，内外宁息。其后无赖之徒，候富人子弟出路者，而故遗物于其前，偶拾取则擒

---

① 《隋书》卷五〇《元褒传》，中华书局，1982，第1319页。
② 《隋书》卷二《高祖纪下》，中华书局，1982，第40页。
③ 《隋书》卷二五《刑法志》，中华书局，1982，第714页。

以送官，而取其赏。大抵被陷者甚众。帝知之，乃命盗一钱已上皆弃市。行旅皆晏起早宿，天下懔懔焉。此后又定制，行署取一钱已上，闻见不告言者，坐至死。自此四人共盗一榱桶，三人同窃一瓜，事发即时行决。有数人劫执事而谓之曰'吾岂求财者邪？但为枉人来耳。而为我奏至尊，自古以来，体国立法，未有盗一钱而死也。而不为我以闻，吾更来，而属无类矣。'帝闻之，为停盗取一钱弃市之法。"①

开皇时期对侵犯财权处分之严酷，不仅可以见之于上述法令规定，还可见之于具体事实。例如，有人偷窃冀州刺史赵煚田中一车蒿草，"为吏所执"。赵煚说："此乃刺史不能宣风化，彼何罪也"。并"令人载蒿一车以赐盗者"，据说因此"盗者愧恶，过于重刑"。② 反过来看，也就是盗窃一点蒿草，在当时也要处刑的。

大业时期关于侵犯财权方面，有如下记载："（大业九年）秋八月……戊申，制盗贼籍没其家。"另有记载：

> 后帝乃外征四夷，内穷嗜欲，兵革岁动，赋敛滋繁。有司皆临时迫胁，苛求济事，宪章遐弃，贿赂公行，穷人无告，聚为盗贼。帝乃更立严刑，敕天下窃盗已上，罪无轻重，不待闻奏，皆斩。百姓转相群聚，攻剽城邑，诛罚不能禁。帝以盗贼不息，乃益肆淫刑。九年，又诏为盗者籍没其家。自是盗贼大起，郡县官人，又各专威福，生杀任情矣。③

---

① 《隋书》卷二五《刑法志》，中华书局，1982，第714页。
② 《隋书》卷四六《赵煚传》，中华书局，1982，第1251页。
③ 《隋书》卷二五《刑法志》，中华书局，1982，第717页。

3. 侵犯人权

这主要指杀人与伤人，这一方面的具体材料有：《隋书·李穆传》载，李穆之孙李筠于"开皇八年，以嫡孙袭爵。仁寿初，叔父（李）浑忿其吝啬，阴遣兄子（李）善衡贼杀之。求盗不获，高祖大怒，尽禁其亲族。初，筠与从父弟瞿昙有隙，时浑有力，遂证瞿昙杀之，瞿昙竟坐斩，而善衡获免"。《朗方贵传》载，"开皇中，方贵尝因出行遇雨，淮水泛长，于津所寄渡，船人怒之，挝方贵臂折。至家，其弟双贵惊问所由，方贵具言之。双贵恚恨，遂向津殴击船人致死。守津者执送之县官，案问其状，以方贵为首，当死，双贵从坐，当流"。《韦鼎传》载："有人客游，通主家之妾，及其还去，妾盗珍物，于夜亡，寻于草中为人所杀。主家知客与妾通，因告客杀之。县司鞫问，具得奸状，因断客死。"《李世谦传》载，李世谦之奴"尝与乡人董震因醉角力，震扼其喉，毙于手下，震惶惧请罪。士谦谓之曰：'卿本无杀心，何为相谢？然可远去，无为吏之所拘'"。

隋《开皇律》的"十恶"条之五为"不道"。《唐律疏议》对"不道"的解释是"谓杀一家非死罪二人，及支解人、造畜蛊毒、厌魅"，可以参考。

（七）违反家庭、婚姻、社会秩序

封建法律严厉打击违反家庭、婚姻及其他社会秩序的行为，这是对维护封建社会制度的一个保证。隋律在这方面亦有严密的规定。这从某些关于家庭、婚姻、社会秩序的规定被列入"十恶"范围即可明白。

1. 违反关于家庭的法律规定

（1）不孝。《开皇律》"十恶"条有"七曰不孝"。《唐律疏议》曰："不孝，谓告言诅骂祖父母、父母，及祖父母、父母在，别籍异财，若供养有阙；居父母丧，身自嫁娶，若作乐释服从吉；闻祖父母、父母丧，匿不举哀；诈称祖父母、父母死。"郑译曾因"与母别居，为宪司所劾"而除名，①《隋书·刘昶女传》叙及刘昶被"赐死于家"的罪名之一就是"事母不孝"。又《隋书·梁彦光传》云："有滏阳人焦通，性酗酒，事亲礼阙，为从弟所讼。"

（2）不睦。《开皇律》"十恶"条有"八曰不睦"。《唐律疏议》释"不睦"，"谓谋杀及卖缌麻以上亲，殴告夫有大功以上尊长、小功尊属"。《隋书·郎茂传》载有朗茂处理"不睦"案件一例："有民张元预，与从父弟思兰不睦。丞尉请加严法，茂曰：'元预兄弟，本相憎疾，又坐得罪，弥益其忿，非化民之意也。'于是遣县中耆旧更往敦谕，道路不绝。元预等各生感悔，诣县顿首请罪。茂晓之以义，遂相亲睦，称为友悌。"

此外，"十恶"之"恶逆"、"内乱"条，也涉及家庭方面的犯罪。《唐律疏议》释"恶逆"，"谓殴及谋杀祖父母、父母，杀伯叔父母、姑兄妹、外祖父母、夫、夫之祖父母、父母者"。又释"内乱"，"谓奸小功以上亲、父祖妾及与和者"。

2. 违反关于婚姻的法律规定

（1）淫乱。《隋书·宇文庆传》载：宇文庆之子宇文皛为隋炀帝所亲昵，"与宫人淫乱，至于妃嫔公主，亦有丑声。……帝不之罪……""帝不之罪"句，恰正说明，在法律上是被视为犯

---

① 《隋书》卷三八《郑译传》，中华书局，1982，第1137页。

罪的。

（2）官吏妻妾违反婚姻的法律规定。隋文帝开皇十六年（公元596年）六月辛丑，曾"诏九品已上妻、五品已上妾，夫亡不得改嫁"。①其立法经过，见之于《李谔传》、《刘炫传》。《李谔传》载：治书侍御史李谔"见礼教凋敝，公卿薨亡，其爱妾侍婢，子孙辄嫁卖之，遂成风俗"，李谔于是上书建言并为隋文帝所接受，遂诏"五品以上妻妾不得改醮"。《刘炫传》载："高祖之世……以风俗陵迟，妇人无节。……于是立格……九品妻无得再醮。"《刘炫传》又云，"炀帝即位，牛弘引炫修律令"，刘炫著论反对"九品妻无得再醮"之规定，并为牛弘所接受。因此，大业时，这条戒令可能是被取消了。但是，当这条戒令适用的时候，如果违反了，那就是犯罪行为，要受法律的制裁。

（3）居丧嫁娶。居丧嫁娶在隋律、唐律中均被列入"不孝"条，但这涉及婚姻，所以这里列举之。据《柳彧传》载："有雍州刺史唐君明，居母丧，娶雍州长史厍狄士文之从父妹"，为柳彧所劾，"二人竟坐得罪"。这个案例，在《厍狄士文传》中也比较详细地述及了。

3. 打击妨害社会管理的其他犯罪的法律规定

（1）犯钱禁。金钱货币涉及财政管理制度，历来为封建统治者所极端重视，隋代也不例外。隋文帝时，对币制问题曾做过许多次十分具体的规定，凡违反者，都要处以重刑："高祖既受周禅，以天下钱货轻重不等，乃更铸新钱。……是时钱既新出，百姓或私有熔铸。……四年，诏仍依旧不禁者，县令夺半年禄。……五年正月，诏又严其制。……十年……乃下恶钱之禁。……十八年……是时钱益滥恶，乃令有司，括天下邸肆见

---

① 《隋书》卷二《高祖纪下》，中华书局，1982，第41页。

钱，非官铸者，皆毁之，其铜入官。而京师以恶钱贸易，为吏所执，有死者。"①《隋书·赵绰传》提到了一个惩处犯钱禁的著名案例："时上禁行恶钱，有二人在市，以恶钱易好者，武侯执以闻，上令悉斩之。绰进谏曰：'此人坐当杖，杀之非法。'"

（2）扰乱社会秩序。开皇元年，隋文帝曾下令"禁杂乐百戏"。② 后来，柳彧又以"昔者明王训民治国，率履法度……非法不服，非道不行"为由，谏请禁绝正月十五日的"角抵之戏"，"敢有故犯者，请以故违敕论"，隋文帝"诏可其奏"。③

（3）不义。《开皇律》有"十恶"之"不义"条。《唐律疏议》释"不义"，"谓杀本属府主、刺史、县令，见受业师；吏卒杀本部五品官已上官长；及闻夫丧，匿不举哀，若作乐释服从吉，及改嫁。"近似于这方面的案例，如《王谊传》所载：隋文帝以第五女嫁给王谊之子王奉孝，"奉孝卒。逾年，谊上表，言公主少，请除服"。为御史大夫杨素所劾，认为王谊有"薄俗伤教，为父则不慈，轻礼易丧，致妇于无义"之罪，"若纵而不纠，恐伤风俗，请付法推科"。又如《元寿传》载："开府肖摩诃妻患且死，奏请遣子向江南收其家产"，为尚书左丞元寿所劾，认为肖摩诃犯了"远念资财，近亡匹好，又命其子舍危惙之母，为聚敛之行"的不义之罪。再如《李穆传》载，李穆之长子李筠"与从父弟瞿昙有隙，时（李）浑有力，遂证瞿昙杀之。瞿昙竟坐斩，而善衡得免。四年，议正嗣，邳公苏威奏筠不义，骨血相杀……"

① 《隋书》卷二四《食货志》，中华书局，1982，第 691~692 页。
② 《隋书》卷一《高祖纪上》，中华书局，1982，第 15 页。
③ 《隋书》卷六二《柳彧传》，中华书局，1982，第 1483~1484 页。

五　刑事法制考
——隋律规定的刑罚制度

隋律规定的刑罚制度，较之前代有一定的改进，尤其是在刑罚方法方面。

改进的总特点是轻刑恤罚。隋文帝在颁布《开皇律》时下诏，指出"帝王作法，沿革不同"的原则是"取适于时"。当"时"的情况是封建制生产关系已经稳固确立，并符合生产力发展的要求，国家统一势在必行，隋的强大已达到可以轻刑恤罚的地步。因此，诏书谴责前代行"枭首轘身"之酷刑，非但"不益惩肃之理"，而且"徒表安忍之怀"，是"事乖仁者之刑"的；宣传本朝去鞭去枭去轘，流役及徒刑均减轻，即"以轻代重，化死为生"。① 虽然仁寿时期及隋炀帝大业后期都把法外行刑视同家常便饭，而且越演越烈，但是，在《开皇律》和《大业律》的律文中，刑罚制度方面所表现的轻刑恤罚的特点，却是毋庸置疑的。

隋初制定《开皇律》时，除削除"枭首轘身"之法外，实际上还去除了宫刑，这是隋文帝颁律诏书中未提及而在已有史料

---

① 《隋书》卷二五《刑法志》，中华书局，1982，第711~712页。

中可以考出的。

据《尚书正义》云："汉除肉刑，除墨劓耳，宫刑犹在。大隋开皇之初，始除男子宫刑，妇人犹闭于宫。"又据《周礼·秋官·司刑》疏云："宫刑至隋乃赦。"隋代宫刑之除，虽仅及男身，但也是重要的社会进步。查《北齐书》卷八之《后主纪》载：北齐后主高纬天统"五年春二月乙丑，诏应宫刑者普免刑为官口"。根据这一诏令，可以进行两种揣测：一为此诏乃一时之诏，并不涵盖相当长的时期；二为，可以涵盖此后的长时期。但不管如何理解，透过此诏，都可得悉《北齐律》中确有关于宫刑的规定，否则无颁令之必要，措词中也不会出现"应宫刑者"的字样。事实上，《北史》也记载了北齐执行宫刑的案例，据《北史·崔季舒传》载："季舒等家属男女徙北边，妻女及子妇配奚宫，小男下蚕室，没入赀产。"我们至今未能从史料中查出北周实行宫刑的记载。因此，将隋代之去除宫刑与北齐有宫刑而北周无宫刑联系起来看，隋律"因北齐而不袭北周"之说也显然是苍白无力的。至于隋之去除轘身、轘首与鞭刑等酷刑，由于《北齐律》有鞭、轘及枭首，《北周律》有"磬"（《唐六典》注"磬"作"磔"）、裂（以上二者大抵相当于"轘"之苛酷与枭及鞭刑），所以，《开皇律》之"枭轘及鞭，并令去也"，同为对《北齐律》与《北周律》的反拨，不能武断地认为《开皇律》"因北齐而不袭北周"。

《隋书·刑法志》还提到"除孥戮相坐之法"：

　　……又诏免尉迥、王谦、司马消难三道逆人家口之配没者，悉官酬赎，使为编户。因除孥戮相坐之法。

从尉迥等案开始"除孥戮相坐之法",事在开皇六年(公元586 年),由此可推论,开皇元年(公元 581 年)撰订《开皇律》时,内容有"孥戮相坐之法",而在开皇三年(公元 583 年)修订《开皇律》,大量删削繁苛法条时,仍保留了"孥戮相坐之法"。

考"孥戮相坐之法"起源极早。夏后氏发兵攻打有扈氏时下的军令中即有,至汉初实行"宽简之法"时,仍未废除。《汉书·崔实传》云:"昔高祖令萧何作九章之律,有夷三族之令。"《汉书·刑法志》载:"当三族者,皆先黥、劓、斩左右趾、笞杀之,枭其首,菹其骨肉于市;其诽谤詈诅者,又先断舌,故谓之具五刑。彭越、韩行之属,皆受此诛。至高后元年,乃除三族罪,其后新垣平为逆,复行三族之诛。"王温舒甚至还受五族之诛,《汉书·王温舒传》曰:"温舒受员骑钱他奸利事,罪至族,自杀,其时两弟及两婚家,亦各自坐他罪而族。光禄勋徐自为曰:'悲夫,古有三族,而王温舒罪至同时而五族乎!'"汉代以还,魏有夷三族之刑,晋、南朝、梁、后魏等亦有孥戮相坐至族诛之法。①

有意思的是,北齐时倒是将族诛之刑去除了的。《北齐书·杨愔传》载:"愔子献、天和皆帝姑夫云,于是乃以天子之命,下诏罪之,罪止一身,家口不问。寻复簿录五家,王晞因谏,乃各没一房。"《北齐书·尔朱文畅传》载:"任胄令仲礼藏刀于袴中,因高祖临观,谋为窃发,事捷之后,共奉文畅为主。为任事家客薛季孝告。高祖问,皆惧伏,以其姊宠,故止坐畅一房。"程树德先生《九朝律考·北齐律考》谓:"按北魏有门房之诛,

---

① 见《三国志》卷二八《魏书·毋丘俭传》;《晋书》卷三《武帝纪》、卷五九《东海王越传》、卷五《孝愍帝纪》、卷六《明帝纪》等,《北史》卷二五《刘洁传》等。

齐盖沿魏制。族诛仅《祖珽传》有因（斛律）光府参军封士让启告光反，遂灭其族之语，他不概见，盖不常用也。"将隋初开皇规定的"孥戮相坐之法"与北齐律之"罪止一身，家口不问"等相较，也可见隋律并非处处"因北齐"的。

（一）刑罚方法

我对隋代刑事法制的考证，始之以"刑罚方法"而不用"刑名"的术语，一是考虑到与当代各国刑法总则之"刑罚"篇章提法相偕，二是考虑到旧时封建制"刑名"有五，即笞、杖、徒、流、死，而实际上还应包括连坐、赎刑等。

隋《开皇律》有《名例》篇，列有主要的刑罚方法，即死、流、徒、杖、笞，后为唐律所承袭，形成为定型化的封建制"五刑"。"名例"之从"刑名"演化而来，有一个过程，《唐律疏议》对此作了简要的概述："《尚书大传》曰：'夏刑三千条。'《周礼》'司刑掌五刑'，其属二千五百。穆王度时制法，五刑之属三千。周衰刑重，战国异制，魏文侯师于里悝，集诸国法典，造《法经》六篇：一、盗法；二、贼法；三、囚法；四、捕法；五、杂法；六、具法。商鞅传授，改法为律。汉相萧何，更加悝所造《户》、《兴》、《厩》三篇，谓《九章之律》。魏因汉律为一十八篇，改汉《具律》为《刑名第一》。晋命贾充等，增损汉、魏律为二十篇，于魏《刑名律》中分为《法例律》。宋、齐、梁及魏，因而不改。爰至北齐，并刑名、法例为《名例》。唐因于隋，相承不改。"关于"名例"术语的涵义，《唐律疏议》复解释曰："名者，五刑之罪名；例者，五刑之体例。名训为命，例训为比。命诸篇之刑名，比诸篇之法例。但名因罪立，事由犯生，命名即刑立，比例即事表，故以《名例》为首篇。"这个解释，多少有点玩弄文字之嫌。罪名与刑名是两个不同的概念，如盗窃罪判徒刑若干年，罪名是盗窃，刑名是徒刑。《唐律疏议》关于"名例"的解释反而把刑与罪混淆起来了。倒是孙奭等撰的《律音义》对"名例"的解释更合理一些。孙谓："名例第一。主物之谓名，统凡之谓例。法律之名既众，要须例以表之，故曰'名例'。汉作《九章》，散而未统，魏朝始集罪例，号为《刑名》。晋贾充增定律二十篇，以《刑名》、《法例》揭为篇冠。至北齐，赵郡王睿等奏上《齐律》篇，并曰《名例》，后循而不改。"这一解释有助于我们理解"名例"的含义。在本书中，从有利于今人的理解的角度出发，谨以考证隋律关于"刑罚方法"为题展开。

隋律规定的刑罚方法，开皇时期与大业时期基本相同。这可见诸《隋书·刑法志》所载的以下文字："炀帝即位，以高祖禁网深刻，又敕修律令，除十恶之条。时斗、称皆小旧二倍，其赎铜亦加二倍为差。杖百则三十斤矣。徒一年者六十斤，每等加三十斤为差，三年则一百八十斤矣。流无异等，赎二百四十斤。二死同赎三百六十斤。其实不异。"所不同者，唯《开皇律》规定流刑赎铜分等，而《大业律》则"流无异等"，一律"赎二百四十斤"。

《开皇律》规定的刑罚方法大致可分以下几个方面。

1. 死刑

"死刑二，有绞，有斩。"① 绞、斩之刑，起源极早。《春秋元命苞》云："黄帝斩蚩尤于涿鹿之野。"《周礼》云："公族有

---

① 《隋书》卷二五《刑法志》，中华书局，1982，第710页。

死罪，馨之于甸人。"所以《唐律疏议》认为"斩自轩辕，绞兴周代"。

绞是用绳子勒死犯人，"绞以致毙"，但不会使尸体分解，所以被认为比躯体分离的斩刑为轻。"斩则殊刑"，斩在开皇初被法律规定为最严重的刑罚。刘熙《释名》云："砍头曰斩，斩腰曰腰斩。"秦、汉行枭首与腰斩刑，可见斩首与斩腰是予以明确区分的。隋之"斩"刑，既未明确定为腰斩，那就是斩首，但斩首之后并不"枭首通衢"，所以隋文帝的颁律诏书中说"枭轘及鞭并令去也"。《隋书·炀帝纪》载：开皇九年（公元589年）平陈，行军元帅杨广"执陈湘州刺史施文庆、散骑常侍沈客卿……以其邪佞，有害于民，斩之右阙下，以谢三吴。"这是"斩"之一例。但隋代的司法实践中，并没有真正废除"轘"、"裂"之法。《隋书·韦福嗣传》载：内史舍人韦福嗣，为作乱的杨玄感所掳，杨玄感"令作文檄，辞甚不逊。寻背玄感还东都，帝衔之不已，车裂于高阳"。隋炀帝时，彭孝才率众起义于东海，彭城留守董纯"以精兵击之，擒孝才于阵，车裂之"。[1]这里的车裂，即"轘"，一种用车来分裂人体的酷刑。《左传·桓公十八年》："齐人杀子亹而轘高渠弥。"杜预注："车裂曰轘；轘，散也，肢体分散也。"

此外，还有"支解"与"撲杀"。大业十年（公元614年）十一月，"支解斛斯政于金光门外"。[2]开皇末，大将史万岁就是被隋文帝令左右"撲杀"而死的。

对于犯罪应处死的朝廷官员，往往采取"赐自尽"的形式。隋文帝时，王谊、秦王杨俊之妃崔氏、燕荣、刘昶等都被"赐

① 《隋书》卷六五《董纯传》，中华书局，1982，第1540页。
② 《隋书》卷四《炀帝纪下》，中华书局，1982，第88页。

死于家"。① 隋炀帝时，苏威、张衡之妾、齐王杨暕韦妃之姊元
氏也被"赐死"、"赐尽于家"。② 赐死有时还采取"赐鸩"的方
法，即强令喝毒酒而死。例如大业时，李敏之妻宇文氏，在李敏
被诛杀后"数月，亦赐鸩而终"。③

2. 流刑

"流刑三，有一千里、千五百里、二千里。"④ 流刑，俗称充
军，即把犯人放逐到远方。《孟子·万章上》云："舜流共工于
幽州。"《尚书》有"流宥五刑"、"五流有宅，五宅三居"之
说。《唐律疏议》议及古代流刑时谓："大罪投之四裔，或流之
于海外，次九州之外，次中国之外。盖始于唐虞。"也就是说，
我国在原始社会的末期就有这种刑罚了。秦、汉时也有这类刑
罚。如秦时，"长安君……反，死屯留，军吏皆斩死，迁其民于
临洮"。⑤"秦既灭韩，徙天下不轨之民于南阳……"⑥ 可见秦时
的流刑称"迁"、"徙"（边）。汉承秦徙边之制。"汉武时，始
启河右四郡，议诸疑罪而谪徙之。"⑦《法学词典》说"秦汉魏晋
无流刑"，应理解作"无字面规定的'流刑'"。流刑的名称始见
于《尚书·舜典》："流宥五刑"。这与上述《孟子·万章上》
所云"舜流共工于幽州"是一致的。正式采用流刑的说法，是
在梁代：梁武帝天监二年（公元504年）任提女之子景慈证成

---

① 参见《隋书》卷四〇《王谊传》、卷四五《秦王杨俊传》、卷七四《燕荣传》、卷八〇《刘
　昶女传》。
② 参见《隋书》卷四一《苏威传》、卷五六《张衡传》、卷五九《齐王暕传》。
③ 《隋书》卷三七《李穆传》，中华书局，1982，第1125页。
④ 《隋书》卷二五《刑法志》，中华书局，1982，第710页。
⑤ 《史记》卷六《秦始皇本纪》，中华书局，1999。第224～225页。
⑥ 《汉书》卷二八《地理志》，中华书局，1962，第1654页。
⑦ 《魏书》卷一一二《刑罚志》，中华书局，1974，第2874～2875页。

母罪，诏流交州。① 北魏流刑亦称流徙。北齐开始，流刑入五刑。北周之五刑中，亦有流刑。《辞海》称："在中国，秦、汉就有这种刑罚。"这是正确的，但接着又说："隋代定为五刑之一，沿用至清代。"容易使人误解为流之入刑始于隋代，这是值得注意的。

《开皇律》还规定："应配者，一千里居作二年，一千五百里居作二年半，二千里居作三年。应住居作者，三流俱役三年。近流加杖一百，一等加三十。""配"即流配。"居作"，亦称"居役"、"罚作"、"输作"，是古代强制罪犯在流配地服劳役的刑罚。《开皇律》规定流一千里者强制服劳役二年，流一千五百里者强制服劳役二年半，流二千里者强制服劳役三年。同时，服流刑之前，还分别要杖一百、一百三十、一百六十。

《隋书·刑法志》载：开皇"十三年，改徒及流并为配防"。这表明当时的流犯主要是从事军事劳役了。《隋书·高祖纪》载，同年二月，"乙丑，制坐事去官者，配流一年。"这是专为"去官"者作的流配的规定。

关于隋代的流刑，《资治通鉴》第175卷记作"流刑三，自二千里至三千里"。胡三省注亦与《隋书·刑法志》不同。程树德的《九朝律考·隋律考》谓："考《唐六典》注，唐律一准开皇之旧，惟三流皆加一千里，《通鉴》盖传写之误。"而《唐律疏议·名例律》载"流刑三：二千里，二千五百里，三千里"。所以，《开皇律》规定的流刑三等分别是一千里、一千五百里和二千里。又《隋书·刑法志》云："其流徒之罪皆减从轻。"北齐律有流刑的规定，但仅仅规定"投于边裔，以为兵卒，未有

---

① 《隋书》卷二五《刑法志》："三年八月，建康女子任提女，坐诱口当死。其子景慈对鞫辞云，母实行此。……诏流于交州。至是复有流徒之罪。"

道里之差"。北周律则规定流刑五等，自二千五百里至四千五百里，等差为五百里。隋之流刑较前代"皆减从轻"，以一千里、一千五百里、二千里为限，是可信的。

隋代的流刑，有时作"投边裔"、"徙边"。《隋书·高祖纪》载：开皇九年（公元 589 年）夏四月"己未，以陈都官尚书孔范，散骑常侍王瑳、王仪，御史中丞沈观等，邪佞于其主，以致亡灭，皆投之边裔。"《隋书·炀帝纪》载：大业元年（公元 605 年）秋七月"丙午，滕王（杨）伦、卫王（杨）集并夺爵徙边"。《隋书·滕穆王瓒传》载：杨瓒之子杨伦"徙始安。诸弟散徙边郡。……未几，复徙朱崖。""伦弟坦……坐徙长沙。坦弟猛……徙衡山。猛弟温……初徙零陵。温好学，解属文，既而作《零陵赋》以自寄，其辞哀思。帝见而怒之，转徙南海。温弟诜……前亦徙零陵。"

我在前文关于隋《开皇律》的历史渊源部分，曾述及陈寅恪、程树德先生等的"因北齐而不袭北周"论确有偏颇，而留程论到这里来加以说明，因为程论与流刑制度在隋、唐律关系中更直接一些，现予略述。

程树德先生在《九朝律考·隋律考》中说："……唐初修律诸臣，如裴寂、刘文静、殷开山等本非律家，开皇定律，源出北齐，而齐律之美备，又载在史册，人无异词，执笔者不敢率为更改。故《旧唐书·刑法志》，一则曰以开皇为准，再则曰余无所改，纪其实也。"我以为，程先生的这段话，颇多问题：其一，"齐律之美备，又载在史册，人无异词"云云，有时序上的误解。齐律是否"美备"，确有后人评说，但不是在北周，因为北周律在很大的程度上修改了北齐律，如北齐律为九百四十七条，而北周律达一千七百多条。有可能是在隋代，隋代君臣因隋祚夺自北周，完全可能故意去否定北周，这有利于为夺袭北周帝位作辩解，有利于巩固他的统治。但《隋书》为魏徵所修，事在唐武德元年之后许久，因而"齐律之美备，载在史册"云云，就失去了立论的依据。为证明唐律源于隋律、隋律源于北齐律而随意以含混的模糊概念"史册"作为论据，不能说是学术的严谨。

其二，"……执笔者不敢率为更改"云云，也是很成问题的揣测。即令齐律如何如何的"美备"，也总是经过了开皇的修订，程先生也引《旧唐书·刑法志》之"（唐律）……以开皇为准"说明隋律为唐律蓝本的。因此，是否敢于"率为更改"，直接的"更改"对象并非齐律，而是隋律。这样，就产生了两个问题：一为，程文"不敢率为更改"之以齐律为对象，是对象性的错误；二为，唐的建立，是把整个隋朝推翻了，把隋的君臣杀了大半，才大功告成的，在这样的情况下，把隋律作些修改，又何惧之有？何来"不敢率为更改"？

其三，诚如程树德先生《九朝律考·隋律考序》中"以隋书、唐律互较，尚可仿佛得其修订之迹"之说，以及关于隋唐律"恶逆"、"不道"、"八议"、"死罪"、"流罪"、"减赎"，程序上的"奏请"、"呪诅"是否定罪等等，均有不同，可见不管是否"率"然，"更改"却也是有的，远非绝对的"以开皇为准"。这就是说，程先生在《隋律考序》的前言后语也是相互牴牾的。

不过，以上均为学术上的不够严谨而已，还不涉及隋律、唐律"因北齐而不袭北周"这一议论的中心问题。现在我们结合隋、唐流刑制度来分析一下。

隋《开皇律》定"流"为"五刑"之一，流刑分三等，自一千里至二千里。唐初定律，据《唐律疏议·名例律》载："流刑三：二千里，二千五百里，三千里。"

这样，唐律的流刑较之隋律，每一等都一下子增加了一千里。这在当时，是极为严峻的刑罚。

据《隋书·刑法志》载，北齐的流刑规定很笼统："论犯可死，原情可降，鞭笞各一百，髡之，投于边裔，以为兵卒。未有道里之差，其不合远配者，男子长徒，女子配舂，并六年。"

而北周的流刑，按《隋书·刑法志》载，分为五等："流卫服去皇畿二千五百里者，鞭一百，笞六十；流要服去皇畿三千里者，鞭一百，笞七十；流荒服去皇畿三千五百里者，鞭一百，笞八十；流镇服去皇畿四千里者，鞭一百，笞九十；流蕃服去皇畿四千五百里者，鞭一百，笞一百。"

将齐、周、隋、唐律关于流刑的规定加以比较，不难得出这样的结论：唐律流刑之重于隋律，第一，决非源于"美备"的北齐律，因为齐律未有流刑"道里远近"的规定；第二，决非"一准开皇之旧"，"执笔者不敢率尔更改"，而是不顾隋律的规定，而大大加重对流刑犯的惩罚；第三，这种加重，倒是更接近于北周律的流刑道里远近的规定了。

综上所述，程树德先生之隋、唐律"因北齐而不袭北周"，从流刑的规定来看，是显然站不住脚的。

3. 徒刑

"徒刑五，有一年、一年半、二年、二年半、三年。"[1] 古代徒刑的含义有二：一为剥夺犯法者的身体自由，一为强迫其服劳役。因此徒刑又称徒作刑。徒作刑名，历代不一，有作刑、耐刑、年刑、徒刑、居作、输将、当差等等。《周礼》中已有徒刑

---

① 《隋书》卷二五《刑法志》，中华书局，1982，第 710~711 页。

的记载："其奴男子子入于罪隶"，"任之以事，置以圜土而收教之。上罪三年而舍，中罪二年而舍，下罪一年而舍"。此处之"奴"，意谓加以奴辱。《唐律疏议》有云："徒者，奴也，盖奴辱之。"又云，"奴辱之"之"徒刑"，"盖始于周"。具体来说，徒刑可能始于东周之春秋时期。《左传·僖公五年》载："冬，晋人执虞公。"《左传·僖公十九年》载："春，宋人执滕子婴齐。"《左传·襄公二十一年》载："会于商任，锢栾氏也。""执"、"锢"具有拘逮罚作劳役的意思。至秦时，徒刑已广泛运用，《史记·秦始皇本纪》载：始皇"二十八年……使刑徒三千人皆伐湘山树"，"始皇初即位，穿治郦山，及并天下，天下徒送诣七十余万人"。《史记·高祖本纪》载："高祖以亭长，为县送徒郦山。"秦代的徒刑有"城旦"、"鬼薪"、"白粲"、"司寇"等的区分。汉代徒刑分"罚作"、"司寇"、"鬼薪"与"白粲"、"完城旦舂"四等，时间依次为一、二、三、四年。东汉桓帝时创禁锢终身之制。至魏、晋、南北朝，沿用并发展了前代的徒刑。北齐的耐罪，有五岁、四岁、三岁、二岁与一岁之差，并加以笞刑。北周改耐刑为徒刑，自一年至五年分为五等，各加鞭笞。隋律规定的五等徒刑，均不附加鞭笞，又可听以金赎。

4. 杖刑

"杖刑五，自五十至于百。"[①] 杖刑，即以大于笞刑所用的竹板或荆条棰击罪犯的臀、背或腿部。杖刑是从鞭刑发展而来的。

---

① 《隋书》卷二五《刑法志》，中华书局，1982，第711页。《隋书》此处显然有误。杨鸿烈《中国法律发达史》、北京大学《中国法制史》等书亦据此引作"杖刑五，自五十至一百"。这是不正确的。程树德《九朝律考》卷八《隋律考》、张晋藩《中国法制史》等书改为"杖刑五，自六十至一百"，是正确的。这是因为："自五十至一百"，共有六等，而无法划分为五等；《唐律》亦为"杖刑五，自六十至一百"，而《唐律》是"大略以开皇为准"的。

杖以荆条制成，分大杖、小杖、法杖3种。大杖的大头为3分2厘，小头为2分2厘，原长6尺；小杖、法杖不详。北齐杖刑分十、二十、三十共3种。北周分杖刑为十五、二十、三十、四十、五十等5种。《尚书·舜典》云："鞭作官刑。"意谓用鞭刑对官事不治者的惩罚。南朝梁武帝时的鞭刑，"有制鞭、法鞭、常鞭，凡三等之差。制鞭，生革廉成；法鞭，生革去廉；常鞭，熟靼不去廉。皆作鹤头纽，长一尺一寸。梢长二尺七寸，广三分，鞭长二尺五寸。"① 鞭刑较杖刑为重，"鞭之为用，残剥肢体。彻骨侵肌，酷均脔切"，隋文帝废除了鞭刑，改以较轻的杖刑代之。但杖刑在北齐、北周即已使用，有些著作说杖刑始于开皇时期，是不正确的。

隋代对官吏的处分，还可以根据情况超越法定的杖刑而施行。开皇十七年（公元597年）三月，隋文帝下诏说："……若所在官人不相敬惮，多自宽纵，事难克举。诸有殿失，虽备科条，或据律乃轻，论情则重，不即决罪，无以惩肃。其诸司论属官，若有愆犯，听于律外斟酌决杖。"② 而这就造成了"上下相驱，迭行棰楚，以残暴为干能，以守法为懦弱"③ 的严重后果。

5. 笞刑

"笞刑五，自十至于五十。"④ 笞刑来源于《尚书·舜典》所记的"扑作教刑"。扑，原供学校和管礼教者对受教人教训惩戒之用，后逐渐演变为笞杖。秦时，笞用作正式刑罚。笞杖作为正式刑罚，从汉文帝除肉刑开始。汉景帝定棰令，用竹板棰击臀

---

① 《隋书》卷二五《刑法志》，中华书局，1982，第699页。
② 参见《隋书》卷二五《刑法志》、卷二《高祖纪下》，中华书局，1982，第714页、第41页。
③ 《隋书》卷二五《刑法志》，中华书局，1982，第714页。
④ 《隋书》卷二五《刑法志》，中华书局，1982，第711页。

部。自隋开始，笞刑列为"五刑"之一，一直沿用至清代。

除上述死、流、徒、杖、笞"五刑"以外，隋律规定的惩罚犯罪的方法，还有连坐、族刑、赎刑、籍没等。

6. 连坐

连坐亦称"相坐"，是一人犯罪而株连他人的刑罚制度。这种刑罚制度由来久远。《史记·孝文本纪》云："民不能自治，故为法以禁之，相坐及收，所以累其心，使重犯法，所从来远矣。"《通考·职役考一》马端临曰："秦人所行什伍之法，与成周一也。"可见，至迟是在西周时期即已出现了连坐的刑罚。秦时，商鞅变法，"令民为什伍，而相牧司连坐"，[①] 建立了一整套连坐告奸的制度。汉因秦制，直至汉文帝前元二年（公元前178 年）废除收孥相坐律令，但在实际执行中则从未停止过。《隋书·刑法志》载："唯大逆谋反叛者，父子兄弟皆斩，家口没官。"这是隋《开皇律》规定家属连坐的证明，其范围局限于"大逆谋反叛"之罪。但在实践过程中，又远非止于"大逆谋反叛"。

隋代连坐的刑罚，可以从隋代的司法实践中考证归纳出以下几种。

（1）家属连坐。《隋书·刘昉传》载：隋文帝时，刘昉与梁士彦等因谋反被诛，"士彦、昉儿年十五以上远配。"《赵绰传》载："故陈将肖摩诃，其子世略在江南作乱，摩诃当从坐。"《刘昶传》载，左武卫大将军、庆州总管刘昶之子刘居士"不遵法度，数得罪"，后又为人告有反状，经断，"居士坐斩，昶竟赐死于家"。又如，炀帝时，高颎因"谤讪朝政"罪被诛，诸子则

① 《史记》卷六八《商君列传》，中华书局，1999，第 2230 页。

连坐"徙边"。① 滕穆王杨瓒之子杨纶因"怨望咒诅""厌蛊恶逆"而"坐当死",虽然杨纶本人因"帝以公族不忍",仅"除名为民,徙始安",但其"诸弟"却因此而连坐"散徙边郡"。② 右骁卫大将军李浑被妻兄宇文述诬构犯谋反罪,与李敏等宗族三十二人被诛,"自余无少长,皆徙岭外"。③《隋书·贺若弼传》载,贺若弼因隋炀帝大宴启民可汗"以为大侈,与高颎、宇文弼等私议得失,为人所奏,竟坐诛……妻子为官奴婢,群从徙边"。《隋书·薛道衡传》载,薛道衡向隋炀帝上《高祖文皇帝颂》,被斥之为"致美先朝",有"鱼藻之义",后令其自缢,"缢而杀之,妻子徙且末"。从以上例子可以看出,父亲犯罪儿子要连坐,儿子犯罪父亲也要连坐,此外,兄弟、宗族也要连坐。连坐的家属中,妇女及儿童被视为危险性较小者,因此,如不被杀或流徙边裔,则往往被"配为官奴"。

（2）邻伍连坐。例如《隋书·炀帝纪》载:大业六年（公元610年）正月,"有盗数十人,皆素冠衣,焚香持华,自称弥勒佛,入自建国门。监门者皆稽首,既而夺卫士仗,将为乱",为齐王杨暕所斩杀,"于是都下大索,与相连者千余家"。

（3）职务连坐。例如,隋文帝时,礼部尚书苏威因"朋党"等罪被免官,"知名之士坐威得罪者百余人"。炀帝时,苏威本人又因高颎、贺若弼被诛而连坐免官。④ 又如,齐王杨暕犯罪,"暕府僚皆斥之边远"。⑤ 贺若弼被诛,"群从徙边"。⑥

① 《隋书》卷四一《高颎传》,中华书局,1982,第1184页。
② 《隋书》卷四四《滕穆王杨瓒传》,中华书局,1982,第1222～1223页。
③ 《隋书》卷三八《李浑传》,中华书局,1982,第1121页。
④ 《隋书》卷四一《苏威传》,中华书局,1982,第1187～1188页。
⑤ 《隋书》卷五九《齐王杨暕传》,中华书局,1982,第1443页。
⑥ 《隋书》卷五二《贺若弼传》,中华书局,1982,第1346页。

　　还有一种职务连坐，实际上是对严重失职的惩罚。《隋书·薛胄传》载："有陈州人向道力者，伪作高平郡守，将之官，胄遇诸涂，察其有异，将留诘之。司马王君馥固谏，乃听诣郡。既而悔之，即遣主簿追禁道力。有部人徐俱罗者，尝任海陵郡守，先是已为道力伪代之。比至秩满，公私不悟。俱罗遂语君馥曰：'向道力以经代俱罗为郡，使君岂容疑之？'君馥以俱罗所陈，又固请胄。胄呵君馥曰：'吾已察知此人诈也。司马容奸，当连其坐！'君馥乃止。遂往牧之，道力惧而引伪。"这里的"司马容奸，当连其坐"，即是对严重失职的职务连坐。

　　（4）交游连坐。例如，炀帝时，"滕王伦、卫王集并以谗构得罪，高阳公智明亦以交游夺爵"。①

7. 族诛

　　族诛，就是因一人犯罪而诛灭其亲族的刑罚制度，有夷三族、五族、七族、九族、十族等之分。据《史记·秦本纪》载，秦文公二十年（公元前746年）法，初有三族之罪。秦武公三年（公元前695年）诛三父等而夷三族。《汉书·刑法志》云："秦用商鞅连相坐之法，造参夷之诛。"至商鞅变法，夷三族被定为常法。所谓三族，有说是父母、兄弟、妻子的，也有说是父族、母族、妻族的。汉初沿用秦代夷三族之法，凡夷三族的，一律先黥其面，劓其鼻，斩其左右趾，然后笞杀，枭其首，菹醢其骨肉于市示众。吕后元年（公元187年）虽曾废除夷三族的刑罚方法，但后来新垣平谋叛，又恢复了三族之诛，以后甚至发展到诛夷七族、九族以至十族。总之，每当社会矛盾激化，当权的统治者就会滥肆淫刑。恩格斯曾经这样说："人类是从野兽开始

---

① 《隋书》卷四四《蔡王智积传》，中华书局，1982，第1236页。

的，因此，为了摆脱野蛮状态，他们必须使用野蛮的、几乎是野兽般的手段，这毕竟是事实。"①

　　隋代曾一度废除族刑。据《隋书·刑法志》载：尉迟迥、王谦、司马消难起兵反抗杨坚"入宫辅政"，败后其家口均被配没。开皇六年（公元 586 年）隋文帝下诏免除尉迟迥等三家之配没者，"悉官酬赎，使为编户。因除孥戮相坐之法。"当然，同以往任何朝代一样，社会矛盾激化，族刑就会恢复通行，或者扩大其范围。如《隋书·炀帝纪》载：隋炀帝杨广"猜忌臣下，无所专任，朝臣有不合意者，必构其罪而族灭之"。大业十一年（公元 615 年）五月"杀右骁卫大将军、光禄大夫、郕公李浑，将作监、光禄大夫李敏，并族灭其家……""及杨玄感反，帝诛之，罪及九族。"关于李浑、李敏之诛，《隋书·李穆传》有详尽的记载，纯然是一大冤案，但结果却是"诛浑、敏等宗族三十二人，自余无少长，皆徙岭外"。《法学词典》根据《九朝律考》所说"隋无族诛之制（隋炀帝诛杨玄感九族为唯一例外）"云云，是欠妥的，否则就不会有开皇六年（公元 586 年）的"……因除孥戮相坐之法"的诏令了。

8. 赎刑

　　赎刑指统治者规定犯人可用财物代替或抵销其刑罚的制度。"赎"之为"刑"，在《唐律疏议·名例律》中并未与笞、杖、徒、流、死或官当等列入"名例"定为刑名，但这不等于其时不认"赎"亦为"刑"。《疏议》有"未知赎刑起源于何代"之问，且有"今有赎刑，轻重异制"之说，即可见一斑。但唐律确未将赎刑列为单独的刑种，只是在笞、杖、徒、流、死五刑之

---

　　① 《马克思恩格斯选集》第 3 卷，人民出版社，1972，第 220 页。

下，附而规定每一刑等的赎刑差别。这在隋代也是一样的。

赎刑在我国由来已久，《尚书·舜典》有"金作赎刑"语。《国语·齐语》有"（管仲）制重罪赎以犀甲，轻罪赎以鞿盾"的记载。《秦简》有赎黥、赎耐、赎迁的规定。汉惠帝时得买爵三十（一级值钱二千）以免死刑；汉武帝时赎死罪者很多，但并非常法，至东汉才渐成定制。经魏、晋、南北朝，赎罪形成了制度。隋《开皇律》明确规定赎刑办法如下：九品官"以上犯者，听赎。应赎者，皆以铜代绢。赎铜一斤为一负，负十为殿。笞十者铜一斤，加至杖百则十斤。徒一年，赎铜二十斤，每等则加铜十斤，三年则六十斤矣。流一千里，赎铜八十斤，每等则加铜十斤，二千里则百斤矣。二死皆赎铜百二十斤"。[1] 具体来说，即：

死刑（或绞或斩）皆赎铜120斤；

流刑一千里赎铜80斤，一千五百里赎铜90斤，二千里赎铜100斤；

徒刑一年赎铜20斤，一年半赎铜30斤，二年赎铜40斤，二年半赎铜50斤，三年赎铜60斤；

杖刑六十赎铜6斤，七十赎铜7斤，八十赎铜8斤，九十赎铜9斤，一百赎铜10斤；

笞刑十赎铜1斤，二十赎铜2斤，三十赎铜3斤，四十赎铜4斤，五十赎铜5斤。

这里的"铜"即铁。当时工业不发达，铁生产很少，而又可以制作兵器、农具，所以比较贵重。一般劳动人民当然拿不出许多铁来赎罪，即使是官吏、富户，要拿出120斤铁来也不是容

---

① 《隋书》卷二五《刑法志》，中华书局，1982，第711页。

易的事，因此，纳铁赎罪也被作为刑罚之一种。

9. 籍没

籍没指登记并没收犯人的家口和财产的惩罚方法。《尚书·甘誓》："予则孥戮汝。"孔传："孥，子也，非但止汝身，辱及汝子。"秦之连坐收孥法规定："夫盗千钱，妻所匿三百，可（何）以论妻？妻智（知）夫盗而匿之，当以三百论为盗；不智（知），为收。"① "收"，即没收为官奴婢。② 汉承秦制，罪人之妻、子没为奴婢。魏、晋亦同。梁律对谋反、降、叛、大逆以上犯人的母、妻、姐妹及应从坐弃市的妻妾子女，都充作官奴婢。陈和北魏亦同。在家口没官的同时，其一切财产也全部予以没收。

隋律规定籍没为正式的惩罚方法。开皇十五年（公元595年）十二月，"敕盗边粮一升已上皆斩，并籍没其家"。③ 这种惩罚方法，在隋代是经常被使用的。例如，隋文帝时期，梁士彦、宇文忻、刘昉等大臣被诛，"士彦、叔谐妻妾及资财田宅，忻、昉妻妾及资财田宅，悉没官"。④ 上大将军元谐等被人告以"谋反"罪，"上大怒，谐、滂（元滂）、鸾（田鸾）、绪（祁绪）并伏诛，籍没其家"。⑤ 因房陵王、太子杨勇而连坐伏诛的元旻、唐令则等七人，"妻妾子孙皆悉没官"，阎毗等四人虽经免死，但"身及妻子资财田宅，悉可没官"。⑥ 又如，隋炀帝时，鱼俱

---

① 睡虎地秦墓竹简整理小组：《睡虎地秦墓竹简》，文物出版社，1978，第157页。
② "收"，有解作"收藏"的。窃以为不妥，应解作对"匿三百"的"妻"的刑罚，即与"为盗"的"夫"的对应性刑罚，收为官奴婢。
③ 《隋书》卷二《高祖纪下》，中华书局，1982，第40页。
④ 《隋书》卷三八《刘昉传》，中华书局，1982，第1134页。
⑤ 《隋书》卷四〇《元谐传》，中华书局，1982，第1172页。
⑥ 《隋书》卷四五《房陵王太子杨勇传》，中华书局，1982，第1237页。

罗以"师徒败衄"被斩于东都市，"家口籍没"。① 李子雄"及
玄感败，伏诛，籍没其家"。② 赵元淑及其妻魏氏因与杨玄感
"通谋"，"俱斩于涿郡，籍没其家"。③

10. 配为官奴

这是一种对有特殊才艺者的处刑方法，显示与因"连坐"
而罚为官奴的不同。《隋书·卢太翼传》载：卢太翼"博综群
书，爱及佛道，皆得其精微。尤善占候算历之术。……皇太子勇
闻而召之……及太子废，坐法当死，高祖惜其才而不害，配为官
奴"。《耿询传》载：耿询"……滑稽辩给，伎巧绝人。……会
郡俚反叛，推询为主。杜国王世积讨擒之，罪当诛。自言有巧
思，世积释之，以为家奴。……询创意造浑天仪，不假人力，以
水转之，施于闇室中，使智宝外候天时，合如符契。世积知而奏
之，高祖配询为官奴，给使太史局"。

（二）从刑名看隋唐律的因袭渊源

考毕隋律之刑名，仍有必要谈一谈隋、唐律的因袭渊源问
题，因为隋、唐律的刑名排列，是颇有不同的，而这种不同，又
有与北齐、北周律刑名排列顺序的关系在内。

隋律刑名的顺序为"死"、"流"、"徒"、"杖"、"笞"；唐
律刑名的排列顺序恰与隋律相反，不是先重后轻，而是先轻后
重："笞"、"杖"、"徒"、"流"、"死"。

北周律的刑名顺序为"杖"、"鞭"、"徒"、"流"、"死"，

① 《隋书》卷六四《鱼俱罗传》，中华书局，1982，第1518页。
② 《隋书》卷七〇《李子雄传》，中华书局，1982，第1620页。
③ 《隋书》卷七〇《赵元淑传》，中华书局，1982，第1622页。

而北齐律的刑名顺序为"死"、"流"、"刑"、"鞭"、"杖"。

将隋、唐律与齐、周律刑名排列顺序对照比较，可以得出的结论只能是：每一朝代在立法时，都有自身的创意，这种创意既有对前代法律的继承，也有对前代法律的反拨；唐律大体抄袭隋律，但在刑名的排列上却与北齐律、隋律相反，而与北周律相同；由此可见，后人一厢情愿地断定隋、唐立法"因北齐而不袭北周"，恐怕是不符隋、唐立法参与者当时的心态与意图，同时也是不符实际的。

（三）判刑原则

为了保证刑罚的施行，首先要决定对被告人施行什么刑罚。判刑原则就是指审理案件方面对被告人决定施行何种刑罚时所应遵守的原则。封建法制是以专横为其特征的，司法的官吏，尤其是执掌大权的皇帝、大臣，更有任情生杀的特权。但这并不等于说封建社会的司法实践中并不遵守任何判刑原则，或连表面的判刑原则都没有。恰恰相反，在我国的封建社会中，关于判刑原则的规定往往是十分详尽周密的，这是维护封建秩序的必要。只不过当社会矛盾激化时，这些判刑原则被违反却不受追究，不受惩罚罢了。隋律关于判刑原则的规定，现在所能知道的不多，据考证可分以下几方面。

1. 刑事责任的年龄

《隋书·食货志》载："高祖……颁新令……男女三岁以下为黄，十岁以下为小，十七以下为中，十八以上为丁。""开皇三年正月，帝入新宫。初令军人以二十一为丁。""炀帝即位……男子以二十二成丁。"杨鸿烈《中国法律发达史》将上述

"黄"、"小"、"中"、"丁"的规定，列为"民法"关于人的"行为能力"的规定。实际上，在我国古代法制史上，民、刑不分，隋代也是如此。但是纳赋、服役年龄并不就是刑事责任年龄，因此，上述"黄"、"小"、"中"、"丁"的规定，只能作为参考。

《隋书·刘昉传》："（梁）士彦、（刘）昉儿年十五以上为远配。"从这一材料可以比较直接地确定：隋代刑事责任年龄为十五岁。这一点，可以反考诸唐律。《唐律》有"诸年七十以上、十五以下及废疾，犯流罪以下，听赎"的规定。《疏议》曰："依《周礼》：'年七十以上及未龀者，并不为奴。'今律：年七十以上、七十九以下，十五以下、十一以上及废疾，为矜老小及疾，故流罪以下收赎。"与《隋书·刘昉传》的记载对照，至少可以肯定，隋律关于刑事责任的年龄在"十五以上"。

2. 讯问即承减轻处罚的规定

《隋书·刘昉传》："上仪同薛摩儿，是（梁）士彦交旧，上柱国府户曹参军事裴石达，是士彦府僚，反状逆心，巨细皆委。薛摩儿闻语，仍相依和，俱不申陈，宜从大辟。问即承引，颇是恕心，可除名免死。"

此外，自首也可减轻刑罚或免除刑罚。《隋书·孝女王舜传》载：王舜姐妹三人为报父仇，杀死伯叔、婶后"诣县请罪"，后为隋文帝所知而免罪。

3. 官当

官当为以官抵罪的制度。晋律规定免官比三岁刑，即为以官抵罪的开始。官当之名始于陈，《隋书·刑法志》载陈律规定："五岁四岁刑，若有官，准当二年，余一年赎。若公坐过误，罚金。其二岁刑，有官者，赎论。"

《开皇律》规定："犯私罪以官当徒者，五品以上，一官当徒二年；九品以上，一官当徒一年；当流者，三流同比徒三年。若犯公罪者，徒各加一年，当流者各加一等，其累徒过九年者，流二千里。"① 这个规定，按官阶的高低划分"官当"的年限，以五品为界，五品以上和五品以下有较大的差别。其理由如《唐律疏议》所说，是由于"九品以上官卑"、"五品以上官贵"之故。

需加讨论的是：公罪比私罪处罚得轻些还是重些，因为这牵涉到官当公罪年限问题。杨鸿烈在《中国法律发达史》中引录上述隋律关于官当的规定时认为："若犯公罪者……"，属于"官吏犯公罪加重"的条文。我们认为恰恰相反：官吏犯公罪，可以增加官当的年限。因此不是"加重"，而是"减轻"。律文所说"若公犯罪者，徒各加一年"，是指官吏犯公罪，五品以上一官当徒三年，九品以上一官当徒二年。这样理解与唐律的有关规定是相符合的。唐律规定："诸犯私罪以官当徒者，五品以上，一官当徒二年；九品以上，一官当徒一年。若犯公罪者，各加一年当。""各加一年当者，五品以上，一官当徒三年；九品以上，一官当徒二年。"②

4. 八议

八议指八种人的犯罪须经特别审议并享受减免刑罚的特权的判刑原则。源自周之"八辟"。《周礼·秋官·小司寇》："以八辟丽邦法。"一是议亲之辟；二是议故之辟；三是议贤之辟；四是议能之辟；五是议功之辟；六是议贵之辟；七是议勤之辟；八是议宾之辟。秦自商鞅变法后停废。汉初承秦制，八议未入于

---

① 《隋书》卷二五《刑法志》，中华书局，1982，第711页。
② 《唐律疏议》卷二《名例律》，中华书局，1983，第44页。

律，史籍有议亲、议贵、议贤三者，至汉末八议说复盛行。三国魏《新律》始将"八议"载入律文，晋、宋、梁、齐、陈、北魏、北齐、北周及隋之律文均有记载。不过《北齐律》与《北周律》律文久已佚失，所能证明其有"八议"规定的只有以下几件史料依据了：

《北齐书·南阳王绰传》载："为司徒、冀州刺史……游猎无度，恣情强暴……后主闻之，诏锁绰赴行在所。至而宥之。"《北齐书·毕义云传》载："高归彦起逆，义云在州私集人马，并聚甲杖，将以自防，实无他意。为人所启……武成犹录其往诚，竟不加罪。"《北史·周室诸王代奰王达传》载："所管礼州刺史蔡泽黩货被讼，达以其勋庸，不可加戮。"

隋律之承袭周齐旧制，入律"八议"，乃"八议"之制自周以"八辟"创设此制后一脉相承的反映。

《隋书·刑法志》引《开皇律》云："其在八议之科，及官品第七以上犯罪，皆例减一等。其品第九以上犯者，听赎。"《隋书·李穆传》所引诏书云："礼制凡品，不拘上智，法备小人，不防君子……自今已后，虽有愆罪，但非谋逆，纵有百死，终不推问。"《隋书·长孙览传》所引隋文帝对长孙览、杨雄等大臣所说的："……朕之于人，义则君臣，恩犹父子。朕当与公共享终吉，罪非谋逆，一无所问。"以及《隋书·刑法志》所引颁律诏文"贵砺带之书，不当徒罪，广轩冕之荫，旁及诸亲"等等，都说明隋代"八议"是作为非常重要的判刑原则运用的。有关的具体史料对此做了进一步的说明。

"议亲"是关于皇亲国戚减免刑罚的规定。"亲"的范围，《唐律疏议》释曰："议亲。谓皇帝袒免以上亲及太皇太后、皇太后缌麻以上亲、皇后小功以上亲。""袒免以上亲"包括高祖兄弟、曾祖从父兄弟、祖再从兄弟、父三从兄弟、身之四从兄弟；"太皇太后、皇太后缌麻以上亲"包括曾祖兄弟、祖从父兄弟、父再从兄弟、身之三从兄弟；"皇后小功以上亲"包括祖之兄弟、父之从兄弟、身之再从兄弟。

《隋书·刘昶女传》载：刘昶与隋文帝有旧交，其子刘居士"聚徒任侠，不遵法度，数得罪。上以昶故，每辄原之。"《鱼俱罗传》载：鱼俱罗之弟鱼赞"性凶暴，虐其部下，令左右炙肉，遇不中意，以竿刺瞎其眼。有温酒不适者，去断其舌"，但"帝以（鱼）赞藩邸之旧，不忍加诛"，"出赞于狱，令自为计"。十分典型的是与隋文帝"有同学之旧"的郑译。早在开皇初年，郑译就"进位上柱国、恕以十死"。但是，郑译"性轻险，不亲职务，赃货狼籍"，"又与母别居，为宪司所劾"，隋文帝竟下诏曰："译数谋良策，寂尔无闻，鬻狱卖官，沸腾盈耳。若留之于世，为不逆之臣，戮之于朝，入地为不孝之鬼。有累幽显，无以置之，宜赐以《孝经》令其熟读。"除"仍遣与母共居"外，不久又复位沛国公、上柱国了。这时，"上顾谓侍臣曰：'郑译与朕，同生共死，间关危难，兴言念此，何日忘之！'"事见《隋书·郑译传》。

"议贤"是对有德行的人减免刑罚的规定。如《隋书·孝女王舜传》载："孝女王舜者，赵郡王子春之女也。子春与从兄长忻不协，属齐灭之际，长忻与其妻同谋杀子春。舜时年七岁，有二妹……舜抚育二妹，恩义甚笃。而舜阴有复仇之心，长忻殊不为备。姊妹俱长，亲戚欲嫁之，辄拒不从。乃密谓其二妹曰：'我无兄长，致使父仇不复。吾辈虽是女子，何用生为？我欲共汝报复，汝意如何？'二妹皆垂泣曰：'唯姊所命。'是夜，姊妹各持刀窬墙而入，手杀长忻夫妇，以告父墓。因诣县请罪，姊妹争为谋首，州、县不能决。高祖闻而嘉叹，特原其罪。"这是因孝而有"德"予以免罪的例子。又有以"嫡母之德"而使其死"特免死辜"的，事在《陆让母传》："陆让母者，上党冯氏女也。性仁爱，有母仪，让即其孽子也。仁寿中，为番州刺史，数有聚敛，赃货狼籍，为司马所奏……公卿百僚议之，咸曰'让罪当死'。诏可其奏。让将就刑，冯氏蓬头垢面诣朝堂数让曰：'无汗马之劳，致位刺史，不能尽诚奉国，以答鸿恩，而反违犯宪章，赃货狼籍。若言司马诬汝，百姓百官不应亦皆诬汝。若言至尊不怜愍汝，何故治书复按？岂诚臣？岂孝子？不诚不孝，何以为人！'于是流泪呜咽，亲持盂粥，劝让令食。既而上表求哀，词情甚切，上愍然为之改容。……于是集京城士庶于朱雀门，遣舍人宣诏曰：'冯氏以嫡母之德，足为世范，慈爱之道，义感人神，特宜矜免，用奖风俗。让可减死，除名为民。'"

"议能"是关于对有大才干者减轻刑罚的规定。例如《隋书·卢太翼传》载：卢太翼"博综群书，爰及佛道，皆得其精微。尤善占候算历之术"，为太子杨勇所赏识，后因杨勇被黜，卢太翼坐法当死，但"高祖惜其才而不害，配为官奴。久之，乃释"。《耿询传》载：耿询"作马上刻漏，世称其妙"，造浑天仪，"不假人力，以水转之"，后因坐与蜀王杨秀相连"当诛"，何稠向隋文帝奏请说："耿询之巧，思若有神，臣诚为朝廷惜之。"于是隋文帝"特原其罪"。

"议功"是对有大功的人减免刑罚的规定。例如，助杨坚夺袭帝位立了大功的郑译，曾被杨坚"恕以十死"，虽然郑译"性轻险，不亲职务，赃货狼籍"，"鬻狱卖官，沸腾盈耳"，但杨坚

"以其有定策功，不忍放废"。① 贺若弼为公卿所奏劾，"罪当死"，但因其立过大功，"上惜其功，于是除名为民。岁余，复其爵位"。② 晋熙郡公、青州总管张威"不修名行，唯利是视"，其奴侵扰百姓，为人奏劾，但隋文帝对他说："公虽不遵法度，功效实多，朕不忘之"，让他改任洛州刺史，封皖城郡公。③ 此外，如宇文恺，在开皇初因与宇文述叛乱牵连，"亦在杀中"，然而隋文帝因其兄"有功于国"，"使人驰赦之，仅而得免"。④ 根据《隋书·高祖纪》载，开皇十七年（公元597年）隋文帝曾下诏曰："周历告终，群凶作乱，衅起蕃服，毒被生人。朕受命上方，廓清区宇，圣灵垂佑，文武同心。申明公穆、郧襄公孝宽、广平王雄、蒋国公睿、楚国公绩、齐国公颎、越国公素、鲁国公庆则、新宁公长叉、宜阳公世积、赵国公罗云、陇西公询、广业公景、真昌公振、沛国公译、项城公子相、钜鹿公子干等，登庸纳揆之时，草昧经纶之日，丹诚大节，心尽帝图，茂绩殊勋，力宣王府。宜弘其门绪，与国同休。其世子世孙未经州任者，宜量才升用，庶享荣位，世禄无穷。"从《隋书》的内容可见，因"功"而"议"其罪、而减免惩处的，比比皆是。

"议贵"是对有爵位及做高官者减免刑罚的规定。《唐律疏议》对"贵"的范围做了界定："谓职事官三品以上，散官二品以上及爵一品者。"隋代之"议贵"案例如《隋书·于觊传》载：开皇初，太傅窦炽等奏劾于觊犯罪当死，"上以门著勋绩，特原之，贬为开府"。《陈茂传》载：陈政因与刘居士案牵连当

① 《隋书》卷三八《郑译传》，中华书局，1982，第1137页。
② 《隋书》卷五二《贺若弼传》，中华书局，1982，第1345页。
③ 《隋书》卷五五《张威传》，中华书局，1982，第1379页。
④ 《隋书》卷六八《宇文恺传》，中华书局，1982，第1587页。

坐诛，"上以功臣子，挞之二百而赦之"。

"议勤"是对有特殊勋劳者减免刑罚的规定。例如《隋书·虞庆则传》载：虞庆则奉诏出使突厥，受赠好马千匹，为人所告发。但当时出使远域是"有大勤劳"的，因此隋文帝"以庆则勋高，皆无所问"。《权武传》载：权武受岭南酋领宝物之赠，且"擅赦所卫内狱囚"，本当处死，但权武在狱中上书，"言其父为武元皇帝战死马前，以此求哀"，于是仅处以"除名为民"，"仁寿中，复拜大将军，封邑如旧"。

"议宾"是对先朝皇亲国戚减免刑罚的规定。开皇二年（公元582年），隋文帝曾下诏"以周帝（静帝）为介国公，邑五千户，为隋室宾。旌旗车服礼乐，一仍其旧。上书不为表，答表不称诏"。

但《隋书·炀帝纪》载，至隋炀帝时，于大业五年（公元609年）二月发布制命曰"魏、周官不得为荫"，"议宾"一项可能名存实亡了。这同大业六年（公元610年）隋炀帝所发布的另一诏令形成全面的对比。该诏令曰："……皇运之初，百度伊始，犹循旧贯，未暇改作。今天下交泰，文轨攸同，宜遵先典，永垂大训。自今以后，唯有功勋乃得赐封，仍令子孙永袭。"

隋《开皇律》之"八议"规定："其在八议之科，及官品第七已上犯罪，皆例减一等。其品第九已上犯者，听赎。"[1] 而《唐律疏议》则规定，属"八议"者，"轻重不在刑书也……若犯死罪，议定奏裁，皆须取决宸衷，曹司不敢与夺。……以此八议之人犯死罪，皆先奏请，议其所犯，故曰'八议'。"两相比较，隋、唐律关于"八议"的规定，有两点不同：其一，隋之

---

[1] 《隋书》卷二五《刑法志》，中华书局，1982，第711页。

"八议"，处刑或轻或重皆在刑书，只不过"官品第七已上犯罪"者"皆例减一等"而已；而唐之"八议"，"轻重不在刑书"，除死罪外，余罪皆由"曹司……与夺"，而死罪则先由曹司"议定"而后向皇帝"奏裁"，最终"取决宸衷"，即看皇帝如何发落。其二，隋代之八品、九品官，只享"听赎"而不得"例减一等"；而唐代则不管官品，只要是属于"八议"范围而犯了罪又非死罪的，都可由"曹司……与夺"，这当然包括"减一等"处刑等等。

程树德先生的《九朝律考·隋律考上》在考及"八议"时附语云：

> 　　按唐律名例，八议犯死罪者，先奏请议，议定奏裁；流罪以下减一等；七品以上官犯流罪以下从减一等之例。诸应议请减及九品以上官犯流罪以下听赎，均以流罪以下为限，与开皇律无异。

这段附语，是分别从《唐律疏议》之"八议"条（第7条）、"七品以上官"（第10条）、"应议请减（赎章）"（第11条）中辑出、合写而成的。《隋书·刑法志》确有"官品第七已上犯罪，皆例减一等"的规定，它涵盖了"八议"之人犯死罪也可"例减一等"；但《开皇律》并无犯死罪应"先奏请议"的规定。程树德先生的上述附语，恐怕是将隋、唐的有关"八议"的规定混成一锅粥来煮了，这是有失严谨的。

5. 律无正条案件的判刑原则

（1）《隋书·刘子翊传》载：侍御史刘子翊在驳刘炫议李公孝一案时认为，"律云'准枉法'者，但准其罪，'以枉法论'

者，即同真法。律以弊刑，礼以设教，准者准拟之名，以者即真之称。'如''以'二字，义用不殊，礼律两文，所防是一。"可见律无正文的案件，有的按"准枉法"定罪量刑，有的按"以枉法论"即"枉法"定罪量刑。

（2）《唐书·赵冬曦传》载：唐进士、左拾遗赵冬曦在神龙初曾上书批评隋律，内云："古律条目千余，隋时，奸臣侮法，著律曰：律无正条者，出罪举重以明轻，入罪举轻以明重，一辞而废条目数百，自是轻重沿爱憎，被罚者不知其然，使贾谊见之恸哭必矣"，可见隋律这一方面的规定。但赵冬曦的这一批评，实在是令人感到十分奇怪，因为唐律也有这样的规定。《唐律疏议·名例律》就有"断罪无正条"的专条规定："诸断罪而无正条，其应出罪者，则举重以明轻；其应入罪者，则举轻以明重。"《疏议》的议文是："议曰：断罪无正条者，一部律内，犯无罪名，'其应坐罪者'，依《贼盗律》：'夜无故入人家，主人登时杀者，勿论。'假有折伤，灼然不坐。又条：'盗缌麻以上财物，节级减凡盗之罪。'若犯诈欺及坐赃之类，在律虽无减文，盗贼尚得减科，余犯明从减法。此并'举重明轻'之类。"关于"其应入罪者，则举轻以明重"，则"议曰：案《贼盗律》：'谋杀姻亲尊长，皆斩。'无已杀、已伤之文，如有杀、伤者，举始谋是轻，尚得死罪；杀及谋而已伤是重，明从皆斩之坐。又《例》云：'殴告大功尊长、小功尊属，不得以荫论。'若有殴告期亲尊长，举大功是轻，期亲是重，亦不得以荫。是'举轻明重'之类。"唐律不仅有专条的规定，而且有《疏议》的说明，赵冬曦的批评可谓借题发挥、指桑骂槐。不过，经他一提，从"一准乎隋"的《唐律疏议》中倒可进一步了解隋律关于"律无正条"的判刑原则了。

六 民事法制考

　　我们列出了"民事法制考"、"刑事法制考"、"行政法制考"一类的大题目，这只是按照现代学界的法律分类观点去看古代法律罢了。在古代，尤其是在中国的古代，严重地存在"民刑不分"、"诸法合体"的现象。实际上，春秋以前，一切都以"礼"为行为规范，"出礼"则"入刑"。"礼"中也就包含了多种多样的行为规范，其中有一部分就是用以调节今天人们所说的民事行为的。刘大生先生甚至谓根本不存在什么"民事"与"非民事"的区分，因而"民法"概念也是不科学的。① 日本学者北川善太郎也指出："民法总则层次的法人和法律行为是日本民法及近代欧州大陆法、特别是德国法系的民法中使用的概念，而在现在的英美法中并不存在。"② 而《开皇令》三十卷中，

---

① 参见刘大生著《民法层次论》，天津人民出版社，1993，第37~44页，第56~86页。他主张用"礼"的概念取代"民法"的概念，指出："在大多数西方国家并不存在'民法（Lawofcitizen）'这样的概念，因此，不能谈'民法'是被人们普遍接受的概念。"（第40页）"'民法'这一用语的产生不是出于不得已，而是因日本的翻译家们对丰富的古代汉语缺少足够的造诣而造成的。'民法'这一用语产生以来，从来没有一个法学家能对它的内涵和外延做出明确的界定……使用'民法'这一用语的，主要也就是1872年以来的日本、中国等为数不多的几个国家，英、美、法、意、西等许多国家并未接受 Lawoawofcitizen 这一概念。所以，'民法'这一用语并不符合约定俗成的条件。"（第42页）

② 〔日〕北川善太郎著：《日本民法体系》，李毅多、仇京春译，科学出版社，1995。引文见该书第56页。

既有"官品令"、"诸省台职员令"等，又有"田令"、"赋役令"、"仓库厩牧令"、"关市令"等，前一类无疑属于今天的"行政法"范畴，后一类则大体属于今天的"民法"范畴；至于"狱官令"等，则可列入"刑法"或"诉讼法"范畴了。因此，我们分考隋代的"民事法制"、"刑事法制"等，界限并不是了了分明的。这是必须首先申明的一点。同时，必须再次申明的是，隋律佚失，律令文字无存，可能考明的，只是很少的一部分，因此，当然成不了"体系"。我们大致分权利与行为能力、土地法、课役法、赋法、交易法、婚姻家庭法等几个方面略事考察。

（一）法定权利能力与行为能力考

权利能力与行为能力属于现代民法的总则部分，盖因无此界定，则一切民事交往及其规范、法律责任等，均将失却必要的依据。因此，早在远古，就很重视人的行为能力与权利能力的年龄界定。《礼记·曲礼》："男子二十，冠而字。""女子许嫁，笄而字。""冠"义为："已冠而字之，成人之道也。"又疏曰："许嫁十五而笄，未许嫁则二十而笄，亦成人之道也。""成人"，即有了权利能力与行为能力。汉初以男子 23 岁为成丁，汉景帝时改为 20 岁。隋代的成丁年限，据《隋书·食货志》所载，有以下几条：

> 高祖登庸……及颁新令……男女三岁巳下为黄，十岁巳下为小，十七巳下为中，十八巳上为丁。丁从课役，六十乃免。

开皇三年正月……初令军人以二十一成丁。

炀帝即位……男子以二十二成丁。

由以上三条记载，可以得出的结论是：

第一，隋初，民事权利能力与行为能力的下限是18岁，上限为60岁；

第二，至开皇三年（公元583年），改"军人"之"成丁"下限为21岁；

第三，至大业元年（公元605年），改男子"成丁"之下限为22岁；

第四，女子始终以18岁为"成丁"下限。

（二）土地法制考

隋代的土地分配与占有，主要由两个因素决定，其一为官品，其二为年龄。此外，抚养中之人另有土地可得。《隋书·食货志》载：

（开皇初）颁新令……男女三岁已下为黄，十岁已下为小，十七已下为中，十八已上为丁。丁从课役，六十为老，乃免。自诸王已下，至于都督，皆给永业田，各有差。多者至一百顷，少者至四十亩。其丁男、中男永业露田，皆遵后齐之制。……其园宅，率三口给一亩，奴婢则五口给一亩。……京官又给职分田。一品者给田五顷。每品以五十亩为差，至五品，则为田三顷，六品二顷五十亩。其下每品以五十亩为差，至九品为一顷。外官亦多有职分田。

这里所谓"皆遵后齐之制"，即遵北齐河清三年（公元 564
年）所定之令的有关规定：

> 至河清三年定令……男子十八以（原文如此，倪按。
> 应为"已"）上，六十五已下为丁；十六已上，十七已下为
> 中；六十六已上为老；十五已下为小。……
>
> 京城四面，诸坊之外三十里内为公田。受公田者，三县
> 代迁户执事官一品已下，逮于羽林武贲，各有差。其外畿
> 郡，华人官第一品已下，羽林武贲已上，各有差。
>
> 职事及百姓请垦田者，名为永业田。奴婢受田者，亲王
> 止三百人；嗣王止二百人；第二品嗣王已下及庶姓王，止一
> 百五十人；正三品已上及皇宗，止一百人；七品已上，限止
> 八十人；八品已下至庶人，限止六十人。……其方百里外及
> 州人，一夫受露田八十亩，妇四十亩。奴婢依良人，限数与
> 在京百官同。丁牛一头，受田六十亩，限止四牛。又每丁给
> 永业二十亩，为桑田。其中种桑五十根，榆三根，枣五根。
> 不在还受之限。非此田者，悉入还受之分。土不宜桑者，给
> 麻田，如桑田法。①

开皇十二年（公元 592 年），"是时天下户口岁增，京辅及
三河，地少而人众，衣食不给。议者咸欲徙就宽乡。其年冬，帝
命诸州考使议之。又令尚书，以其事策问四方贡士，竟无长

---

① 《隋书》卷二四《食货志》，中华书局，1982，第 677 页。

算。"于是隋文帝颁均田法，"帝乃发使四出，均天下之田。其狭乡，每丁才至二十亩，老小又少焉。"① 由于狭乡每丁才得 20 亩而老小更少，"太常卿苏威立议，以为户口滋多，民田不赡，欲减功臣之地，以给民"。但郢国公王谊对苏威之议表示反对，而为隋文帝首肯：

> 谊奏曰："百官者，历世勋贤，方蒙爵土。一旦削之，未见其可。如臣所虑，正恐朝臣功德不建，何患人田有不足？"上然之，竟寝威议。②

大业五年（公元 609 年）"春正月……癸未，诏天下均田"。③ 这时占田不均可能发展得更加严重了，所以隋炀帝再发均田令。但是，《隋书·食货志》未记载此事，其他史料也无所可考。所以，范文澜先生说："史籍不载均田情形，大概诏书只是一纸空文。"④

（三）课役法制考

隋之田租赋役法基于户籍法制，源自南北朝。南北朝的户籍与田租赋役法制大致如下。

南朝以男女年 16 岁以上至 60 岁为正丁，15 岁以下至 13 岁，61 岁以上至 65 岁为次丁，12 岁以下、66 岁以上为小、老。

---

① 《隋书》卷二四《食货志》，中华书局，1982，第 682 页。
② 《隋书》卷四〇《王谊传》，中华书局，1982，第 1169 页。
③ 《隋书》卷三《炀帝纪上》，中华书局，1982，第 72 页。
④ 范文澜著：第 3 册，人民出版社，1965，第 27 页。

户主男丁课租米 5 石，禄米 2 石，所种田每亩税米 2 斗；调布绢各 2 丈，丝 3 两，绵 8 两，禄绢 8 尺，禄绵 3 两。男丁年 16 岁半课，18 岁正课。66 岁免课。女出嫁为丁；未嫁，20 岁为丁。女丁租、调都半课。男丁每岁服徭役不超过 20 日。

北朝，齐男子 18 岁以上、65 岁以下为丁，16 岁以上、17 岁以下为中男，66 岁以上、15 岁以下为老、小。丁男 18 岁受田课租、调，20 岁充兵，60 岁免力役，66 岁退田免租调。夫妇二人合称一床，每岁朝廷课垦租 2 石，郡课义租 2 斗；调绢 1 匹，绵 8 两。西魏宇文泰命苏绰定课役法，民年 18 岁至 64 岁以及轻残废人都得纳课；已娶的人，每岁课绢 1 匹，绵 8 两，粟 5 斛（石），单丁（未娶）半课。产麻之地，课布 1 匹，麻 7 斤，单丁课四分之一。民年 18 岁至 59 岁服徭役，丰年不超过 30 日，中年 20 日，下年 10 日，每家服役不超过 1 人。北周大致同西魏，另规定："其人有年八十者，一子不从役，百年者，家不从役。废疾非人不养者，一人不从役。"[1]

苏威之父苏绰为西魏所制定的"征税之法，颇称为重"，颁行之后，苏绰"叹曰：'今所为者，正如张弓，非平世法也。后之君子，谁能弛乎？'"据载，苏威听了，默记在心，"每以为己任"。因此，隋初当他任"民部尚书"时，[2]"奏减赋役，务从轻典"，而"上悉从之"。[3] 所以，隋初实际上综取了南北朝的田租赋役法经验，制定了比较轻的田租赋役之法。

《隋书·食货志》载：

---

① 《隋书》卷二四《食货志》，中华书局，1982，第 679 页。
② 隋初设度支尚书，开皇三年改称为户部尚书。但《苏威传》又称隋初之苏威为"民部尚书"，此处从《苏威传》。
③ 《隋书》卷四一《苏威传》，中华书局，1982，第 1185 页。

（杨坚）受禅……仍依周制。役丁为十二番，匠则六番。及颁新令……十八已上为丁。丁从课役，六十为老，乃免。……其丁男、中男永业露田，皆遵后齐之制。并课树以桑榆及枣。其园宅，率三口给一亩，奴婢则五口给一亩。丁男一床。租粟三石。桑土调以绢絁，麻土以布绢。絁以疋，加绵三两。布以端，加麻三斤。单丁及仆隶各半之。未受地者皆不课。有品爵及孝子顺孙义夫节妇，并免课役。

开皇三年正月……初令军人以二十一成丁。减十二番每岁为二十日役，减调绢一疋为二丈。

开皇三年（公元583年）隋文帝之改成丁18岁为21岁，使兵役负担推迟3年，而受田仍是18岁，且每年三十日役改为二十日役；又减调绢1匹（4丈）为2丈。这些减轻课役负担的法令，无疑有利于百姓及生产的发展。

这里，在丁年法制方面，将丁年的下限由64岁提前到59岁，将丁年的上限由18岁推迟到21岁（开皇三年，即公元583年），是南北朝以来最大的变化。在田租法制方面，从"丁男一床，租粟三石……单丁及仆隶各半之。未受地者皆不课"的规定，可推知丁男与丁妻的租额都是一石五斗。

其中，对"未受地者皆不课"，不能机械地照字面理解为应受田而未受田者皆不课。其前文有"其丁男、中男永业露田，皆遵后齐之制"云云，而后齐（北齐）应受田奴婢数额，据《隋书·食货志》记载，有明确的限制性法律规定："奴婢受田者，亲王止三百人……八品以下至庶人，限止六十人。"此句之后，魏征紧接着说："奴婢限外不给田者，皆不输。"这与他记叙隋朝田税法制时，在"单丁及仆隶，各半之"之后紧接着指明"未受地者皆不课"，恰相呼应。这正好用以说明，隋之"未受地者皆不课"，确切含义是非应受田口皆不课，而不能误认为是有田即纳，无田即免。查《通典》卷五《赋税》所记隋代的赋役法制，乃与《隋书·食货志》大略相同，但"未受地者皆不课"七字都未有所见。郑学檬先生主编之《中国赋役制度史》认为，"未受地者皆不课"一语并非出自《隋令》原文。

开皇三年，即公元 583 年，隋文帝在课役方面采取了几个"大动作"：

一为"令州县大索貌阅"。

> 是时山东尚承齐俗，机巧奸伪，避役惰游者十六七。四方疲人，或诈老诈小，规免租赋。高祖令州县大索貌阅，县户口不实者，正长远配，而又开相纠之科。大功已下，兼令析籍。各为户头，以防容隐。于是计帐进四十四万三千丁，新附一百六十四万一千五百口。①

二为"输籍定样"。

> 高颎又以人间课输，虽有定分，年常征纳，除注恒多，长吏肆情，文帐出没，复无定簿，难以推校，乃为输籍定样，请遍下诸州。每年正月五日，县令巡人，各随便近，五党三党，共为一团，依样定户上下。帝从之，自是奸无所容矣。②

---

① 《隋书》卷二四《食货志》，中华书局，1982，第 681 页。
② 《隋书》卷二四《食货志》，中华书局，1982，第 681 页。

"大索貌阅"因"高祖"之"令"而实施,且所针对者为"四方疲人,或诈老诈小,规免租赋",有"户口不实者,正长远配"及"开相纠之科"等的法律责任作为后盾,因此,考证为课役法的一个方面料无问题。

"输籍定样"为高颎之建言设法,"帝"虽"从之",但是否形成一个专门的法律法令,无以为据。因此,有的著作称其时有"输籍法"之颁行,是值得商榷的。①

三为"计户征税"。

开皇八年(公元588年),隋文帝又据高颎之奏议,令诸州于所管户内"计户征税"。这也是开皇年间课役方面的一件大事。《隋书·食货志》记曰:

> 开皇八年五月,高颎奏诸州无课调处,及课州管户数少者,官人禄力,乘前已来,恒出随近之州,但判官本为牧人,役力理出所部。请于所管户内,计户征税。帝从之。

因要"计户征税","计户"就成了前提,查实户口遂成立法与司法的重要方面。《隋书·乞伏慧传》载:"曹土旧俗,民多奸隐户口,簿帐恒不以实。慧下车,按察得户数万。转齐州刺史,得隐户数千。"《隋书·令狐熙传》载:"时山东乘齐之弊,户口簿籍,类不以实,熙晓谕令自归首,至者一万户。"乞伏慧、令狐熙之能"得户数千"等等,肯定有法律规定作为后盾。况之以《唐律·户婚》的有关规定,即可见一斑。《唐律》关于

---

① 参见蒋晓伟著《中国经济法制史》:"为了防止人民逃税和官吏舞弊……隋文帝根据宰相高颎的建议,实行'输籍法',即每年正月初五,县令出查,令百姓五党或三党各一团,定户等上下,规定应纳税额,写成簿籍。"上海知识出版社,1994,第117页。

"户婚"的规定共计 14 条,脱漏户口即占 4 条之多,如规定"诸脱户者,家长徒三年";"诸里正不觉脱漏增减者,一口笞四十,三口加一等;过杖一百,十口加一等,罪止徒三年";"诸里正及官司,妄脱漏增减以出入课役,一口徒一年,二口加一等"。

　　一方面是查实户口"计户征税";另一方面,隋文帝又常采取怀柔政策,时不时地下令减免租赋,如:开皇九年(公元 589年),"帝以江表初定,给复十年。自余诸州,并免当年租赋"。[①]开皇十年(公元 590 年),隋文帝"又以宇内无事,益宽徭役。百姓年五十者,输庸停防"。[②]"输庸停防"即纳庸免兵役。庸即免役人每日纳绢数尺,20 日不过数丈(唐制每日 3 尺,隋制不会悖此过远),这对衰年人可谓宽政。《隋书》及其他典籍未载明"输庸停防"是否形成了法令。但因行诸全国,可以视同。

　　开皇十二年(公元 592 年),有司奏告,全国"库藏皆满",隋文帝喜形于色地明知故问曰:"朕既薄赋于人,又大经赐用,何得尔也?"兴奋之余,即下诏令:

　　　　既富而教,方知廉耻,宁积于人,无藏府库。河北、河东今年田租,三分减一,兵减半,功调全免。[③]

　　604 年,隋炀帝即位,"是时户口益多,府库盈溢",于是下令"除妇人及奴婢部曲之课。男子以二十二成丁"。[④] 这是隋代

---

① 《隋书》卷二四《食货志》,中华书局,1982,第 682 页。
② 《隋书》卷二四《食货志》,中华书局,1982,第 682 页。
③ 《隋书》卷二四《食货志》,中华书局,1982,第 682 页。
④ 《隋书》卷四四《食货志》,中华书局,1982,第 686 页。

赋役法制方面的又一较大变化。论者谓："隋炀帝除妇人及奴婢、部曲之课，是我国古代赋役制度史上的一大变革。从此，妇人在法律上正式由课口变为不课口，其意义自然很深远，对民户的赋役负担影响也很大。对于无男丁的贫弱女户，这一变化显然很有利。奴婢与部曲，过去本来也是不课口，只是在北朝实行均田制这一特定的环境下，如《魏书·李孝伯传》所云，为了奖励垦耕，做到'土不旷功，民罔游力'，才将为奴婢或限内奴婢定为应受田口与课口。在奴婢受田率多有名无实的情况下，将奴婢、部曲改为非授田口并除其课，显然有利于拥有奴婢、部曲的贵族、官僚、地主。"又谓："魏晋南北朝的田租制度经历了许多变化，总的趋势是由计亩输租——计户输租——计丁输租。尽管如此，直到隋开皇初，令式规定的计租的基准单位仍然是'室'（'床'），而不是丁。只是由于规定了丁者（未娶妻之丁男）输租为一床之半，计床输租才具有计丁输租的特点。到隋炀帝除妇人之课后，'丁女'这一概念终告消失，计租的基准单位才最终由计床而变为计丁。"① 这些概括性分析与判断，是客观、科学的。我认为，"除妇人及奴婢部曲之课"，说是"宽政"应无疑问；但"男子以二十二成丁"不能成为"宽政"的依据。范文澜先生谓："六〇四年，隋炀帝即位……又改男子成丁年二十一为二十二，比隋文帝时又宽了一些……"② 考《隋书·食货志》，隋初"男女……十八已上为丁"，至开皇三年（公元583年）"令军人以二十一成丁"。"男女……为丁"与"军人……成丁"，是两个范畴的概念。当"令军人以二十一成丁"时，男子授田仍为十八岁，推迟的是服兵役的"兵丁"期限。而隋炀

① 郑学檬主编：《中国赋役制度史》，上海人民出版社，2000，第186页。
② 范文澜著：《中国通史》第3册，人民出版社，1965，第28～29页。

帝即位时令"男子以二十二成丁"，恰恰是推迟四年授田，这与当时户口滋多、人均土地减少的困难是相符的。因此。"男子以二十二成丁"恰是与"除妇人及奴婢部曲之课"的"宽政"相对应的措施。

隋炀帝的"宽政"不久即成具文。因其即位之后，即大兴土木，开建"东都，以尚书令杨素为营作大监，每月役丁二百万人"。"又于皂涧营显仁宫，苑囿连接，北至新安，南及飞山，西至渑池，周围数百里。课天下诸州，各贡草木花果，奇禽异兽于其中。……而东都役使促迫，僵仆而弊者，十四五焉。……时帝将事辽、碣，增置军府，扫地为兵。自是租赋之入益减矣。"《隋书·食货志》所记为"租赋之入益减"，而其实还有另一面，即兵役、力役之加重。仅以"每月役丁二百万人"的东都营建一事计算，每年全国就有2400万人次被投入力役之中，几占全国青壮人口之半。为求贡献以满足皇帝的权欲与淫欲，隋炀帝时也有过一些课役之"大动作"：

一为大业四年（公元608年）之令"妇人从役"。

（大业）四年，发河北诸郡百余万众，引沁水，南达于河，北通涿郡。自是以丁男不供，始以妇人从役。①

二为大业五年（公元609年）再次"大索貌阅"、"许民相告"。这次是因民部侍郎裴蕴之条奏而实施的，事见《隋书·裴蕴传》：

————————

① 《隋书》卷二四《食货志》，中华书局，1982，第687页。

于时犹承高祖和平之后，禁网疏阔，户口多漏。或年及成丁，犹诈为小，未至于老，已免租赋。（裴）蕴历为刺史，素知其情，因是条奏，皆令貌阅。若一人不实，则官司解职，乡正里长皆远流犯。又许民相告，若纠得一丁者，令被纠之家代输赋役。是岁大业五年也。诸郡计帐，进丁二十四万三千，新附口六十四万一千五百。

三为大业六年（公元610年）诏令课富人量赀出钱：

（大业）六年，将征高丽，有司奏兵马已多损耗。诏又课天下富人，量其赀产，出钱市武马，填元数。限令取足。复点兵具器仗，皆令精新，滥恶则使人便斩。于是马匹至十万。[①]

四为大业九年（公元613年）诏令"又课关中富人"：

（大业）九年，诏又课关中富人，计其赀产出驴，往伊吾、河源、且末运粮。多者至数百头，每头价至万余。又发诸州丁，分为四番，于辽西柳城营屯，往来艰苦，生业尽罄。[②]

由于隋末炀帝为此加重课役，不仅普通民众倍感生计日蹙，连富家大户也难以支撑，造成了"人乃相食"的悲惨景象。《隋书·食货志》记曰：

---

① 《隋书》卷二四《食货志》，中华书局，1982，第687页。
② 《隋书》卷二四《食货志》，中华书局，1982，第688页。

是时百姓废业，屯集城堡，无以自给，然所在仓库，犹大充牣，吏皆惟法，莫肯赈救，由是益困。初皆剥树皮以食之，渐及于叶，皮叶皆尽，乃煮土或捣藁为末而食之。其后人乃相食。

因此，尽管其时隋炀帝曾令"制骁果之家蠲免赋役"，[①] 诏令在部分地区"赦境内死罪已下，给复一年"；[②] 诏令部分地区"令人悉城居，田随近给，使强弱相容，力役兼济，穿窬无所厝其奸宄，萑蒲不得聚其逋逃。有司具为事条，务令得所"[③] 等等，但是，这些措施和法令，已是强弩之末，与"旌旗万里，征税百端，猾吏侵渔，人不堪命"[④] 的大局相比，不过是杯水车薪、扬汤止沸，已不可能起什么作用了。课役之重，是隋代夭亡的重要原因之一。关于隋代的田租赋役法制，除了上述以外，还有以下几点必须考及。

其一，隋之输庸停防与以庸代役法制。

"庸"即以钱、物代役，"输庸停防"即以缴纳钱、物而取代防戍兵役。隋代的"输庸停防"是在开皇十年（公元590年）隋文帝平陈之后的《隋令》中规定的。但有关规定，在《隋书·食货志》中所记，与《高祖纪》及《北史·隋纪》中所记，多有出入。

《隋书·食货志》记如前文，大略为：开皇初的正役为每年

---

① 见《隋书》卷四《炀帝纪下》："九年……八月……甲辰，制骁果之家蠲免赋役。"

② 见《隋书》卷四《炀帝纪下》，事在大业九年冬十月，其时吕明星"率众数千围东都"，为武贲郎将费青奴所击败，隋炀帝巡抚博陵，因下此诏。

③ 见《隋书》卷四《炀帝纪下》，事在大业十一年，其时扬仲绪"率众万余，攻北平"，为滑公李景所击败，隋炀帝因下此诏。

④ 《隋书》卷四《炀帝纪下》，中华书局，1982，第95页。

一个月,即"役丁为十二番",开皇三年(公元 583 年)正月
"减十二番每岁为二十日役",而开皇十年(公元 590 年)五月
规定"百姓年五十者,输庸停防"。

《隋书·高祖纪》记为:

> (开皇十年)六月辛酉,制人年五十,免役收庸。

《北史·隋纪》记为:

> (开皇)三年春正月,始令人以二十一成丁,岁役功不
> 过二十日。不役者收庸。

> (十年)六月辛酉,制人年五十,免役收庸。

比较史籍的以上三种记载,主要有以下的不同点:《食货
志》所云开皇十年(公元 590 年)制命"输庸停防",既有年龄
限制又有仅限于兵役的役种限制;据《高祖纪》所云,则无役
种限制而仅有年龄限制;而《北史·隋纪》所云,则开皇三年
的"不役者收庸"既无年龄限制又无役种限制,似乎规定得十
分宽简,而开皇十年的规定反而有了年龄限制,因而比较严格。
笔者认为,《隋书·食货志》所记较为准确,因为这一记载反
映出了赋役法制之由严到宽的过程,而平陈之战的大胜从而导
致隋之统一全国,显然是实行"宽政"的依据,一般来说,是
不可能在普天同庆战事胜利、国家一统之时,反而颁行较严峻
的法令的。

不过,需加说明的是,隋朝田租赋役的立法与司法是脱节

的，宽减的法令未必得到很好的实施。这一点，从隋文帝到隋炀帝的变化，尤能说明。岁役 20 日的法律规定，无疑比前代大大地减轻了。文帝朝的征役，即使是营建"自大兴城东至潼关"的广通渠，也大体依法令而行，未见有超期征役的记载。至炀帝即位的仁寿末年（公元 604 年），下令除妇人及奴婢部曲之课，推迟男子成丁年龄至 22 岁，法定的民户徭役负担是更为轻简了，但实际上却背道而行，更为加重。如据《隋书·食货志》记载，大业元年（公元 605 年）三月丁未，炀帝诏尚书令杨素、纳言杨达、将作大匠宇文恺营建尔京洛阳，"每月役丁二百万人"，"又于皂涧营显仁宫，苑囿连接，北至新安，南及飞山，西至渑池，周围数百里……开渠，引谷、洛水，自苑西入，而东注于洛。又自板渚引河，达于淮海，谓之御河。河畔筑御道，树以柳。又命黄门侍郎王弘、上仪同于士澄，往江南诸州采大木，引至东都。所经州县，递送往返，首尾相属，不绝者千里"，此即开运河之通济渠。据《隋书·炀帝纪》载，此役共"发河南诸郡男女百余万"。大业二年（公元 606 年）"又兴众百万，北筑长城，西距榆林，东至紫河，绵亘千余里"；[1] 大业三年（公元 607 年）又"发河北十余郡丁男凿太行山，达于并州，以通驰道"；[2] 大业四年（公元 608 年）正月，又"诏发河北诸郡男女百余万开永济渠，引沁水南达于河，北通涿郡"；[3] 七月，又"发丁男二十余万筑长城，自榆谷而东"；[4] 大业五年（公元 609 年），为攻打吐谷浑与通西域，"自西京诸县及西北诸郡，皆转

---

① 《隋书》卷二四《食货志》，中华书局，1982，第 687 页。《炀帝纪》将长城之役记作大业三年。

② 《隋书》卷三《炀帝纪上》，中华书局，1982，第 68 页。

③ 《隋书》卷三《炀帝纪上》，中华书局，1982，第 70 页。

④ 《隋书》卷三《炀帝纪上》，中华书局，1982，第 71 页。

输塞外，每岁巨亿万计；经途险远及迁寇钞，人畜死亡不达者，郡县皆征破其家"；① 大业六年（公元610年）"敕穿江南河，自京口至余杭，八百余里"；大业七年、八年（公元611、612年）又发兵攻打高丽，为此在山东一带"增置军府，扫地为兵"，集兵"凡一百一十三万三千八百人，号二百万，其馈运者倍之"。② 这些徭役，征发对象往往不止丁男，常常连老翁、老妪都不能幸免。由于劳动条件极差，责督役使又极苛严，役者死亡成千累万。据《隋书·食货志》记载，洛阳之役中"役使促迫，僵仆而毙者，十四五焉。每月载死丁，东至城皋，北至河阳，车相望于道"，而长城之役，则"死者太半"。又据《资治通鉴》云，大业七年（公元611年）于东莱海口修船，"官吏督役，昼夜立水中，略不敢息，自腰以下皆生蛆，死者什三四"；而当年为征高丽，"发江、淮以南民夫及船运黎阳及洛阳诸仓米至涿郡，舳舻相次千余里，载兵甲及攻取之具，往还在道常数十万人，填咽于道，昼夜不绝，死者相枕，臭秽盈路"。所有这一切，足以说明，隋代赋役法制中立法与司法状况之完全脱节。因此，立法之宽简，不仅成为具文，而且成了极大的讽刺。

其二，隋朝的义仓法制。

隋代有义仓之设，由官督民办而发展为官办，唐承隋祚，隋的义仓之制便发展成为唐的地税之制。

隋文帝开皇四年（公元584年），关内发生饥荒，隋文帝下令运山东之粟，置常平之官，开仓发廪赈济贫民，并令富户出粟赈贫，勉强度过难关。次年五月，度支尚书长孙平建议隋文帝令"诸州百姓及军人，劝课当社，共立义仓。收获之日，随其所

---

① 《资治通鉴》卷一八一。
② 《资治通鉴》卷一八一。

得，劝课出粟及麦，于当社造仓窖贮之。即委社司，执帐检校，每年收积，勿使损败。若时或不熟，当社有饥馑者，即以此谷赈给"。[①] 隋文帝欣然采纳长孙平的这一建议，下令实行义仓之制。创建于开皇五年（公元 585 年）的义仓，营窖于当社，又由社司掌管，所以又称社仓。这一管理体制，到开皇十五年（公元595 年）、十六年（公元 596 年）时发生了变化，事见《隋书·食货志》：开皇十五年（公元 595 年），隋文帝诏令"云、夏、长、灵、盐、兰、丰、鄯、凉、甘、瓜等州，所有义仓杂种，并纳本州。若有人旱俭少粮，先给杂种及远年粟"。十六年（公元596 年）正月，"又诏秦、叠、成、康、武、文、芳、宕、旭、洮、岷、渭、纪、河、廓、豳、陇、泾、宁、原、敷、丹、延、绥、银、扶等州社仓，并于当县安置"；二月，"又诏社仓，准上中下三等税，上户不过一石，中户不过七斗，下户不过四斗"。这样一来，义仓便归州司直接控制，从而达成了由官督民办的义仓之制转化为官办之制，义仓之储备成了国家直接掌握的战略储备粮。不仅如此，由于划一了交纳义仓的粮食数量且必须完纳，义仓粮实际上就演化成了特种税。在隋文帝之时，这种税入，还基本上用于赈济灾荒之难民；而到隋炀帝时，义仓粮食全被挪充官费，完全丧失了设立义仓的本意，义仓制度也被改变了性质。

（四）工商交易法制考

工商交易法制方面所可考得者，计有以下几端。

---

① 《隋书》卷二四《食货志》，中华书局，1982，第 684 页。又见《隋书》卷四六《长孙平传》，中华书局，1982，第 1254 页。

1. 税收方面

考诸《隋书·食货志》可知隋代并无工商之税法。据载，杨坚"受禄"之前，在执掌周末中央多方面大权的情况下，就废除了"入市之税"：

> 高祖登庸，罢东京之役，除入市之税。

以后虽有因高颎之奏而行"计户征税"，但与工商之税无涉，此外，再无关于税收或税收法制方面的记载。据蒋晓伟先生《中国经济法制史》及其他资料所述，东汉起，关税税率逐渐提高。至曹魏政权时，于公元 220 年规定，关税为过关货物价值的 1/10，但实际上税率可能还高于法令的规定。公元 230 年，魏明帝颁布《庚戌令》，规定："关律所以通商旅……轻关肆之税，皆复什一。"什一税率自此一直沿续到两晋、南朝。市税方面，晋室一统天下之后，实行"散估之制"，规定凡"货卖奴婢、马牛、田宅文卷，每 1 万钱，官征收 400 钱，卖者纳 300 钱，买者纳 100 钱；无文卷者，从价征收 4%。宋、齐、梁、陈各代皆相沿用此法。"与南朝大相径庭，北魏在太和七年（公元 483 年）即"驰关津之禁，任其去来"，以后一直不见开征关税的记录。直到公元 575 年的北齐末年，才开征关市之税，但仅过两年北齐就灭亡了，关税再次废止。又，"北朝还有'入市税'，北魏于公元 526 年规定，凡入市贩货物的行商，每人先缴纳市门税一钱，入市交易时再征市税"；坐贾则分五等征税。"北齐、北周沿袭此制，分别征收市税和店铺税。"[①]《隋书·食货志》载：

"闵帝元年，初除市门税。及皇帝即位，复兴入市之税。"因此，杨坚之"除入市之税"是针对周宣帝之"复兴入市之税"的举措。

税收之有无高低，在以农立国的当时，并不严重影响财政收入，"除入市之税"作为隋代的一种"无法之法"而予实施，是有可能的。此事还可考诸兴商与否的一场争论作为佐证，即邳公苏威极言商市之弊，而治书侍御史李谔予以反驳，最后李谔的驳议为隋文帝所肯定：

> 邳公苏威以临道店舍，乃求利之徒，事业污杂，非敦本之义。遂奏高祖，约遣归农，有愿依旧者，所在州县录附市籍，仍撤毁旧店，并令远道，限以时日。正值冬寒，莫敢陈诉。(李)谔因别使，见其如此，以为四民有业……岂容一朝而废，徒为劳扰，于事非宜。遂专决之，并令依旧。使还诣阙，然后奏闻。高祖善之曰："体国之臣，当如此矣。"①

2. 采盐方面

食盐事关国计民生，三国时更为军旅之必需，因此魏、蜀、吴都厉行食盐专卖，三国都设有司盐校尉等官职来管理盐的专卖事业。

两晋时期，据蒋晓伟先生所考，继续实行曹魏的食盐专卖政策，法律规定："凡民不得私煮盐，犯者四岁刑，主吏二岁刑。"②

北朝时，北齐曾"于沧、瀛、幽、青四州之境，傍海置盐

---

① 《隋书》卷六六《李谔传》，中华书局，1982，第1546页。
② 蒋晓伟著：《中国经济法制史》，知识出版社，1994，第107页。

官，以煮盐，每岁收钱”，使“军国之资，得以周赡”。① 北周则设“掌盐”官职，“掌四盐之政令。一曰散盐，煮海以成之；二曰监盐，引池以化之；三曰形盐，物地以出之；四曰饴盐，于戎以取之。凡监盐形盐，每地为之禁，百姓取之，皆税焉”。② “南朝时由于盐产量丰富，同时国家对富商大贾、豪门贵族采取妥协政策，因此宋、齐、梁三朝都允许民间私煮盐，政府只收其税，从法令上改变了三国、两晋食盐专卖的局面。直到陈朝，由于国土缩小，财政困难，才又实行海盐专卖。”③

开皇初年“……尚依周末之弊，官置酒坊收利，盐池盐井，皆禁百姓采用”。④ “盐池，置总监、副监、丞等员。管东西南北面等四监，亦多置副监及丞。”⑤

开皇三年（公元583年）颁新令，“……罢酒坊，通盐池盐井与百姓共之。远近大悦”。⑥ 这就是在采盐方面实行的无税之法了。

3. 度量衡方面

《隋书·赵煚传》载，金城郡公、冀州刺史赵煚曾在其管区之内的市场上“置铜斗铁尺”，后为隋文帝首肯，成为“常法”：

> 冀州俗薄，市井多奸诈，煚为铜斗铁尺，置之于肆，百姓便之。上闻而嘉焉，颁告天下，以为常法。

---

① 《隋书》卷二四《食货志》，中华书局，1982，第676页。
② 《隋书》卷二四《食货志》，中华书局，1982，第679页。
③ 蒋晓伟著：《中国经济法制史》，上海知识出版社，1994，第107页。
④ 《隋书》卷二四《食货志》，中华书局，1982，第681页。
⑤ 《隋书》卷二八《百官志下》，中华书局，1982，第784页。
⑥ 《隋书》卷二四《食货志》，中华书局，1982，第681页。

4. 钱制方面

晋代"货卖奴婢马牛田宅，有文券"。南朝"梁初，唯京师及三吴、荆、郢、江、湘、梁、益用钱。其余州郡，则杂以谷帛交易。交、广之域，全以金银为货。武帝乃铸钱，肉好周郭，文曰'五铢'，重如其文。而又别铸，除其肉郭，谓之女钱。二品并行。百姓或私以古钱交易，有直百五铢、五铢、女钱、太平百钱、定平一百、五铢雉钱、五铢对文等号"。北朝"齐神武霸政之初，承魏犹用永安五铢。……文宣受禅，除永安之钱，改铸常平五铢，重如其文"。北周之初，"尚用魏钱。及武帝保定元年七月，及更铸布泉之钱，以一当五，与五铢并行。时梁、益之境，又杂用古钱交易。河西诸郡，或用西域金银之钱，而官不禁。……齐平已后，山东之人，犹杂用齐氏旧钱。至宣帝大象元年十一月，又铸永通万国钱"。[①] 总之，到隋朝建立的前夕，钱制方面已到了相当混乱的地步，这当然不利于工商交易与日常生活。因此，隋文帝登基伊始，即行钱制改革。《隋书·食货志》载：

> 高祖既受周禅，以天下钱货轻重不等，乃更铸新钱。背面肉好，皆有周郭，文曰"五铢"，而重如其文。每钱一千，重四斤二两。

当时承周末之后，隋文帝的"五铢"钱又是新铸的，"百姓或私有熔铸"。到开皇三年（公元583年）四月，隋文帝诏令"四面诸关，各付百钱为样。从关外来，勘样相似，然后得过。

① 《隋书》卷二四《食货志》，中华书局，1982，第689～691页。

样不同者，即坏以为铜，入官"。只是诏令下达之后，"前代旧钱，有五行大布、永通万国及齐常平，所在用以贸易不止"。因此，隋文帝于开皇四年（公元 584 年）再颁诏令，规定"仍依旧不禁者，县令夺半年禄"。但是，"百姓习用既久，尚犹不绝"，隋文帝不得不在开皇五年（公元 585 年）正月，"诏又严其制"，"自是钱货始一，所在流布，百姓便之"。

开皇五年（公元 585 年）之前，流通之钱，以青铜和以锡镴铸成，而其时锡镴开采甚多，价格较贱。求利之徒，仍旧私铸不已。为此，开皇五年（公元 585 年）隋文帝干脆下达诏令："禁出锡镴之处，并不得私有采取。"

开皇十年（公元 590 年），隋文帝"诏晋王广，听于扬州立五炉铸铁。其后奸狡稍渐磨炉钱郭，取铜私铸，又杂以锡钱，递相放效，钱遂轻薄"。于是，隋文帝又"下恶钱之禁。京师及诸州邸肆之上，皆令立榜，置样为准。不中样者，不入于市"。根据禁令，使用"恶钱"者一经发现，当处杖责。考诸《隋书·赵绰传》可见此一规定：

> ……时上禁行恶钱，有二人在市，以恶钱而易好者。武候执以闻，上悉斩之。（赵）绰进谏曰："此人坐当杖，杀之非法。"

考诸《隋书》及其他史料可见，有隋一代，钱制方面的磨擦、波动、斗争，始终相当复杂、相当尖锐，以至成了隋代短命夭亡的重要原因之一。关于开皇十八年（公元 598 年）后直至隋亡，钱制方面及因此而引起的社会震荡，《隋书·食货志》是这样记载的：

（开皇）十八年，诏汉王谅，听于并州立五炉铸钱。是时江南人间钱少，晋王广又听于鄂州白纻山有铜铧处，锢铜铸钱。于是诏听置十炉铸钱。又诏蜀王秀，听于益州立五炉铸钱。是时钱益滥恶，乃令有司，括天下邸肆见钱，非官铸者，皆毁之，其铜入官。而京师以恶钱贸易，为吏所执，有死者。……大业已后，王纲弛紊，巨奸大猾，遂多私铸，钱转薄恶。初每千犹重二斤，后渐轻至一斤。或翦铁鍱，裁皮糊纸以为钱，相杂用之。货贱物贵，以至于亡。

5. 债之担保方面

交易中，债之担保是常常发生的事。我国担保制度可溯源于先秦。其时之担保，称为"赘"："秦人家富子壮则出分，家贫子壮则出赘。"① 原云："赘，质也。家贫无有聘财，以身为质也。"因此，"赘"、"质"，都与债之担保有关。后来，"赘"、"质"又有"贴（帖）"及"悬券"等的称法。如：

帖卖者。帖荒田七年，熟田五年。钱还地还，依令听许。②

（王）宏都下有数十邸出悬钱立券，每以田宅邸店悬上文券，期讫便驱券主，夺其宅。③

---

① 《汉书》卷四八《贾谊传》，中华书局，1962，第2244页。
② （唐）杜佑撰：《通典》卷二《食货志·田制门》引宋孝王关东《风俗传》，商务印书馆，1933，第381页。
③ 《南史》卷五一《临川静惠王宏传》，中华书局，1975，第1278页。

但到南北朝至隋代时，较流行的债之担保之用语，仍为"质"，可考《隋书·韦鼎传》以证之：

（南朝陈后主）至德初，鼎尽质货田宅，寓居僧寺。

（五）婚姻家庭法制考

《开皇律》有"户婚篇"，在卷四。考诸《唐律疏议》，其中所有的条目，隋《开皇律》亦当有之，为：

脱漏户口增减年状；

里正不觉脱漏增减；

州县不觉脱漏增减；

里正官司妄脱漏增减；

私入道；

子孙别籍异财；

居父母丧生子；

养子舍去；

立嫡违法；

养杂户等为子孙；

放部曲奴婢还压；

相冒合户；

同居卑幼私辄用财；

卖田分口；

占田过限；

盗耕种公私田；

妄认盗卖公私田；

在官侵夺私田；

盗耕人墓田；

不言及妄言部内旱涝霜虫；

部内田畴荒芜；

里正授田课农桑违法；

应复除不给；

差科赋役违法；

输课税物违期；

许嫁女辄悔；

为婚妄冒；

有妻更娶；

以妻为妾；

居父母夫丧嫁娶；

父母被囚禁嫁娶；

居父母丧主婚；

同姓为婚；

尝为袒免妻而嫁娶；

夫丧守志而强嫁；

娶逃亡妇女；

监临娶所监临女；

和娶人妻；

卑幼自娶妻；

妻无七出而出之；

义绝离之；

奴娶良人为妻；

杂户官户与良人为婚；

违律为婚恐喝娶；

违律为婚离正；

嫁娶违律。

以上 46 条，全在刑律之内，违律者轻则笞杖，重则徒、流至死。

又，《开皇令》有"户令"篇、"丧葬"篇，分别在卷十一、卷二十九。考诸唐令，其中的内容也有涉及"户婚"的。《唐律疏议》常常引令议论，如疏议"同姓为婚"条，议论"同姓为妾，合得何罪"时，引《户令》中的规定"娶妾仍立婚契"，说明"妻、妾，俱名为婚"，故"同姓为妾"罪等"同姓为婚"，每娶一妻或妾，各处徒二年，且"缌麻以上，以奸论"。因此，从律、令同时调整今日所谓民事关系看，要以今天的术语去套评当时的律令，是不甚合理的。加之，隋代律令业已佚失，更是难以考证。因此，关于隋代婚姻家庭的法制考证，我们就只能涉笔以下几点了：

1. 婚姻仪礼方面

（1）"六礼"。古代婚姻遵循一定的仪礼，至周代形成为固定的"六礼"，即"纳采"、"问名"、"纳吉"、"纳征"、"请期"、"亲迎"等六种仪礼。"六礼"具备，婚姻关系即告成立。"纳采"，谓纳采择之礼。《礼记·婚义疏》曰："盖男家欲与女家合婚，必先使媒氏下通其言，女氏许之，乃使人纳其采择之礼。"后之下"聘礼"即"纳采"。《隋书·礼仪志》载：

> 后齐聘礼……皆用羔羊一口，雁一只。酒、黍、稷、米、面，各一斛，自皇子王以下至于九品，皆同，流外及庶

人则减其半。

隋代亦有关于聘礼及"亲迎"之记载：

> 开皇四年……越国公杨素时方贵悼，重（崔）儦门地，为子玄纵娶其女为妻。聘礼甚厚。亲迎之始，公卿满座，素令骑迎儦……①

"纳采"等"六礼"之婚姻礼制，均有法律为后盾。《唐律疏议》卷十三载，《户婚律》有"诸许嫁女，已报婚书及有私约，而辄悔者，杖六十"条。疏议曰："许嫁女已报婚书者，谓男家致书礼请，女氏答书许讫。"又有"虽无许婚之书，但受娉财，亦是。（娉财无多少之限，酒食非。以财物为酒食者，亦同娉财。）"条。又有"若更许他人者，杖一百；已成者，徒一年半"条等。可见婚姻礼仪及有关法制保障重要之一斑。

但是，豪门贵族、上层社会与下层社会之间，在对待婚姻仪礼方面，态度与做法必有不同。《隋书》谓：

> 江都、弋阳、淮南、钟离、蕲春、同安、庐江、历阳……自平陈之后，其俗颇变……丧纪婚姻，率渐于礼。②

又，隋末思想家文中子王通《中说》记曰：

> 子述婚礼，贾琼曰："今皆亡，又焉用续？"子曰：

---

① 《隋书》卷七六《崔儦传》，中华书局，1982，第 1733 页。
② 《隋书》卷三一《地理志下》，中华书局，1982，第 886~887 页。

"琼，尔无轻礼。无谄俗，有之可也。"

可见当时下层社会已渐抛弃刻板的"六礼"之制了。但下层社会也不是什么仪礼都没有，而是以"六礼"为准而有所衍变，改得较为简单而灵活。

（2）俗礼。陈鹏先生著《中国婚姻家庭史稿》云：

> 历朝定嫁娶之仪，均奉为圭臬，代代相仍，略无增损。唯千载之后，时异俗迁，地殊习变，宫室车服之制，器皿币帛之用，名异制殊，不可考合，强而行之，不免窒碍难通。……虽然，六礼之仪，亦非全无影响，苐以时地不同，往往与俗相融，流传既久，渐失旧观，循致礼俗悬殊，所谓："各行其俗之礼"者，此之谓也。故考古婚礼者，须礼俗并提，始得窥其全豹……①

根据他的考证，古代俗礼之要者，有问卜与合婚、择日、催妆、障车、青声、转毡、却扇、坐鞍、合髻（结发）、拜堂、撒帐、闹房、授巾、盖头、拜时、撒谷豆、看新妇等等。隋代之婚姻俗礼，可考者仅有"择日"一端了。

关于"择日"的记载有《隋书·萧吉传》附《刘祐传》，刘祐著《婚姻法》三卷，有谓"朝廷嫁娶，六礼之仪，均须择日，且定之于礼"。又《隋书·礼仪志》载：

> 皇太子纳妃……择日纳吉，如纳采。又择日，以五帛乘

---

①　陈鹏著：《中国婚姻家庭史稿》，中华书局，1994，第232页。

马纳征。又择日告期。又择日，命有司以特牲告庙，册妃。

俗礼虽然不是"六礼"却为"六礼"所化，融有"六礼"之意，为婚姻事实的证明，在发生纠纷时都可据以为断，所以，也很为社会重视。

2. 离婚方面

古之离婚，依礼与法，主要有"违律为婚"、"义绝"、"七出"三者，惜史料中未觅得隋代这三方面的实例或礼、法规定。除这三者外，还可有政治方面的和其他方面的原因而离婚的，这种离婚为未得到干预而竟成事实，那么，或可视作法律的默许。这一方面，《隋书》上倒有几条记载：

> 柳述……以尚主之故，拜开府仪同三司、内史侍郎。上于诸婿中特所宠敬。……上于仁寿宫寝疾，述与杨素、黄门侍郎元岩等侍疾宫中。时皇太子无礼于陈贵人，上知而大怒，因令述召房陵王。述与元岩出外作敕书，杨素闻之，与皇太子协谋，便矫诏执述、岩二人，持以属吏。及炀帝嗣位，述竟坐除名，与公主离绝。①

> 张定和……少贫贱，有志节。初为侍官。会平陈之役，定和当从役。无以自给。其妻有嫁时衣服，定和将鬻之，妻靳固不与，定和于是遂行。以功拜仪同赐帛千匹，遂弃其妻。②

---

① 《隋书》卷四七《柳述传》，中华书局，1982，第1272～1273页。
② 《隋书》卷六四《张定和传》，中华书局，1982，第1509页。

秦王俊……颇好内，妃崔氏，性妒，甚不平之，遂于瓜中进毒。俊由是遇疾，征还京师。……妃崔氏以毒王之故，下诏废绝，赐死于其家。[1]

以上三条记载，都事涉离绝废弃已婚配妇人，情形各异，但都为当时所许可，是为法律默认无疑。

3. 居丧婚嫁

居丧禁婚嫁之法源于礼而入于律。《礼记·问丧》谓，人子之于父母丧也，"鸡斯徒跣，报上衽，交手哭……水浆不入口，三日不举火……口不甘味，身不安美，寝苫枕块，哀亲之在土也。故哭泣无时，服勤三年，思慕三年。"自然，不得嫁娶是"题中之义"。陈鹏先生曰："哀毁之余，自不遑谈及婚姻，此所为'孝子之志也，人情之实也'。故春秋讥丧嫁，中世以后遂禁之以律。"[2]

禁律之初，现在可知者为汉代。汉代法律规定，居丧奸者，付诸重典。可惜律文已佚，唯可考诸《唐明律合编》有所引之律略谓："妇人夫丧，（必待）既葬，始得改嫁；未葬而嫁为不道。"[3] 又董钟舒《春秋决狱》曰："甲夫乙，将船会海，风盛船没，溺流死亡不得葬。四月，甲母丙，即嫁甲。欲皆何论？或曰，甲夫死，未葬，法无许嫁，以私为人妻，当弃市。"[4]

魏晋南北朝禁丧婚之律令已佚，不得而知。隋代则禁丧婚之律仍有，但"已不为时所重"以至"礼法虚悬而已"了。[5]

① 《隋书》卷四五《杨俊传》，中华书局，1982，第1240页。
② 陈鹏著：《中国婚姻史稿》，中华书局，1990，第497～498页。
③ （清）薛允升撰：《唐明律合编》引汉律，台湾"商务印书馆"，1977，第276页。
④ 程树德著：《九朝律考》卷一引董仲舒《春秋决狱》，中华书局，1963，第164～165页。
⑤ 陈鹏著：《中国婚姻史稿》，中华书局，1990，第506页。

禁丧婚之律隋代仍存之倒可证诸：

> 有应州刺史唐君明，居母丧，娶雍州长史厍狄士文之从
> 父妹。（柳）或劾之曰：“臣闻天地之位既分，夫妇之礼斯
> 著，君亲之义生焉，尊卑之教攸设。是以孝惟行本，礼实身
> 基，自国刑家，率由斯道。窃以爱敬之情，因心至切，丧纪
> 之重，人伦所先。君明钻燧虽改，在文无变，忽劬劳之痛，
> 成燕尔之亲，冒此苴缞，命彼褕翟。不义不昵，《春秋》载
> 其将亡，无礼无义，诗人欲其遄死。士文赞务神州，名位通
> 显，整齐风教，四方是则。弃二姓之重匹，违六礼之轨仪。
> 请禁锢终身，以惩风俗。”二人竟坐得罪。①

此案在《隋书·厍狄士文传》中也有简略的记载：“士文从
父妹有色，应州刺史唐君明居母忧，娉以为妻，为御史所劾。”

又可考唐律（《永徽律》）之规定：“诸居父母及夫丧而嫁娶
者，徒三年；妾减三等，各离之。”因唐律“一本于隋”，可见
隋时有禁居丧嫁娶之规定。

但隋承丧乱之后，丧婚之禁已不为时所重。“炀帝末年，天
下叛乱，礼法荡尽，丧娶者，虽为时论所鄙，而终莫能禁。”②
《隋书·冯慈明传》载：

> （慈明）长子忱，先在东都。王充破李密，忱亦在军
> 中，遂遣奴负父尸枢，诣东都，身不自送。未几，又盛花烛
> 纳室，时论鄙之。

---

① 《隋书》卷六二《柳或传》，中华书局，1982，第1482页。
② 陈鹏著：《中国婚姻史稿》，中华书局，1990，第506页。

但仅"时论鄙之"而已，并未受法律之制裁。

4. 死亡品官妻妾之改嫁

隋初，隋文帝发布诏令，五品以上官员死亡，其妻妾不得改嫁。这一诏令，是因治书侍御史李谔之奏而发的：

> （李）谔见礼教凋敝，公卿薨亡，其爱妾侍婢，子孙辄嫁卖之，遂成风俗。谔上书曰："臣闻追远慎终，民德归厚，三年无改，方称为孝。如闻朝臣之内，有父祖亡没，日月未久，子孙无赖，便分其妻妾，嫁卖取财。有一于兹，实损风化。妾虽微贱，亲承衣履，服斩三年，古今通式。岂容遽褫襐袿，强傅铅华，泣辞灵几之前，送付他人之室。凡在见者，尤致伤心，况乎人子，能堪斯忍？复有朝廷重臣，位望通贵，平生交旧，情若弟兄。及其亡没，杳同行路，朝闻其死，夕规其妾，方便求娉，以得为限，无廉耻之心，弃朋友之义。且居家理治，可移于官，既不正私，何能赞务？"上览而嘉之。五品以上妻妾不得改醮，始于此也。①

开皇十六年（公元596年）六月，隋文帝又下诏：

> ……辛丑，诏九品以上妻，五品以上妾，夫亡不得改嫁。②

这一诏令，后著为格。

> 高祖之世，以刀笔吏类多小人，年久长奸，势使然也。

---

① 《隋书》卷六六《李谔传》，中华书局，1982，第1544页。
② 《隋书》卷二《高祖纪下》，中华书局，1982，第40页。

又以风俗陵迟，妇人无节。于是立格，州县佐史，三年而代之，九品妻无得再醮。①

但隋炀帝即位后"牛弘引（刘）炫修律令"，对"九品妻无得再醮"等，"炫著论以为不可，弘竟从之"，② 即把此格废除了。

5. 后妃制度

历代皆有后宫之制，确定后妃之数。《礼记·昏礼》谓："古者天子后立六宫，三夫人，九嫔，二十七世妇，八十一御妻。"《曲礼》曰："天子有后，有夫人，有世妇，有嫔，有妻，有妾。"秦、汉、三国、魏、晋、南北朝，代有沿革，后宫之制始终存在。"隋开皇二年著内宫之式，略依周礼，省减其数。"陈鹏先生著《中国婚姻史稿》所论的这一开皇初年隋代后宫制度，可考诸《隋书·后妃传》的有关记载：

> ……高祖思革前弊，大矫其违，唯皇后正位，傍无私宠，妇官称号，未详备焉。开皇二年，著内官司之式，略依《周礼》，省减其数。嫔三员，掌教四德，视正三品。世妇九员，掌宾客祭祀，视正五品。女御三十八员，掌女工丝枲，视正七品。又采汉、晋旧仪，置六尚、六司、六典，递相统摄，以掌宫掖之政。一曰尚宫，掌导引皇后及闺阁廪赐。管司令三人，掌图籍法式，纠察宣奏……

但是，皇后独孤氏干预朝政，使这一内宫之式成为具文：

---

① 《隋书》卷七五《刘炫传》，中华书局，1982，第 1721 页。
② 《隋书》卷七五《刘炫传》，中华书局，1982，第 1720 页。

初，文献皇后功参历试，外预朝政，内擅宫闱，怀嫉妒之心，虚嫔妾之位，不设三妃，防其上逼。自嫔妃以下，置六十员。加又抑损服章，降其品秩。

这种情况，直至独孤氏死后才有所改变：

至文献崩后，始置贵人三员，增嫔至九员，世妇二十七员，御女八十一员。贵人等关掌宫闱之务，六尚已下，皆分隶焉。①

隋炀帝时，又颁法令，做了进一步的规定：

炀帝时，后妃嫔御，无厘妇职，唯端容丽饰，陪从宴游而已。帝又参详典故，自制嘉名，著之于令。贵妃、淑妃、德妃，是为三夫人，品正第一。顺仪、顺容、顺华、修仪、修容、修华、充仪、充容、充华，是为九嫔，品正第二。好一十二员，品正第三；美人、才人一十五员，品正第四，是为世妇。宝林二十四员，品正第五；御女二十四员，品正第六；采女二十四员，品正第七，是为女御。总一百二十，以叙于宴寝。又有承衣刀人，皆趋侍左右，并无员数，视六品已下。

时又增置女官。准尚书省，以六局管二十四司。一曰尚宫局，管司言，掌宣传奏启；司簿，掌名录计度；司正，掌

---

① 《隋书》卷三六《后妃传》，中华书局，1982，第1106页。

格式推罚；司闱，掌门阁管钥。二曰尚仪局，管司籍，掌经
史教学……①

《开皇令》三十卷之卷九，有"命妇品员"令。《大业令》
三十卷亦有此令。有隋一代之后宫制度，是为法律所予以规
定的。

除以上土地、课役、工商交易及婚姻家庭法制外，隋代的民
事法制还有义仓法等可考。

义仓法之立，事见《隋书·长孙平传》：

> 开皇三年，（长孙平）征拜度支尚书。平见天下州县多
> 罹水旱，百姓不给，奏令民间每秋家出粟一石已下，贫富差
> 等，储之闾巷，以备凶年，名曰义仓。因上书曰："……经
> 国之道，义资远算，请勒诸州刺史、县令，以劝农积谷为
> 务。"上深嘉纳。

又见《隋书·食货志》：

> （开皇）五年五月，工部尚书、襄阳县公长孙平奏曰：
> "古者三年耕而余一年之积，九年作而有三年之储，虽水旱
> 为灾，而人无菜色，皆由劝导有方，蓄积先备故也。去年亢
> 阳，关内不熟，陛下哀愍黎元，甚于赤子。运山东之粟，置
> 常平之官，开发仓廪，善加赈赐。少食之人，莫不丰足。鸿

---

① 《隋书》卷三六《后妃传》，中华书局，1982，第1107页。

恩大德，前古未比。其强宗富室，家道有余者，皆竞出私
财，递相赒赡。此乃风行草偃，从化而然。但经国之理，须
存定式。"于是奏令诸州百姓及军人，劝课当社，共立义
仓。……自是诸州储峙委积。

义仓法之立及义仓的设置，在水旱灾害地区是起了救灾的作
用的。"其后关中连年大旱，而青、兖、汴、许、曹……等州大
水，百姓饥馑。高祖乃命苏威等，分道开仓赈给。"① 关于义仓，
隋文帝在开皇十五、十六年还曾发过两次诏令，事见《隋书·
食货志》。

---

① 《隋书》卷二四《食货志》，中华书局，1982，第 684 页。

七 诉讼法制考

隋代的诉讼法制情况，因史料奇缺，所能考得者，仅诉讼的提起、案件的审理、上报与复审以及判决的执行等几个方面。

（一）诉讼的提起

秦、汉以来，诉讼的提起都采取两种形式；其一为封建官吏代表官府纠察检举犯罪；其二为当事人直接向官府提出控告。隋代也是如此。同时，隋律还规定了告诉的奖励办法及知情而不告诉的惩罚办法，规定了诬告、控告不实的处理办法，以及上诉的程序等等。

1. 官吏代表官府提起诉讼

在隋代，中央由御史纠举官吏的违法犯罪行为，地方由地方长官对辖区内犯罪的官民提起诉讼。

隋代特别注重基层政权组织监视人民的作用。杜佑的《通典》据《隋书·食货志》引开皇新令云："人五家为保，保有长，保五为闾，闾四为族，皆有正。畿外置里正，比闾正，党长比族长，以相检察焉。"这似乎说的是保长、闾正、族正间的检察，但其实，矛头首先是对人民的。《隋书·食货志》又称：开皇三年"高祖令州县大索貌阅，户口不实者，正长远配，而又开相纠之科。大功以下，兼令析籍，各为户头，以防容隐。"《隋书·裴蕴传》云：大业五年（公元609年），裴蕴奏请"貌阅"户口，"若一人不实，则官司解职，乡正里长皆流远配。"这说明，采取法律手段，国家通过"乡正里长"之手严密地控制户口，其中包括明确规定了基层官吏纠察与提起诉讼的职责。

2. 当事人自行提起诉讼

为了促使当事人提起诉讼，隋律还规定了某些情况下的奖励办法。例如《隋书·刑法志》载：隋文帝"每尚惨急，而奸回不止，京市白日，公行攫盗，人间强盗，亦往往而有。帝患之，问群臣断禁之法。杨素等未及言，帝曰：'朕知之矣。'诏有能纠告者，没贼家产业，以赏纠人。时月之间，内外宁息。"又如：《隋书·裴蕴传》载：大业五年，裴蕴奏请"貌阅"户口，"许民相告，若纠得一丁者，令被纠之家代输赋役"。

另一方面，隋律又规定了知情而不告诉的惩罚办法。如《隋书·刑法志》载：隋文帝"定制，行署取一钱已上，闻见不告言者，坐至死。自此，四人共盗一榱桶，三人同窃一瓜，事发即时行决。"《隋书·元寿传》载："开府肖摩诃妻患且死，奏请遣子向江南，收其家产，御史见而不言。（元）寿劾之曰：'摩诃远念资财，近忘匹好，又命其子舍危慑之母，为聚敛之行。……而兼殿中侍御史韩微之等，亲所闻见，竟不弹纠，若知非不举，事涉阿纵，请付大理。'"

3. 诬告反坐

《隋书·刑法志》载：开皇五年，"侍官慕容天远，纠都督田元，冒请义仓，事实而始平县律生辅恩，舞文陷天远，遂更反坐。"《隋书·韦冲传》载：益州长史元岩性方正，秉公依法惩处了韦冲的侄子，韦冲之弟、太子洗马韦世约"潛岩于皇太子"，为隋文帝所察觉，"遂除名"。从这些事实可见隋律是规定了诬告反坐的条文的。又，《隋书·高颎传》载开皇九年（公元589年）伐陈一战，高颎被任为元帅长史，"三军谘禀，皆断于颎"。及陈平，晋王杨广欲纳陈主宠姬张丽华，高颎认为不可，而把张杀了。平陈后，还师之日，高颎因功而加爵上柱国、进爵齐国公。隋文帝慰劳他说："公伐陈后，人言公反，朕已斩之。君臣道合，非青蝇所间也。"这一事件的来龙去脉已不可考，但可断定的一点是：告高颎的罪名是"反"，谋反为"十恶"之首，要处死刑；既不信高颎谋反，则以诬告反坐告诉者"斩"。

4. 上诉

《隋书·刑法志》载，开皇元年，"帝又以律令初行，人未知禁，故犯法者众。又下吏承苛政之后，务锻炼以致人罪。乃诏申敕四方，敦理辞讼。有枉屈县不理者，令以次经郡及州，至省仍不理，乃诣阙申诉。有所未惬，听挝登闻鼓，有司录状奏之。"

（二）案件的审理与刑讯原则

1. 案件的审理

《隋书·刑法志》：开皇三年（公元583年），"置律博士弟子员。断决大狱，皆先牒明法，定其罪名，然后依断。"开皇五年（公元585年）隋文帝闻慕容天远案后，下诏曰："人命之重，悬在律文，刊定科条，俾令易晓。分官命职，恒选循吏，小大之狱，理无疑舛。而因袭往代，别置律官，报判之人，推其为首。杀生之柄，常委小人，刑罚所以未清，威福所以妄作，为政之失，莫大于斯。其大理律博士、尚书刑部曹明法、州县律生，并可停废。""自是诸曹决事，皆令具写律文断之。"

审理案件的过程中，有时实行"庭对"之制。其事可考诸《隋书·梁士彦传》：开国元勋梁士彦，"自恃元功，甚怀怨望，遂与宇文忻、刘昉等谋作乱。……其甥裴通豫知其谋而奏之。高祖未发其事，授晋州刺史，欲观其意。士彦欣然谓昉等曰：'天也！'又请仪同薛摩儿为长史，高祖从之。后与公卿朝谒，高祖令左右执士彦、忻、昉等于行间，诘之曰：'尔等欲反，何敢发此意！'初犹不伏，捕薛摩儿适至，于是庭对之。摩儿具论始末，云：'第二子刚垂泣苦谏，第三子叔谐曰：'作猛兽要须成斑。'士彦失色，顾谓摩儿曰：'汝杀我！'于是伏诛……"

2. 刑讯的原则

《开皇律》规定"讯囚不得过二百，枷杖大小，咸为之程品，行杖者不得易人"。①《隋书·刑法志》称："自前代相承，有司讯考，皆以法外。或有用大棒束杖，车辐鞋底，压踝杖桄之属，楚毒备至，多所诬伏。虽文致于法，而每有枉滥，莫能自理。至是尽除苛惨之法……"从史料看，开皇前期，刑讯确实有所减轻，但是到了开皇后期，尤其是仁寿年间，刑讯又大大加重，更为苛毒了。开皇十年（公元590年），领左右都督田元对隋文帝说，"陛下杖大如指，棰楚人三十者，比常杖数百，故多致死"。②隋炀帝继位，大业三年（公元607年）颁《大业律》，"其枷杖决罚讯囚之制，并轻于旧"。③然而逾时未几，隋炀帝更立严刑，刑讯之苛惨更加倍于开皇时期，比之秦、汉的暴君，也有过之而无不及。

---

①　《隋书》卷二五《刑法志》，中华书局，1982，第712页。
②　《隋书》卷二五《刑法志》，中华书局，1982，第713页。
③　《隋书》卷二五《刑法志》，中华书局，1982，第717页。

（三）上报与复审

隋律对死刑的终审，做了许多规定，强调必须上报、复审。《隋书·刑法志》载，开皇三年（公元 583 年），隋文帝"命诸州囚有处死，不得驰驿行决"。开皇十二年（公元 592 年）隋文帝"以用律者多致踳驳，罪同论异。诏诸州死罪不得便决，悉移大理案覆，事尽然后上省奏裁"。对此，《隋书·高祖纪》记曰："八月甲戌，制天下死罪，诸州不得便决，皆令大理覆治。"此事，《隋书·刑法志》记作："十五年制，死罪三奏而后决。"因上引《隋书·高祖纪》所记，不仅有年，而且有月、日，即十六年"秋八月丙戌"，可推定开皇十六年而非《刑法志》所记的十五年。开皇十六年（公元 596 年）八月，隋文帝又诏："决死罪者，三奏而后行刑。"① 但到了隋炀帝晚年，却"敕天下窃盗已上，罪无轻重，不待闻奏，皆斩"。② 大业七年（公元 611 年）隋炀帝敕令对征辽战士、运粮民夫之逃亡者，"都尉、鹰扬与郡县相知追捕，随获斩决之"。③ "上报"、"复审"以至一般的审讯程序统统被取消了。

（四）判决的执行、录囚与赦免

1. 判决的执行

关于行刑的时间，《隋书·刑法志》记载说："帝尝发怒，

---

① 《隋书》卷二《高祖纪下》，中华书局，1982，第 41 页。
② 《隋书》卷二五《刑法志》，中华书局，1982，第 717 页。
③ 《隋书》卷三《炀帝纪上》，中华书局，1982，第 76 页。

六月棒杀人。大理少卿赵绰固争曰：'季夏之月，天地长成庶类。不可以此时诛杀。'帝报曰：'六月虽曰生长，此时必有雷霆。天道既于炎阳之时，震其威怒，我则天而行，有何不可?'遂杀之。"由此可见当时像历来那样规定春夏二季不得行刑，不过隋文帝找理由冲破了这个规定。

关于杖刑的执行，从讯囚"行杖者不得易人"、"枷杖大小，咸为之程品"，[①] 可推测一二。

关于流刑的执行，《隋书·王柳传》有"时制，流人并枷锁传送"句，可略窥一二。

2. 录囚

隋有录囚之制，见诸《隋书·高祖纪》记载者有：

（开皇）二年……十二月……丁亥，亲录囚徒。

（开皇）四年……九月……己巳。上亲录囚徒。

（开皇）十年……秋七月……庚戌，上亲录囚徒。

（开皇）十二年……八月……戊戌，上亲录囚徒。

（开皇）十七年……二月……辛酉，上亲录囚徒。

（开皇）十八年……冬十一月甲戌，上亲录囚徒。

---

① 《隋书》卷二五《刑法志》，中华书局，1982，第712页。

此外，《隋书·刑法志》载："帝又每季亲录囚徒。常以秋分之前，省阅诸州申奏罪状。"这里所记，是"每季"亲录囚徒，但《高祖纪》所记却只有很少的几次，这是值得研究的一个问题。

录囚之制，始于汉代也盛于汉代。《汉书·隽不疑传》载：

> （隽不疑）拜为青州刺史，每行县录囚徒还，其母辄问不疑："有所平反，活几人何？"

又《汉书·百官志》载：诸州常以八月巡行所部郡国，录囚徒。"县邑囚徒皆阅录，视参考辞状，实其真伪，有侵冤者即时平理也。"

对于"录囚"的含义，沈家本先生的《历史刑法考·赦考》曰："录囚之事，汉时郡守之常职业。……此事又属于刺史。"从沈氏之释及史实都可知道，录囚是上下偕行的理冤之举。但《隋书》所记，多为皇帝本人的"亲录囚徒"，笔涉他人的仅见一处：

> （安定郡公、司农卿樊叔略）虽为司农，往往参督九卿事。……（开皇）十四年。从祠太山，行至洛阳，上令录囚徒。具状将奏，晨起，至狱门，于马上暴卒……①

"录囚"既为理冤之举，因此，与史书所记之"省囚"大致相近。《隋书·高祖纪》有载：开皇二年（公元 582 年）五月

---

① 《隋书》卷七三《樊叔略传》，中华书局，1982，第 1678 页。

"己酉，旱，上亲省囚徒"；《隋书·杨汪传》载："炀帝即位，（杨汪）守大理卿。汪视事二月，帝将亲省囚徒。其时系囚二百余人，汪通宵究审，诘朝而奏，曲尽事情，一无遗误，帝甚嘉之。"

3. 赦免

赦免是指减轻或免除罪犯的刑罚。《尚书·舜典》云："眚灾肆赦。"周代有三宥、三赦之法；秦二世二年（公元前208年）曾大赦天下；汉以后形成定制，一般有大赦、曲赦、特赦及别赦等分别。隋之赦免采取了大赦、曲赦、降囚徒等形式。杨鸿烈《中国法律发达史》说《隋书·文帝本纪》记录有 8 次大赦，并曲赦江陵、陈国、益州管内各一次。其实不止这些。现将隋代赦免情况记录如下：

开皇元年二月甲子，大赦，改元。

开皇元年四月辛巳，大赦。

开皇三年正月庚子，将入新都，大赦天下。

开皇三年五月丙寅，赦黄龙死罪已下。

开皇三年九月癸丑，大赦天下。

开皇四年六月庚子，降囚徒。

开皇五年十二月丁未，降囚徒。

开皇六年二月庚子，大赦天下。

开皇七年九月，曲赦江陵。

开皇七年十月庚申，降囚徒。

开皇八年十月，曲赦陈国。

开皇九年四月辛亥，大赦天下。

开皇九年十一月甲寅，降囚徒。

开皇十三年九月丙辰，降囚徒。

开皇十五年正月，大赦天下。

开皇十五月四月己丑朔，大赦天下。

开皇十九年正月，大赦天下。

仁寿元年正月，大赦天下。

仁寿二年十月壬子，曲赦益州管内。

仁寿四年正月丙辰，大赦。

仁寿四年六月庚申，大赦天下。

大业元年正月，大赦，改元。

大业元年十月，曲赦江淮以南。

大业二年四月，大赦。

大业三年四月，大赦天下。

大业四年八月，大赦天下。

大业五年六月，大赦天下，开皇以来流配，悉放还乡。晋阳逆党，不在此例。

大业九年正月戊戌，大赦。

大业九年十月，曲赦高阳郡死罪已下。

大业十年十二月壬申，大赦天下。

大业十一年九月丁未，曲赦太原、雁门郡死罪已下。

大业十三年（义宁元年）"十一月十六日昧爽以前，大辟罪已下，悉数除之，常数所不免者，不在赦限"。

总计隋文帝时期至少大赦 12 次，曲赦 4 次，降囚徒 5 次；隋炀帝时期至少大赦 8 次，曲赦 3 次。

此外《隋书》还有关于特赦的记载：

　　……故陈将肖摩诃，其子世略在江南作乱，摩诃当从坐。上曰："世略年未二十，亦何能为！以其名将之子，为人所逼尔。"因赦摩诃。（大理正赵）绰固谏不可，上不能夺，欲绰去而赦之，固命绰退食。绰曰："臣奏狱未决，不敢退朝。"上曰："大理其为朕特赦摩诃也。"因命左右释之。①

　　高祖为丞相，加（宇文恺）上开府中大夫。及践阼，诛宇文氏，恺初亦在杀中，以其与周本别，兄忻有功于国，使人驰赦之，仅而后免。②

① 《隋书》卷六二《赵绰传》，中华书局，1982，第 1485 页。
② 《隋书》卷六八《宇文恺传》，中华书局，1982，第 1587 页。

八　司法实践考

或谓隋律宽简、隋文帝实行轻刑导致史称"开皇之治"，前与汉代的"文景之治"、后与唐代的"贞观之治"相提并论，褒奖有加；或谓隋文帝、隋炀帝喜怒无常、擅权恣肆，刑罚惨酷，暴政苛严，贬斥不已。这些都属囫囵之论，有失偏颇。隋代的司法实践，作为隋代法制的一个重要组成部分，在文帝、炀帝执政的不同时期，有过重大的变化，详考隋代的司法实践，必须根据不同时期的具体情况作具体记述。

（一）开皇初期司法实践考

开皇初期的司法实践，大致可以归结为以下几个方面来看：

1. 在施行"德政"的思想指导下，根据司法状况，努力革新法制，力行轻典，"以德代刑"

（1）革新法制，力行轻典。早在"龙潜"时期，杨坚就有了改革繁苛的周律的想法。他曾对宇文庆说："天元实无积德……加以法令繁苛，耽恣声色，以吾观之，殆将不久。"[1] 当

---

① 《隋书》卷五〇《宇文庆传》，中华书局，1982，第1314页。

周宣帝颁行《刑经圣制》时，杨坚曾以"法令滋章，非兴化之道"而"切谏"之。① 但这一谏议未为周宣帝所采纳。他亲眼看到了当时"刑政苛酷，群心崩骇，莫有固志"的情况。周宣帝死后，他"矫诏""入朝总政，都督内外诸军事"，立即采取措施，"革宣帝苛政，更为宽大，删略旧律，作《刑书要制》"，②"大崇惠政，法令清简，躬履节俭，天下悦之"。③ 而当他夺袭帝位，成了隋朝开国皇帝时，就立即下令制定新律，于是《开皇律》诞生了。新律定讫，隋文帝下诏曰："帝王作法，沿革不同，取适于时，故有损益。"④ 尔后，在开皇三年（公元 583年），又一次修改了《开皇律》。据《隋书·刑法志》载，此次修改颁行不久的《开皇律》的原因是："（开皇）三年，因览刑部奏，断狱犹至万条，（隋文帝）以为律尚严密，故人多陷罪。又敕苏威、牛弘等，更定新律。除死罪八十一条，流罪一百五十四条，徒杖等千余条，定留唯五百条，凡十二卷。"在立国的当年，便迅速颁行与前代法律有较大区别的《开皇律》，这应该说是罕见的。颁行之后仅两年，又予以修改，这不能不说是一种革新法制的积极态度。这种积极态度还反映在隋文帝及大臣苏威、高颎等对"置五百家乡正"问题的处理上。开皇初，"格令颁后，苏威每欲改易事条"，"又奏置五百家乡正，即令理民间辞讼"。得到了高颎支持，而隋文帝"尽依威议"。但到开皇十年（公元 590 年），虞庆则等于关东诸道巡省回来，报告说"五百家乡正，专理辞讼，不便于民。党与爱憎，公行货贿……"，总

---

① 《隋书》卷一《高祖纪上》，中华书局，1982，第 2～3 页。
② （宋）司马光撰、（元）胡三省注：《资治通鉴》卷一七四《陈纪八》，中华书局，1987，第 784 页。
③ 《隋书》卷一《高祖纪上》，中华书局，1982，第 3 页。
④ 《隋书》卷二五《刑法志》，中华书局，1982，第 711 页。

之是弊病很多。于是隋文帝又下令废之。李德林起初就反对置五百家乡正，但是此时却认为"置来始尔，复即停废，政令不一，朝成暮毁，深非帝王设法之义"，并建议"若于律令辄欲改张，即以军法从事"。① 李德林主张法律的稳定性，"以为格式已颁，义须画一，纵令小有蹉驳，非过蠹政害民者，不可数有改张"，② 不能不说是很有见地的。但是隋文帝根据巡省报告，进行改革，不固执于"不便于民"的成命，作为一种积极态度，还是可以肯定的。

据《隋书·刑法志》载，隋文帝在开皇前期的司法实践中力行轻典的事例计有：

> 至是（至《开皇律》初颁）尽除苛惨之法，讯囚不得过二百，枷杖大小，咸为之程品，行杖者不得易人。帝又以（开皇）律令初行，人未知禁，故犯法者众。又下吏承苛政之后，务锻炼以致人罪。乃诏申敕四方，敦理辞讼。有枉屈县不理者，令以次经郡及州，至省仍不理，乃诣阙申诉。有所未惬，听挝登闻鼓，有司录状奏之。
>
> 帝又每季亲录囚徒。常以秋分之前，省阅诸州申奏罪状。……于是（于开皇三年修改《开皇律》并颁行之后）置律博士弟子员。断决大狱，皆先牒明法，定其罪名，然后依断。（开皇）五年，侍官慕容天远，纠都督田元，冒请义仓，事实而始平县律生辅恩，舞文陷天远，遂更反坐。帝闻之，乃下诏曰："人命之重，悬在律文，刊定科条，俾令易晓。分官命职，恒选循吏，小大之狱，理无疑舛。而因袭往

---

① 《隋书》卷四二《李德林传》，中华书局，1982，第1207页。
② 《隋书》卷四二《李德林传》，中华书局，1982，第1200页。

代，别置律官，报判之人，推其为首。杀生之柄，常委小人，刑罚所以未清，威福所以妄作。为政之失，莫大于斯。其大理律博士、尚书刑部曹明法、州县律生，并可停废。"自是诸曹决事，皆令具写律文断之。（开皇）六年，敕诸州长史已下，行参军已上，并令习律，集京之日，试其通不。……又命诸州囚有处死，不得驰驿行决。

（2）施行"德政"、"以德代刑"，并"以刑辅德"。

首先是施行"德政"。

例如，隋文帝自己"躬履俭约，六宫咸服浣濯之衣。乘舆供御有故敝者，随令补用，皆不改作。非享燕之事，所食不过一肉而已"。① 他要求下属不纳贡、不受贿。开皇元年（公元581年），"诏犬马器玩口味不得献上"。② "有司尝进乾姜，以布袋贮之，帝用为伤费，大加谴责。后进香，复以毡袋，因答所司，以为后诚焉。"③ 他对老百姓，也尽力收买民心。平陈之后，"帝以江表初平，给复十年。自余诸州，并免当年租赋。十年五月，又以宇内无事，益宽徭赋。百姓年五十者，输庸停防"。④ 开皇十二年（公元592年）下诏"河北、河东今年田租，三分减一，兵减半，功调全免"。⑤ 隋文帝"尝遇关中饥，遣左右视百姓所食。有得豆屑杂糠而奏之者，上流涕以视群臣，深自咎责，为之彻膳不御酒肉者殆将一期"。"及东拜太山，关中户口就食洛阳者，道路相属。上敕斥候，不得辄有驱逼，男女参厕于仗卫之

---

① 《隋书》卷二四《食货志》，中华书局，1982，第682页。
② 《隋书》卷一《高祖纪上》，中华书局，1982，第14页。
③ 《隋书》卷二四《食货志》，中华书局，1982，第682页。
④ 《隋书》卷二四《食货志》，中华书局，1982，第682页。
⑤ 《隋书》卷二四《食货志》，中华书局，1982，第682页。

间。逢扶老携幼者，辄引马避之，慰免而去。至艰险之处，见负担者，遽令左右扶助之。"① 如此等等。

在隋文帝的影响下，隋初颇有几个"清官"，在施行"德政"方面有所表现。例如梁毗，初拜治书侍御史，后为西宁州刺史。西宁州境内诸酋长"皆服金冠，以多金者为豪俊，由此递相陵夺，每寻干戈，边境略无宁岁"。梁毗到任，诸酋长纷纷以金相赠。梁毗于是置金座侧，对之恸哭而谓酋长曰："此物饥不可食，寒不可衣。汝等以此相灭，不可胜数。今将此来，欲杀我邪？"说完，全部奉还。据说，"于是蛮夷感悟，遂不相击"。这事为隋文帝所知，加以表彰，"征为散骑常侍、大理卿"。②

其次是"以德代刑"。

隋初出现了一批"以德代刑"的官吏，隋文帝对他们褒奖擢拔，恩礼并加。例如：

冀州刺史赵煚田中蒿草被盗，盗窃者为吏所捕获。赵煚说："这是刺史不能宣扬风化造成的，他有什么罪呢？"不但放了盗蒿草者，而且加以"慰谕"，还送给他一车蒿草。"盗者愧恶，过于重刑。其以德化民，皆此类也。"隋文帝抵洛阳巡游，赵煚前往朝谒。隋文帝对他说："冀州大藩，民用殷实，卿之为政，深付朕怀。"③

平乡令刘旷，"人有诤讼者，辄丁宁晓以义理，不加绳劾，各自引咎而去。所得俸禄，赈施穷乏。百姓感其德化，更相笃励，曰：'有君若此，何得为非！'在职七年，风教大洽，狱中无系囚，争讼绝息，囹圄尽皆生草，庭可张罗。及去官，吏人无

①　《隋书》卷一《高祖纪下》，中华书局，1982，第54页。
②　《隋书》卷六二《梁毗传》，中华书局，1982，第1479页。
③　《隋书》卷四六《赵煚传》，中华书局，1982，第1251页。

少长，号泣于路，将送数百里不绝。……"隋文帝"下优诏"予以"殊奖"。①

齐州行参军王伽，"送流囚李参等七十余人诣京师。时制，流人并枷锁传送。伽行次荥阳，哀其辛苦，悉呼而谓之曰：'卿辈既犯国刑，亏损名教，身婴缧绁，此其职也。今复重劳援卒，岂独不愧于心哉！'参等辞谢。伽曰：'汝等虽犯宪法，枷锁亦大辛苦，吾欲与尔等脱去，行至京师总集，能不违期不？'皆拜谢曰：'必不敢违。'伽于是悉脱其枷，停援卒，与期曰：'某日当至京师，如致前却，吾当为汝受死。'舍之而去。流人咸悦，依期而至，一无离叛。上闻而惊异之，召见与语，称善久之。于是悉召流人，并令携负妻子俱入，赐宴于殿庭而赦之。……擢伽为雍丘令，政有能名。"隋文帝为此事而下诏书云："凡在有生，含灵禀性，咸知好恶，并识是非。若临以至诚，明加劝导，则俗必从化，人皆迁善。往以海内乱离，德教废绝，官人无慈爱之心，兆庶怀奸诈之意，所以狱讼不息，浇薄难治。朕受命上天，安养万姓，思遵圣法，以德化人，朝夕孜孜，意在于此。……若使官尽王伽之俦，人皆李参之辈，刑厝不用，其何远哉！"②

再次，以刑辅德。

这一点，从隋之立法方面已见大端。这里再举几个例子作为补充。

开皇初年，朝廷"议置六卿，将除大理"，散骑侍郎卢思道上奏曰："省有驾部，寺留太仆，省有刑部，侍除大理，斯则重畜产而贱刑名，诚为未可。"这个意见被隋文帝采纳了。③

---

① 《隋书》卷七三《刘旷传》，中华书局，1982，第 1685 页。
② 《隋书》卷七三《王伽传》，中华书局，1982，第 1686 页。
③ 《隋书》卷五七《卢思道》，中华书局，1982，第 1402 页。

应州刺史唐君明居母丧，娶雍州长史厍狄士文之从父妹为妻。治书侍御史柳彧认为"丧纪之重"，为"人伦之先"，而"孝惟行本，礼实身基，自国刑家，率由斯道"，请将二人"禁锢终身，以惩风俗"。"二人竟坐得罪"。又京都大邑百姓，每逢正月十五，作角抵之戏，柳彧认为闹元宵，戏角抵，"有伤风化"，而"昔者明王治国，率履法度，动由礼典"，因此上书请求"颁行天下并即禁断。……敢有犯者，请以故违敕论"。① 这些都得到了隋文帝的赞许，由此可见"以刑辅德"之一斑。

2. 为求社稷平安，一度厉行依法办事而不徇私情

依法办事的例子如《隋书·苏威传》载："上尝怒一人，将杀之。威入阁进谏，不纳。上怒甚，将自出斩之，威当上前不去。上避之而出，威又遮止，上拂衣而入。良久，乃诏威谢曰：'公能若是，吾无忧矣。'"又如《隋书·刘行本传》载："上尝怒一郎，于殿前笞之。（谏议大夫、检校治书侍御史）行本进曰：'此人素清，其过又小，愿陛下少宽假之。'上不顾。行本于是正当上前曰：'陛下不以臣不肖，置臣左右。臣言若是，陛下安得不听？臣言若非，当致之于礼，以明国法，岂得轻臣而不顾也！臣所言非私。'遂置笏于地而退。上敛容谢之，遂原所笞者。"又如《隋书·赵绰传》载："刑部尚书辛亶，尝衣绯裈，俗云利于官，上以为厌蛊，将斩之。绰（刑部侍郎）曰：'据法不当死，臣不敢奉诏。'上怒甚，谓绰曰：'卿惜辛亶而不自惜也？'命左仆射高颎将绰斩之，绰曰：'陛下宁可杀臣，不得杀辛亶。'至朝堂，解衣当斩，上使人谓绰曰：'竟何如？'对曰：'执法一心，不敢惜死。'上拂衣而入，良久乃释之。明日，谢

绰，劳勉之，赠物三百段。'又，时上禁行恶钱，有二人在市，以恶钱易好钱者，武候执以闻，上令悉斩之。绰进谏曰：'此人坐当杖，杀之非法。'上曰：'不关卿事。'绰曰：'陛下不以臣愚暗，置在法司。欲妄杀人，岂得不关臣事！'上曰：'撼大木不动者，当退。'对曰：'臣望感天心，何论动木！'上复曰：'啜羹者，热则置之。天子之威，欲相挫耶？'绰拜而益前，诃之不肯退。上遂入。治书侍御史柳彧复上奏切谏，上乃止。上以绰有诚直之心，每引入阁中，或遇上与皇后同榻，即呼绰坐，评论得失。前后赏赐万计。"此外，如高颎谏晋王不取陈主宠姬张丽华为妾，并下令斩了张丽华，虽然晋王耿耿于怀，隋文帝却认为是"天降良辅"。有人告高颎谋反，隋文帝以诬告斩之，并对高颎说："君臣道合，非青蝇所间。"[1] 兵部尚书、益州总管长史元岩谏蜀王杨秀"循法度"。[2] 这些都说明隋初君臣是比较注意依法办事的。

不徇私情的例子，如《隋书·王谊传》载：郧国公王谊，少时曾与杨坚"共游庠序，遂相亲好"。杨坚还将女儿嫁给了王谊的儿子王奉孝，并常"亲幸其弟，与之极欢"，"顾遇弥厚"。但当王谊被劾有"大逆不道"之罪时，杨坚并未对他格外开恩宽宥。处置之前，杨坚"怆然"对王谊说："朕于公旧为同学，甚相怜愍，将奈国法何？"终于赐王谊于家自尽。又如《隋书·秦孝王杨俊传》载：杨坚第三个儿子杨俊"奢侈，违犯制度，出钱求息，民吏苦之。上遣使按其事，与相连坐者百余人。俊犹不悛，于是盛治宫室，穷极侈丽。……上以其奢纵，免官，以王就第。左武卫将军刘昇谏曰：'秦王非有他过，但费官物营廨而

① 《隋书》卷四一《高颎传》，中华书局，1982，第 1181 页。
② 《隋书》卷六二《元岩传》，中华书局，1982，第 1476 页。

已。臣谓可容。'上曰:'法不可违。'……其后杨素复进谏……上曰:'我是五儿之父,若如公意,何不别制天子儿律?以周公之为人,尚诛管、蔡,我诚不及周公远矣,安能亏法乎?'卒不许"。再如《隋书·越王杨秀传》载:杨坚的第四个儿子杨秀,"渐奢侈,违犯制度,车马被服,拟于天子",后被杨坚"以君道绳之","付执法者","令杨素、苏威、牛弘、柳述、赵绰推治之","废为庶人,幽内侍省,不得与妻子相见",还下诏历数了杨秀的十大罪状。

对于开皇前期隋文帝的政行,《隋书·高祖纪》作者述评曰:"(隋文帝)……未及十年,平一四海。薄赋敛,轻刑罚,内修制度,外抚戎夷。每旦听朝,日昃忘倦,居处服玩,务存节俭,令行禁止,上下化之。……乘舆四出,路逢上表者,则驻马亲自临问。或潜遣一行人采听风俗,吏治得失,人间疾苦,无不留意。尝遇关中饥,遣左右视百姓所食。有得豆屑杂糠而奏之者,上流涕以示群臣,深自咎责,为之彻膳不御酒肉者殆将一期。及东拜太山,关中户口就食洛阳者,道路相属。上敕斥候,不得辄有驱逼,男女参厕于仗卫之间。逢扶老携幼者,辄引马避之,慰勉而去。至艰险之处,见负担者,辄令左右扶助之。其有将士战没,必加优赏,仍令使者就家劳问。自强不息,朝夕孜孜,人庶殷繁,帑藏充实。虽未能臻于至治,亦足称近代之良主。"又曰:"……躬节俭,平徭赋,仓廪实,法令行,君子咸乐其生,小人各安其业,强无陵弱,众不暴寡,人物殷阜,朝野欢娱。二十年间,天下无事,区宇之内晏如也。考之前王,足以参踪盛烈。"这些记载与评论,是由唐初重臣魏征等作出的。为官最忌赞美前任,而"致美先朝"是有因"鱼藻之义"引致杀身之祸的。魏征等所记,几近是对隋文帝开皇前期政绩的讴歌。

尽管如此，应认为大体上是事如其实的。① 也就是说，开皇前期，不仅有一部较好的法律，而且，在司法实践上也是认真地依法办事的。然而，到了开皇后期，就走向了反面；而到仁寿年间则越演越烈了。

（二）开皇后期、仁寿年间司法实践考

这一时期的具体日期大致起自开皇十年（公元590年）至仁寿四年（公元604年）隋文帝"驾崩"。其时上行下效，任情生杀以至极端惨酷暴烈，根本把法律视同具文，束诸高阁。可以大略分从以下几个方面来看。

1. 任意修改法律以遂一时之愿

据《隋书·刑法志》载：

> 是时（开皇十七年后）帝意每尚惨急，而奸回不止，京市白日，公行掣盗，人间强盗，亦往往而有。帝患之，问群臣断禁之法。杨素等未及言，帝曰："朕知之矣。"诏有能纠告者，没贼家产业，以赏纠人。时月之间，内外宁息。其后无赖之徒，候富人子弟出路者，而故遗物于其前，偶拾取则擒之送官，而取其赏。大抵被陷者甚众。帝知之，乃命盗一钱已上皆弃市。

> 此后又定制，行署取一钱已上，闻见不告言者，坐至死。自此四人共盗一榼桶，三人同窃一瓜，事发即时行决。

① 但是"二十年间，天下无事，区宇之内晏如也"的评断却是不妥的，可见"开皇后期司法实践考"的后文。

帝以年令晚暮，尤崇尚佛道，又素信鬼神。二十年，诏沙门道士坏佛像天尊，百姓坏岳渎神像，皆以恶逆论。

2. 任意法外用刑以快一时之意

《隋书·刑法志》载：

高祖性猜忌，素不悦学，既任智而获大位，因以文法自矜，明察临下。恒令左右觇视内外，有小过失，则加以重罪。又患令史赃污，因私使人以饯帛遗之，得犯立斩。每于殿廷打人，一日之中，或至数四。尝怒问事挥楚不甚，即命斩之。

（开皇）十年，尚书左仆射高颎、治书侍御史柳彧等谏，以为朝堂非杀人之所，殿庭非决罚之地。帝不纳。颎等乃尽诣朝堂请罪，曰："陛下子育群生，务在去弊，而百姓无知，犯者不息，致陛下决罚过严。皆臣等不能有所裨益，请自退屏，以避贤路。"帝于是顾谓领左右都督田元曰："吾杖重乎？"元曰："重。"帝问其状，元举手曰："陛下杖大如指，棰楚人三十者，比常杖数百，故多致死。"帝不怿，乃令殿内去杖，欲有决罚，各付所由。后楚州行参军李君才上言，帝宠高颎过甚，上大怒，命杖之，而殿内无杖，遂以马鞭笞杀之。自是殿内复置杖。未几怒甚，又于殿庭杀人……

开皇初，颁行《开皇律》，严禁法外用刑，"至是尽除苛惨之法，讯囚不得过二百，枷杖大小，咸为之程品，行杖者不得易人"。① 然而，至开皇后期，"程品"已废，连"殿庭"也公然设杖且粗如手指，棰人三十"比常杖数百"，法外用刑可见一斑。

> （开皇）十六年，有司奏合川粟少七千石，命斛律孝卿鞫问其事，以为主典所窃。复令孝卿驰驿斩之，没其家为奴婢，鬻粟以填之。是后盗边粮者，一升已上皆死，家口没官。

开皇六年（公元 586 年），隋文帝曾"命诸州囚有处死，不得驰驿行决"。② 但至开皇十六年（公元 596 年），却"复令……驰驿行决"，以至盗边粮一升皆死且"家口没官"了。

《隋书·刑法志》载：

> 十七年，诏又以所在官人，不相敬惮，多自宽纵，事难克举。诸有殿失，虽备科条，或据律乃轻，论情则重，不即决罪，无以惩肃。其诸司属官，若有愆犯，听于律外斟酌决仗。

这里，更是以"听于律外斟酌决杖"而公然宣告可以法外用刑了，司法与立法已完全分道扬镳，法已徒具虚文了。其结果是："……于是上下相驱，迭行棰楚，以残暴为干能，以守法为

---

① 《隋书》卷二五《刑法志》，中华书局，1982，第 712 页。
② 《隋书》卷二五《刑法志》，中华书局，1982，第 713 页。

懦弱。"①

在律外重惩、法外严刑的受害者中，以二朝臣僚为最，动辄得咎，且多被杀死，例如：

> 帝猜忌，二朝臣僚，用法尤峻。御史监师，于元正日不劾武官衣剑之不齐者，或以白帝，帝谓之曰："尔为御史，何纵舍自由。"命杀之。谏议大夫毛思祖谏，又杀之。左领军府长史考校不平，将作寺丞以谏麦面迟晚，武库令以署庭荒芜，独孤师以受蕃客鹦鹉，帝察知，并亲临斩决。②

到了仁寿年间，上述法外用刑的情况发展得更厉害了，魏征作《隋书》，高度概括地下了这样的结论："仁寿中，用法益峻，帝既喜怒不恒，不复依准科律。"

3. 上行下效，在全国范围内到处造成司法与立法的严重背离

隋文帝自己既如上述，其下臣属乃胡作非为，以法为儿戏，以权干法、侮法、戕害生灵的事件层出不穷，就成了势所必然，使司法与立法的严重背离在全国范围内变得不可避免。

最突出的例子，可能要算隋文帝宠臣杨素等的所作所为。所以，《隋书·刑法志》作了如下记载：

> 仁寿中，用法益峻。帝既喜怒不恒，不复依准科律。时杨素正被委任。素又禀性高下，公卿股栗，不敢措言。素于鸿胪少卿陈延不平，经蕃客馆，庭中有马屎，又庶仆毡上樗

① 《隋书》卷二五《刑法志》，中华书局，1982，第714页。
② 《隋书》卷二五《刑法志》，中华书局，1982，第715页。

蒲。旋以白帝,帝大怒曰:"主客令不洒扫内庭,掌固以私戏污败官毡,罪状何以加此。"皆于西市棒杀,而榜棰陈延,殆至于毙。大理寺丞杨远、刘子通等,性爱深文,每随牙奏狱,能承顺帝旨。帝大悦,并遣于殿庭三品行中供奉。每有诏狱,专使主之。候帝所不快,则案以重抵,无殊罪而死者,不可胜原。远又能附杨素,每于涂中接候,而以囚名白之,皆随素所为轻重。其临终赴市者,莫不涂中呼枉,仰天而哭。……

像这样被杨素希旨杀戮的,不计其数。在被杀者中,就有为有隋一代立下汗马大功的史万岁等。

开皇末,突厥达头可汗犯塞。上令晋王广及杨素出灵武道,汉王谅与(史)万岁出马邑道。……万岁驰追百余里乃及,击大破之,斩数千级,逐北入碛数百里,虏遁而还逃。杨素害其功,因谮万岁云:"突厥本降,初不为寇,来于塞上畜牧耳。"遂寝其功。万岁数抗表陈状,上未之悟。会上从仁寿宫初还京师……时(史万岁)所将士卒在朝称冤者数百人,万岁谓之曰:"吾今日为汝极言于上,事当决矣。"既见上,言将士有功,为朝廷所抑,词气愤厉,忤于上。上大怒,令左右撾杀之。……死之日,天下士庶闻者,识与不识,莫不冤惜。①

隋文帝及其宠臣既如此,隋文帝的子侄及隋朝的各地大小官

---

① 《隋书》卷五三《史万岁传》,中华书局,1982,第1355～1357页。

员就有过之而更甚者。据载，蜀王杨秀"性好奢侈，尝欲取獠口（少数民族人士）以为阉人，又欲生剖死囚，取胆为药……又共妃出猎，以弹弹人，多捕生獠，以充宦者。僚佐无能谏止"。① "（贝州刺史厍狄）士文反至州，发奸隐，长吏尺布升粟之赃，无所宽贷，得千余人而奏之。上悉配防岭南，亲戚相送，哭泣之声遍于州境。至岭南，遇瘴疠死者十八九，于是父母妻子唯哭士文。士文闻之，令人捕捉，挝棰盈前，而哭者弥甚。"② 襄州总管田式"专以立威为务……其所爱奴，尝诣式白事，有虫上其衣衿，挥袖拂去之。式以为慢己，立棒杀之。或僚吏奸赃，部内劫盗者，无问轻重，悉禁地牢中，寝处粪秽，令其苦毒，自非身死，终不得出。每赦书到州，式未暇读，先召狱卒，杀重囚，然后宣示百姓。"③ 青州总管燕荣"在州，选绝有力者为伍伯，吏人过之者，必加诘问，辄楚挞之，创多见骨。……鞭笞左右，动至千数，流血盈前，饮啖自若。尝按部，道次见丛荆，堪为笞棰，命取之，辄以试人。人或自陈无咎，荣曰：'后若有罪，当免尔。'及后犯细过，将挞之，人曰：'前日被杖，使君许有罪宥之。'荣曰：'无过尚尔，况有过邪！'榜棰如旧。……是时元弘嗣被除为幽州长史，惧为荣所辱，固辞。上知之，敕荣曰：'弘嗣杖十已上罪，皆须奏闻。'荣忿曰：'竖子何敢弄我！'于是遣弘嗣监纳仓粟，扬得一糠一粃，辄罚之，每笞虽不满十，然一日之中，或至三数。如是历年，怨隙日构，荣遂收付狱，禁绝其粮。弘嗣饥馁，抽衣絮，杂水咽之。"④ "及荣诛

---

① 《隋书》卷六二《元岩传》，中华书局，1982，第 1476 页。
② 《隋书》卷七四《厍狄士文传》，中华书局，1982，第 1692～1693 页。
③ 《隋书》卷七四《田式传》，中华书局，1982，第 1694 页。
④ 《隋书》卷七四《燕荣传》，中华书局，1982，第 1695～1696 页。

死，（元）弘嗣为政，酷又甚之。每推鞫囚徒，多以酢灌鼻，或椓弋其下窍……"①

开皇前期之革新法制、依法从事，至此已不复可见。影响所致，社会矛盾日益尖锐化，杨氏统治集团走上岌岌可危的衰败之途。有隋一代，立国仅38年即告夭亡，与司法之严重背离立法是分不开的。魏征评述隋文帝一生及隋代兴亡的来龙去脉时指出："惜哉！迹其衰怠之源，稽其乱亡之兆，起自高祖，成于炀帝，所由来远矣，非一朝一夕。……"②"起自高祖"的一个重要方面，就是起自隋文帝的司法实践之背离立法精神；而至隋炀帝时，就越走越远了。

（三）大业年间司法实践考

大业初年（605年起），隋炀帝进一步改革法律，使隋律更形宽简了。"炀帝即位，以高祖禁网深刻，又敕修律令，除十恶之条。""三年，新律成。凡五百条，为十八篇。……其五刑之内，降从轻典者，二百余条。其枷杖决罚讯囚之制，并轻于旧。"这得到了广大平民百姓的欢迎："是时百姓久厌严刻，喜于刑宽。"③

然而，隋炀帝好大喜功，穷奢极侈，对外连年用兵，对内大造宫殿，民财剧耗，民怨沸腾，很快就大大激化了社会矛盾。于是，他把刚刚制定的大业律令一概弃诸脑后，司法之背离立法到了登峰造极的地步。《隋书·刑法志》这样概括其时的司法

---

① 《隋书》卷七四《元弘嗣传》，中华书局，1982，第1700页。
② 《隋书》卷二《高祖纪下》，中华书局，1982，第55～56页。
③ 《隋书》卷二五《刑法志》，中华书局，1982，第717页

状况：

> 后帝乃外征四夷，内穷嗜欲，兵革岁动，赋敛滋繁。有
> 司皆临时迫胁，苟求济事，宪章遐弃，贿赂公行，穷人无
> 告，聚为盗贼。帝乃更立严刑，敕天下窃盗已上，罪无轻
> 重，不待闻奏，皆斩。百姓转相群聚，攻剽城邑，诛罚不能
> 禁。帝以盗贼不息，乃益肆淫刑。九年，又诏为盗者籍没其
> 家。自是群贼大起，郡县官人，又多专威福，生杀任情矣。
> 及杨玄感反，帝诛之，罪及九族。其尤重者，行辒裂枭首之
> 刑。或磔而射之，命公卿已下，脔啖其肉。百姓怨嗟，天下
> 大溃。

大业年间司法之背离《大业律》、《大业令》，大致也可以从
以下几个方面来看：

1. 以诏、敕、命等新的"立法"

实际上不过是随机遂意的颁布圣旨来毁弃《大业律》、《大
业令》的相关规定。如：

> 六年，将征高丽，有司奏兵马已多损耗。诏又课天下富
> 人，量其赀产，出钱市武马，填元数，限令取足。复点兵具
> 器仗，皆令精新，滥恶则使人便斩。……九年，诏又课关中
> 富人，计其赀产出驴，往尹吾、河源、且末运粮。多者至数
> 百头，每头价至万余。……杨玄感乘虚为乱……及玄感平，
> 帝谓侍臣曰："玄感一呼而从者如市，益知天下人不欲多，
> 多则为贼。不尽诛，后无以示劝。"仍令裴蕴穷其党与，诏

郡县坑杀之，死者不可胜数。①

2. 变更常法，弃如敝履，法外用刑，苛酷绝伦

例如，有斛斯政者，因降高丽，后被送还，大将军宇文述认为"斛斯政之罪，天地所不容，人神所共忿"，"若同常刑"，"贼臣逆子"无以惩肃，"请变常法"。这一"变常法"的奏议立即得到隋炀帝的首肯，"于是将政出金光门，缚政于柱，公卿百官并亲击射，脔割其肉，多有啖者。啖后烹煮，收其余骨，焚而扬之"。②

又如，有王文同者，大业年间，为恒山郡丞。到任之时，闻恒山郡"有一人豪猾，每持长吏长短，前后守咸皆惮之"，显系一个敢于且善于与"长吏"斗争的好汉。"文同下车，闻其名，召而数之。因令左右斲木为大橛，埋之于庭，出尺余，四角各埋小橛。令其人踏心于木橛上，缚四肢于小橛，以棒殴其背，应时溃烂。郡中大骇，吏人相视慑气。""及帝征辽东，令文同巡察河北诸郡。文同见沙门斋戒菜食者，以为妖妄，皆收系狱。比至河间，召诸郡官人，小有迟违者，辄皆覆面于地而棰杀之。求沙门相聚讲论，及长老共为佛会者数百人，文同以为聚徒惑众，尽斩之。又悉裸僧尼，验有淫状非童男女者数千人，复将杀之……"③

魏征撰《隋书》，指斥隋炀帝杨广"淫荒无度，法令滋章，教绝四维，刑参五虐，锄诛骨肉，屠剿忠良，受赏者莫见其功，为戮者不知其罪……旌旗万里，征税百端，猾吏侵渔，人不堪

① 《隋书》卷二四《食货志》，中华书局，1982，第 687~688 页。
② 《隋书》卷七〇《斛斯政传》，中华书局，1982，第 1122~1123 页。
③ 《隋书》卷七四《王文同传》，中华书局，1982，第 1701~1702 页。

命。乃急令暴令以扰之，严刑峻法以临之，甲兵威武以董之，自是海内骚然，无聊生矣"。以至造成举国民众"流离道路，转死沟壑"的悲惨状况，直至"土崩鱼烂，贯盈恶稔，普天之下，莫非仇雠，左右之人，皆为敌国"，犹"终然不悟"。魏征谓"自肇有书契以迄于兹，宇宙崩离，生灵涂炭，丧身灭国，未有若斯之甚也"。① 司法之与立法脱离、背逆，在隋炀帝大业后期，达到了无以复加的地步。考诸史实，足为今人之鉴。

---

① 《隋书》卷四《炀帝纪下》，中华书局，1982，第 95～96 页。

九 周边各族法制考

　　《隋书》以4卷的篇幅记载了"东夷"、"南蛮"、"西域"、"北狄"各族的概况。世事沧桑，历经1500年的变化，其中有的已独立为主权国家，如其中的"高丽"、"倭国"、"波斯"等，但绝大多数都已成了中华民族大家庭的成员。不管何种情况，无论前者与后者，在隋代都与隋朝中央政府有相当密切的关系。这种关系大致可分为以下几类：

　　一为朝贡关系，即有关各国向隋朝中央政府俯首称臣、按时贡献。如"东夷"的"高丽"：

　　　　（高丽）昭列帝后为百济所杀。其曾孙琏遣使后魏。琏六世孙汤，在（北）周遣使朝贡，武帝拜汤上开府、辽东郡公、辽东王。高祖（隋文帝）受禅，汤复遣使诣阙，进授大将军，改封高丽王。岁遣使朝贡不绝。

　　　　开皇初，频有使入朝。……（开皇）十七年，上赐汤玺曰："朕受天命，爱育率土，委王海隅，宣扬朝化，欲使圆首方足各遂其心……朕于苍生悉如赤子，赐王土宇，授王官爵，深思殊泽，彰著遐迩。……昔帝王作法，仁信为先，有善必赏，有恶必罚，四海之内，具闻朕旨……殷勤晓示，许王自新耳，宜得朕怀，自求多福。

（汤得书）将奉表陈谢，会病卒。子元嗣主。高祖使使拜元为上开府、仪同三司，袭爵辽东郡公，赐衣一袭。元奉表谢恩，并贺祥瑞，因请封王。高祖优册元为王。

明年，元率靺鞨之众万余骑寇辽西……高祖闻而大怒，命汉王谅为元帅，总水陆讨之……元……惧，遣使谢罪，上表称"辽东粪土臣元"云云。上于是罢兵，待之如初，元亦岁遣朝贡。①

二为隶属关系。《隋书·南蛮》载：

南蛮杂类，与华人错居，曰蜒，曰獽，曰俚，曰獠，曰㐌，俱无君长，随山洞而居，古先所谓百越是也。其俗断发文身，好相攻讨，浸以微弱，稍属于中国，皆列为郡县，同之齐人……

三为庇护关系，即既非设郡立县、紧密的隶属关系，亦非年年进贡、具表称臣的朝贡关系，而是要求隋朝予以庇护以求安宁、不受他族侵犯。在这种情况下，隋朝中央往往置都护、校尉予以统摄。如《隋书·西域》载：

---

① 《隋书》卷八一《东夷·高丽》，中华书局，1982，第1813～1816页。

汉氏初开西域，有三十六国，其后分立五十五王，置校尉、都护以抚纳之……至于后汉，班超所通者五十余国，西至西海，东西四万里，皆来朝贺，复置都护、校尉以相统摄。……大业年中，相率而来朝贺者三十余国，（隋炀）帝因置西域校尉以应接之。

以上三种关系，固然有所不同，但是在法制上都有以下共同点：

第一，隋朝的法制，如《开皇律》、《开皇令》、《大业律》、《大业令》等，并未直接在有关的周边各族生效，即使是列为郡县、有政权隶属关系的，也是如此。

第二，各族均以本族的习惯法调整族内社会关系，因而呈现出多姿多彩的民族或部族特色。

第三，隋文帝、隋炀帝作为"君临寰宇"的中心地区的国家君主，对周边各族社会关系调整中的问题，有时在形式上表现出至高无上的发言权。如《隋书·倭国》所记，倭王阿每遣使于开皇二十年（公元600年）诣隋。隋文帝"令所司访其风俗。使者言倭王以天为兄，以日为弟，天未明时出听政，跏趺坐，日出便停理务，云委我弟。"隋文帝得悉此俗，即云："此太无义理！""于是训令改之。"从此，倭王"始制冠，以锦彩为之，以金银镂花为饰"，议事理政之制也因隋文帝之"训令"而变革。

现将周边各族的法制（多为习惯法）略加考述于后，以供研究隋代法制之参照。

（一）高丽

高丽"其国东西二千里，南北千余里。都于平壤城，亦曰长安城"。[①] 高丽官制分 12 等，按权力等级依次为：太大兄、大兄、小兄、对卢、意侯奢、乌拙、太大使者、大使者、小使者、褥奢、翳属、仙人。

另有"内评"、"外评"、"五部褥萨"的官品，职掌为监察等事务。

高丽的赋税制度为：常住居民，每人每年纳布五匹、谷五石；游牧人及居无定所的行商等"游人"，三年一税，十人合交细布一匹；租户（佃农）分三等，税一石，次七斗，次五斗。

高丽的刑事法制大致为："反逆者缚之于柱，爇而斩之，籍没其家"；"盗则偿十倍"。

高丽的婚姻习俗为："有婚嫁者，取男女相悦，然即为之，男家送猪酒而已，无财聘之礼。或有受财者，人共耻之。"

其司法实践据称是："用刑既峻，罕有犯者。"

（二）百济

百济"其国东西四百五十里，南北九百余里，南接新罗，北拒高丽。其都曰居拔城。"[②]

百济官制分为 16 等，依次为：左平、大率、恩率、德率、衒率、奈率（以上佩紫带、饰银花）、将德（佩紫带）、施德

---

① 《隋书》卷八一《东夷·高丽》，中华书局，1982，第 1814 页。
② 《隋书》卷八一《东夷·百济》，中华书局，1982，第 1818 页。

（佩皂带）、固德（佩赤带）、李德（佩青带）、对德（佩黄带）、文督、武督、佐军、振武、尅虞（以上佩白带）。

百济之畿内（京城地区）居民以"巷"为基层组织。畿内分五部，部有五巷。"五方各有方领一人，方佐贰之。方有十郡，郡有将。""长史三年一交代"。

百济"婚聚之礼，略同于华"。

（三）新罗

"新罗国，在高丽东南，居汉时乐浪之地，咸称斯罗。"[①]

新罗官分 17 等，依次为：伊罚干、伊尺干、迎干、破弥干、大阿尺干、阿尺干、乙吉干、沙咄干、及伏干、大奈摩干、奈摩、大舍、小舍、吉土、大乌、小乌、造位。

朝廷遇"有大事，则聚群官详议而定之"。

新罗的地方行政实行郡县制。其"风俗、刑政、衣服，略与高丽、百济同。……婚嫁之礼，唯酒食而已，轻重则随贫富。"

（四）流求

"流求国，居海岛之中，当建安郡东……其王姓欢斯氏，名渴剌兜……彼土人呼之为可老羊，妻曰多拔荼。"[②]

流求之行政体制为：国王为最高长官，其下"有四五帅，统诸洞，洞有小王。往往有村，村有鸟了帅，并以善战者为之，

---

① 《隋书》卷八一《东夷·新罗》，中华书局，1982，第 1820 页。
② 《隋书》卷八一《东夷·流求》，中华书局，1982，第 1823 页。

自相树立，理一村之事"。

流求平日"无赋敛"，"有事则均税"。

流求的刑事法制，据载为：

> 用刑亦无常准，皆临事科决。犯罪皆断于鸟了帅；不
> 伏，则上请于王，王令臣下共议定之。狱无枷锁，唯用绳
> 缚。决死刑以铁锥。大如箸，长尺余，钻顶而杀之。轻罪
> 用杖。

流求的社会习俗所可述者，大致有以下几点：

其一，"无君臣上下之节，拜伏之礼……凡有宴会，执法者
必待呼名而后饮。上王酒者，亦呼王名。衔杯共饮，颇同
突厥。"

其二，"嫁娶以酒肴珠贝为聘，或男女相悦，便相匹偶。"

其三，"南境风俗少异，人有死者，邑里共食之。"

（五）倭国

"倭国，在百济、新罗东南，水陆三千里，于大海之中依山
岛而居。魏时，译通中国。三十余国，皆自称王。……其国境东
西五月行，南北三月行，各至于海。"①

开皇二十年（公元600年）时，倭王姓阿每，字多利思比
孤，号阿辈鸡弥，曾"遣使诣阙"。王之妻号鸡弥，"后宫有女
六七百人。名太子为利歌弥多弗利。无城郭。"

---

① 《隋书》卷八一《东夷·倭国》，中华书局，1982，第1826页。

其时之倭国官分 12 等，依次为：大德、小德、大仁、小仁、大义、小义、大礼、小礼、大智、小智、大信、小信。

各等官员无一定编制之员数。"有军尼一百二十人，犹中国牧宰。"地方行政体制为："八十户置一伊尼翼，如今里长也。……户可十万。"

倭国之婚嫁，"女多男少，婚嫁不取同姓，男女相悦者即为婚。妇人夫家，必先跨犬，乃与夫相见。妇人不淫妒。"

倭国之刑事法制大略为：

> 其俗杀人、强盗及奸皆死，盗者计赃酬物，无财者没身为奴。自余轻重，或流或杖。每讯究狱讼，不承引者，以木压膝，或张强弓，以弦锯其项。或置小石于沸汤中，令所竞者探之，云理曲者则手烂。或置蛇瓮中，令取之，云曲者即螫手矣。人颇恬静，罕争讼，少盗贼。

（六）林邑

林邑地在西南，"其国延袤数千里，土多香木金宝……以砖为城，蜃灰涂之，东向户。"①

林邑国王下属"尊官"二人：一为西郡婆帝；一为萨婆地歌。西郡婆帝与萨婆地歌各有属官，分为三等："其一曰伦多姓，次歌伦致帝，次乙他伽兰。"除京官外，另有"外官"。"外官分为二百余部。其长官曰弗罗，次曰可轮，如牧宰之差也。"

---

① 《隋书》卷八二《南蛮·林邑》，中华书局，1982，第 1831～1832 页。

林邑国王有"良家子侍卫者二百许人，皆执金装刀"。

林邑婚嫁之制为："每有婚媾，令媒者赍金银钏、酒二壶、鱼数头至女家。于是择日，夫家会亲宾，歌舞相对。女家请一婆罗门，送女至男家，婿盥手，因牵女授之。"

（七）赤土

"赤土国，扶南之别种也。在南海中，水行百余日而达所都。土色多赤，固以为号。"①

赤土国王之属官，"有萨陀迦罗一人，陀拿达义二人，迦利蜜迦三人，共掌政事"，另有"俱罗末帝一人，掌刑法"。又，"每城置那邪迦一人，钵帝十人"。

赤土国之风俗、婚嫁大致为："其俗……无跪拜之礼"；"每婚嫁，择吉日，女家先期五日，作乐饮酒，父执女手以授婿，七日乃配焉"；"既娶则分财分居，唯幼子与父母居"。

（八）真腊

"真腊国，在林邑西南，本扶南之属国也。去日南郡舟行六十日，面南接车渠国，西有朱江国。其王姓刹利氏，名质多斯那。"②

真腊国都城为伊奢那城，城内有二万余户人家。"城中有一大堂，是王听政之所。……其王三日一听朝……"全国有"大城三十，城有数千家，各有部帅，官名与林邑同"。

① 《隋书》卷八二《南蛮·赤土》，中华书局，1982，第1833页。
② 《隋书》卷八二《南蛮·真腊》，中华书局，1982，第1835~1836页。

真腊有五大臣，若干小臣。五大臣"一曰孤落支，二曰高相凭，三曰婆何多陵，四曰舍摩陵，五曰髯多娄"。朝见议事时，两手抱臂、绕王跪坐环列。"议政事讫，跪伏而去"。王宫所在，"阶庭门阁，侍卫有千余人，被甲持仗"。为保持王上的最高权威与预防王位纷争、权力攘夺，"王初立之日，所有兄弟并刑残之，或去一指，或劓其鼻，别处供给，不得仕进"。

真腊之婚俗，"娶妻者，唯送衣一具，择日遣媒人迎妇。男女二家各八日不出，昼夜燃灯不息"。其家庭制度有："男婚礼毕，即于父母分财别居。""父母死，小儿未婚者，以余财与之。若婚毕，财物入官。"

真腊之民敬神信鬼，多奉佛法，尤信道士。"近都有陵伽钵婆山，上有神祠，每以兵五千人守卫之。""城东有神名婆多利，祭用人肉。"真腊国王"年别杀人，以夜祀祷，亦有守卫者千人"。

与真腊之俗相类似的有赤土以南的婆利国。婆利国中，"杀人及盗，截其手；奸者锁其足，期年而止。"① 可见真腊国的刑事法制也大抵类似。

（九）吐谷浑

吐谷浑，"当魏、周之际，始称可汗都伏。都伏俟城，在青海西十五里。有城廓而不居，随逐水草"。②

吐谷浑"官有王公、仆射、尚书、郎中、将军"。

其法制状况，《隋书》所记极为简略：

---

① 《隋书》卷八二《南蛮·婆利》，中华书局，1982，第1838页。
② 《隋书》卷八三《西域·吐谷浑》，中华书局，1982，第1842页。

国无常税。

杀人及盗马者死，余坐则征物以赎罪。

（十）党项

"党项羌者，三苗之后也……东接临洮、西平，西拒叶护，南北数千里，处山谷间。"①

党项"每姓别为部落，大者五千余骑，小者千余骑"。

党项"俗尚武力，无法令，各为生业，有战阵则相屯聚"。

党项"无徭赋，不相往来"。

党项"其俗淫秽蒸报，于诸夷中最为甚"。

开皇四年（公元 584 年）"有千余家归化"。五年（公元 585 年），拓拔宁丛等各率众诣旭州要求"内附"，隋文帝授拓拔宁丛大将军衔，其部属也多授衔。

（十一）高昌

高昌国"……去敦煌十三日行。其境东西三百里，南北五百里，四面多大山……其地有汉时高昌垒，故以为国者"。②

高昌"都城周回一千八百四十步，于坐室画鲁哀公问政于孔子之像。国内有城十八"。

高昌国之中央行政官员分七等，依次为：令尹（一人）、公（二人）、左右卫、八长史、五将军、八司马、侍郎、校郎、主

---

① 《隋书》卷八三《西域·党项》，中华书局，1982，第 1845 页。
② 《隋书》卷八三《西域·高昌》，中华书局，1982，第 1846 页。

簿、从事、省事。

政事之大者"决之于王，小事长子及公评断，不立文记"。

高昌之"风俗政令与华夏略同"。

（十二）康国

"康国者，康居之后也。迁徙无常，不恒故地……其王本姓温，月氏人也。旧居祁连山北昭武城，因被匈奴所破，西逾葱岭，遂有其国。"①

康国"都于萨宝水上阿禄迪城。城多众居"。

康国之行政，有"大臣三人共掌国事"。

康国"有胡律，置于袄祠，决罚则取而断之。重罪者族，次重者死，贼盗截其足"。

康国"名为强国，而西域诸国多归之"，其中有米国、史国、曹国、何国、安国、小安国、那色波国、乌那曷国、穆国等。

安国之国王"每听政，与妻相对，大臣三人评理国事"；安国"风俗同于康国，唯妻其姊妹，及母子递相禽兽，此为异也"。②

米国"无王"；③曹国"无主"。④

（十三）波斯

"波斯国，都达曷水之西苏蔺城……其王字库萨和。都城方

---

① 《隋书》卷八三《西域·康国》，中华书局，1982，第1848页。
② 《隋书》卷八三《西域·安国》，中华书局，1982，第1849页。
③ 《隋书》卷八三《西域·米国》，中华书局，1982，第1854页。
④ 《隋书》卷八三《西域·曹国》，中华书局，1982，第1855页。

十余里。胜兵二万余人，乘象而战。"①

波斯"国无死刑，或断手刖足，没家财，或剃去其须，或系排于项，以为标异。"

波斯之赋税，"人年三岁已上，出口钱四文"。

波斯婚姻，男子"妻其姊妹"。

（十四）附国

"附国者，蜀郡西北二千余里，即汉之西南夷也。……其人并无姓氏。附国王字宜缯。其国南北八百里，东西千五百里，无城栅，近川谷，傍山险。"② 附国之民情，"俗好复仇，故垒石为碉而居，以避其患。其碉高至十余丈，下至五六丈，每级丈余，以木隔之。基方三四步，碉上方二三步，状似浮图。于下级开小门，从内上通，夜必关闭，以防贼盗"。

附国约有二万余户，由国王宜缯统一号令。

附国之东有"嘉良夷"，土俗与附国同。嘉良夷之政令"系之酋帅，重罪者死，轻刑罚牛"。③

附国及嘉良夷各部之婚姻，男子"妻其群母及嫂，儿、弟死，父、兄亦纳其妻"。

（十五）突厥

突厥史称"北狄"，有东突厥与西突厥之分。

---

① 《隋书》卷八三《西域·波斯》，中华书局，1982，第1856页。
② 《隋书》卷八三《西域·附国》，中华书局，1982，第1858页。
③ 《隋书》卷八三《西域·附国》，中华书局，1982，第1858页。

东突厥中央行政官员分为二十八等，依次有叶护、特勤、俟利发、吐屯发等。

东突厥法制规定，"谋反叛杀人者皆死"；"淫者割势而腰斩之"；"斗伤人目者偿之以女，无女则输妇财"，"折肢体者输马"；"盗者则偿赃十倍"。

东突厥的婚姻习俗，"父兄死，子弟妻其群母及嫂"。①

（十六）契丹、南北室韦

契丹各部落"当辽西正北二百里，依汔纥臣水而居。东西亘五百里，南北三百里，分为十部。兵多者三千，少者千余，逐寒暑，随水草畜牧"。②

契丹之北为室韦，"分为五部，不相总一……并无君长，人民贫弱，突厥常以三吐屯总领之"。

南室韦在契丹北三千里，"渐分为二十五部，每部有余莫弗瞒咄，犹酋长也"。取世袭制，"死则子弟代立，嗣绝则择贤豪而立之"。

南室韦"婚嫁之法，二家相许，婿辄盗妇将去，然后送牛马为娉，更将归家。待有娠，乃相随还舍"，"妇人不再嫁，以为死人之妻难以共居"。

北室韦在南室韦之北，"分为九部落，绕吐纥山而居。其部落渠帅号乞引莫贺咄，每部有莫何弗三人以贰之"。

---

① 《隋书》卷八四《北狄·突厥》，中华书局，1982，第1864页。
② 《隋书》卷八四《北狄·契丹》，中华书局，1982，第1881~1882页。

后　记

在 1987 年于法律出版社出版的拙著《隋律研究》中，因深感资料的缺乏，我曾这样写过："我们为湖北云梦睡虎地秦墓竹简的发现所鼓舞，期待考古工作的进一步发展，也许有朝一日能提供关于隋律的新资料。"（见该书第 25 页）可惜 20 多年过去了，一无所获。我们不得不继续等待。而这等待，完全可能遥遥无期。因此，为应对继续研究隋律的需要，不得不先行捧出还很不成熟的关于隋代法制的考证。

值此付梓之时，我深切怀念年轻有为却先我而去的郑秦同志，是他为《隋律研究》付出了辛勤的汗水并给过我极大的鼓励！

我还衷心感谢主编杨一凡先生的指点。他严谨的学风，永远值得我学习！

本书曾三行校稿，先是初校；后是要求注脚引用古籍的卷次；最后复校要求增补页次。这一撰著要求，肯定可在一定时期内补正过多转引导致错讹的弊病。在末次复校中，上海政法学院图书馆的黄贵龙馆长和王瑛同志等，给了我很大的帮助，谨此亦表衷心的谢意！

倪正茂于上海四季园

2008 年 9 月 20 日

作者简介

倪正茂 男，1940年生。上海政法学院终身教授。1957年入复旦大学法律系学习。1979年至1997年在上海社会科学院法学所工作，后至上海政法学院工作至今。

广涉法理学、法哲学、科技法学、生命法学、比较法学、逻辑学等。法史学著作主要有：《隋律研究》、《中华法苑四千年》、《中国法律思想简史》、《批判与重建：中国法律史研究反拨》、《苏联国家与法历史》等专著、合著与译著。曾任中国逻辑与语言研究会、中国科技法学会、中国法律史学会常务理事，上海市法哲学会、生命法学会会长。1987年、2003年被评为上海市先进工作者，2006年获上海市首届五一劳动奖章。曾任七、八、九、十届上海市政协委员、常委，现任上海市十三届人大代表；1988年至2007年任九三学社中央委员、中央社会与法制委员会主任，现任九三学社上海市委社会与法制委员会主任。

中国法制史考证续编·第六册（全十三册）

隋代法制考

主　　编／杨一凡

著　　者／倪正茂

出　版　人／谢寿光

总　编　辑／邹东涛

出　版　者／社会科学文献出版社

地　　址／北京市西城区北三环中路甲 29 号院 3 号楼华龙大厦

邮政编码／100029

网　　址／http：//www.ssap.com.cn

网站支持／(010) 59367077

责任部门／人文科学图书事业部　(010) 59367215

电子信箱／bianjibu@ssap.cn

项目经理／宋月华

责任编辑／魏小薇

责任校对／吴小云

总 经 销／社会科学文献出版社发行部

　　　　　(010) 59367080　59367097

经　　销／各地书店

读者服务／市场部 (010) 59367028

印　　刷／三河市文通印刷包装有限公司

开　　本／787mm×1092mm　1/16

印　　张／20.75（全十三册共 365 印张）

字　　数／245 千字（全十三册共 4351 千字）

版　　次／2009 年 8 月第 1 版

印　　次／2009 年 8 月第 1 次印刷

书　　号／ISBN 978-7-5097-0821-7

定　　价／4600.00 元（全十三册）

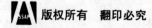